JN409793

신구 한국어교육선서 03

한국어교육

| 용어 해설 |

신구 한국어교육선서 03

한국어교육

| 용어 해설 |

한재영 · 안경화 · 박지영 · 권순희 지음

신구문화사

머리말

한국어를 배우고자 하는 외국인 학습자들이 날로 늘어남에 따라 그들에게 한국어를 가르치는 교사의 수요도 그만큼 늘어나게 되었다. 이미 상당수의 대학원에는 외국어로서의 한국어교육 전공 과정이 생기고, 학부 과정에도 유수의 대학들에 학과가 개설되어 외국어로서의 한국어를 가르치는 교사 수요에 대처하고 있다. 하지만 이들 대학과 대학원 과정의 정규과정만으로는 최근의 다양한 양상을 띠어 다양한 성격의 수요에 부응하기는 어려운 형편이라고 할 수 있다. 비정규과정의 교육을 통한 한국어 교사의 양성을 도모하게 된 것은 그러한 현실적인 문제의 해결을 꾀하고자 하는 의도를 가지고 있는 것이라 하겠다.

본 선서는 한국어교육을 위하여 공부를 하는 예비한국어교사들의 불편함을 덜기 위하여 마련된 것으로, 특히 비정규교육 과정에서 공부하는 이들이 겪는 불편함을 염두에 두고자 하였다. 한국어교육에 관심을 가지고 공부를 시작한 예비한국어교사들이 공부를 하는 과정에서 많은 어려움을 겪거나 좌절감을 경험하게 되는 경우를 심심치 않게 발견할 수 있기 때문이다. 그들 중의 상당수는 한국어만 알면 외국인들에게 한국어를 가르치는 일은 그리 어려운 일이 아니리라는 낙관적인 생각을 가지고 있었던 때문이라 생각한다. 한국어학과 한국어교육에 필요한 학문적 기본 소양 없이 의욕만을 가지고 발을 들여 놓았다가 공부하여야 할 내용이 많은 것에 놀라고, 알고 있다고 생각한 한국어에 대하여 자신이 알고 있는 것이 그리 많은 것이 아님에 다시 놀라곤 하는 데에서 오는 당연한 결과라 할 것이다.

그리하여 본 선서의 간행에는 다음의 몇 가지 태도를 취하기로 한다.

우선 비정규교육 과정에서 공부하는 이들이 관심을 가지는 영역이라고 할 수 있는 한국어학, 언어학(일반언어학 및 응용언어학), 외국어로서의 한국어교육, 한국문화 등의 내용을 담을 수 있는 선서의 목록을 구성하기로 하나, 기존에 간행된 저서들 가운데 예비한국어교사들에게 도움이 될 만한 대상이 있는 경우에는 선서의 목록에서 제외하기로 한다. 다음으로 공부에 어려움을 겪는 주된 원인이 기본적인 용어의 이해부족에 있는 것으로 판단하여 한국어교육 전반을 대상으로 하여 필요한 기본 용어에 대한 간단한 해설서를 선서의 목록에 포함하기로 한다.

그 세 번째 작업인 본서는 '한국이교육'을 공부하는 데에 필요한 기본 용어에 대한 간단한 해설을 꾀한 책이다. 한국어교육 전반에 관한 내용으로, 한국어교육을 위하여 공부를 하는 예비한국어교사들 가운데 용어를 몰라 전공 서적을 읽기가 힘들다는 이들을 위하여 마련한 것이다. 같은 이야기라도 경우에 따라 쉽게 또는 어렵게 하여야 하는 경우가 있고, 변죽만 울려야 하는 경우가 있는가 하면 시시콜콜 따져 이야기하여야 하는 경우도 있다. 본서가 될 수 있으면 쉽게 그리하여 변죽만 울리고자 한 까닭은 보다 심각하고 구체적인 내용에 관해서는 전공 서적으로 미루는 것이 온당한 태도라고 생각한 때문이다. 그렇기 때문에 본서에서는 될 수 있는 대로 필자들의 견해나 의견을 배제하고자 애썼다. 전공 서적을 이해하기 위해서는 통설이나 정설 또는 기존의 학설에 대한 이해가 바탕이 되어야 한다고 판단하였기 때문이다. 해당 부분에 일일이 전거(典據)를 제시하지 않고 참고논저 목록으로 미룬 것은 읽는 이들의 번거로움을 덜기 위한 조처였지만, 어찌 보면 개별 용어의 개념을 이루어낸 해당 분야 학자들 모두가 본서의 필자라는 의미도 가지고 있는 것이다.

쉽고 단순하게 이야기를 하고자 하였지만 예비한국어교사들이 무엇을 어려워하고 어느 만큼 어려워하는지에 대해서는 정확히 가늠하기가 어려운 형편이라는 점에서, 본서는 독자의 참여로 이루어지는 책 그리하여 가변적인 책을 특징으로 삼기로 한다. 특히 '한국어학, 언어학(일반언어학 및 응용언어학), 외국어로서의 한국어교육, 한국문화' 영역의 용어 해설로 이루어지는 선서에 대하여서는 독자들이 참여하여 상호간에 질의하고 응답할 수 있는 자리를 인터넷 공간(www.shingubook.com)에 마련하고 있다. 여전히 인터넷 공간에서의 요구는 물론 질의응답의 결과를 반영한 수정, 증보, 개정도 도모하기로 한다. 보다 활발한 질의응답 과정을 거쳐 보다 필요한 선서가 되어가기를 기대한다. 아직은 갖춘 내용보다는 갖추어야할 내용이 더 많은 부족한 책이라는 의미이다. 그럼에도 불구하고 작업의 시작부터 마무리에 이르도록 꾸준히 가지고 있는 바람은 한국어교육에 나서려는 이들에게 조금이

나마 보탬이 되었으면 하는 것이다.

부족한 내용의 책을 이만한 정도로라도 꾸미는 데에는 많은 분들의 도움이 있었다. '한국어학'에서와 마찬가지로 중앙대학교의 유해준 선생은 거친 원고의 내용을 읽어 아쉬운 부분을 채워주었고, 고려대학교의 이연정 선생은 원고의 색인을 만드는 귀찮은 일을 기꺼이 맡아 주었다. 그저 고마울 뿐이다. 볼품없는 원고를 고치고 또 고치고 다시 고치면서도 단 한마디 불평도 없었던 신구문화사의 최승복 부장과 오랜 동안 원고를 기다려 주신 임미영 사장께도 감사드린다.

2011년 12월

저자 일동

차례

한국어교수이론 107

한국어평가론 129

말하기 157

한국어교육개론

결혼 이주민을 위한 한국어 교육 [Korean education for migrant women in Korea]

국제 결혼으로 한국에 이주해 온 사람들을 대상으로 한 한국어 교육.

1990년부터 한국 사회에서 개발도상국 여성과 한국 남성 간의 국제 결혼이 늘어나기 시작하였다. 1990년대 초기에는 일본 여성들이 통일교를 통해 들어왔는데 통일교 나름대로 한국어 교육을 했기 때문에, 또한 90년대 후반에는 한국어를 아는 조선족 여성들이 대거 국제 결혼으로 유입되어 결혼 이민자를 위한 한국어 교육은 큰 문제가 되지 않았다. 그러나 2000년대에 이르러 동남아와 구 소련계 여성들이 국제 결혼으로 많이 유입되면서 이들에 대한 한국어 교육에 관심을 갖기 시작하였다. 초창기에는 이주 단체에서 국제 결혼 이주 여성에 대해 관심을 갖고 한국어 교육이 이루어졌다.

국제 결혼 이주 여성에 대한 정부와 사회의 관심이 고조되기 시작한 것은 여성부가 국제 결혼 이주 여성을 위한 한국어 교육과 모성 보호 사업을 시작하면서부터이다. 다문화지원센터 등을 통해 전국적인 네트워크가 형성되어 국제 결혼 이주 여성에게 한국어 교육을 실시하고 있고, 그 자녀를 돌보고 있다. 국제 결혼 이주 여성을 위한 한국어 교재가 새롭게 발간되었고, 지속적으로 개발 중이다. 외국인 이주민에게 한국어를 교육하는 궁극적인 목적은 그들로 하여금 한국어와 한국 문화를 배우게 함으로써, 한국 생활에서 의사소통 문제로 겪는 제반적인 어려움을 덜어 주고 그들과 그들의 자녀들이 완전한 한국 사회의 일원이 되도록 하는 데에 있다.

귀국 자녀를 위한 한국어 교육[Korean education for returned students]

외국에 장기 체류하여 한국어에 능숙하지 못한 학생들이나 귀국 재외 동포의 자녀 등을 상대로 한 한국어 교육.

귀국 자녀가 많이 분포하고 있는 서울, 대전, 부산 등에서는 학교 차원에서 귀국 자녀만을 모아 특별 학급을 운영하여 한국어를 가르치고 있는 실정이다. 도교육청, 지역교육지원청 등 국가 차원의 거점학교 운영과 같은 제도가 필요하다.

다문화 가정 자녀를 위한 한국어 교육[Korean education for multi-cultural family children]

국제 결혼으로 출생한 아이들, 외국인 근로자의 자녀 등을 다문화 가정 자녀라고 하며 이들을 대상으로 한 한국어 교육.

1980년대 중반 국내의 일부 중소기업에서부터 시작된 외국인 근로자의 채용이 1993년에 외국인 산업연수생 제도로 제도화되면서 한국 사회는 다문화 사회의 길로 접어들었다고 볼 수 있다. 그러나 무엇보다도 한국 사회의 다문화성을 증폭시킨 것은 결혼 이주 여성의 증가에 따른 다문화 가정의 증가이다. 산업연수생 제도나 외국인 고용허가제에 따른 이주 외국인과는 달리 결혼 이주 여성과 다문화 가정 자녀는 법적 지위 활동의 범위, 국가 사회적 역할과 책임 등에서 국민과 동일하거나 향후 그리 될 거라는 점에서 정치, 경제, 사회, 문화 등 모든 영역에서 정책 대상으로서의 의미를 갖는다. 한국 정부에게 있어 다문화 가정 자녀 문제는 일부 이주 외국인 사이에서 태어난 자녀를 예외로 한다고 할 때 국민에 대한 국가의 책임 차원에서 접근해야 하고 궁극적으로는 이들이 평균적인 국민으로서의 지위와 역할을 갖추도록 기회를 제공하고 지원을 해야 하는 정책 대상이다. 다문화 가정 자녀에 대한 국가의 책임은 이들이 사회화의 과정에 본격적으로 접어들게 되는 취학 시점부터 더욱 커질 것이다. 그러나 다문화 가정 자녀는 취학 이전에 가정 내의 특수 상황으로 인하여 일반 취학 아동에 미치지 못하는 한국어 능력을 갖춘 경우가 대부분으로 정규 학교에 다닌다 해도 진정한 의미의 교육 기회를 갖는 것으로 보기 어렵다. 다문화 가정 자녀의 한국어 능력 부족은 결국 평균적인 국민으로서의 총체적인 역량을 구축하고 사회화의 과정을 거치는 데 가장 큰 장애가 된다. 그럼에도 불구하고 기존의 교육 제도나 교육 현장은 이들에게 한국어 교육을 효율적으로 실시하기에는 여러 한계를 안고 있으며 가정, 지자체와 같은 주변 공동체 역시 이를 뒷받침할 수 있는 체제를 갖추지 못한 상태로 결국 다문화 가정 자녀에 대한 한국어 교육의 실시는 동원 가능한 모든 국가적 역량을 결집할 때 해결될 수 있는 난제이다. 다시 말해 기본적으로 이 문제의 해결에 참여해야 하는 정부나 지자체, 교육 당국, 가정 이외에도 교육 전문성을 갖춘 한국어 교육계와 교육 기회 확충을 위한 재원을 제공할 수 있는 경제계, 그리고 사회적 소수자를 지원하는 시민 단체 등등 관련 당사자의 영역을 폭넓게 설정해야 할 것이다. 또한 교육 시설의 확충과 함께 교육 과정의 개발과 같은 교육 내적인 주요 쟁점을 해결할 수 있는 방안을 모색해야 할 것이다.

이주 노동자가 급속하게 증가한 1990년대 중반에 이미 이주 노동자 가정 사이의 자녀 출생 내지는 본국으로부터의 자녀 유입이 가시화되었으나 이들에 대한 한국 정부의 관심은 찾아보기 힘들다. 곧 떠날 사람들로 인식한 만큼 정책 대상으로서의 비중이 크지 않았다. 그러나 2000년대 이후 한국 국민으로 정착하게 되는 결혼 이주 여성의 급속한 증가와 이들로 구성된 가정에서의 자녀 출생이 잇따르면서 결혼 이주 여성과 그 자녀의 문제는 국정 의제로 채택되는 등 한국 사회의 주요 쟁점으로 자리 잡았다.

다문화 가정 자녀가 취학하는 학교는 국내 일반 정규 학교와 다문화 대안 학교로 양분되나 대안 학교의 수가 극히 적은 만큼 다문화 가정 자녀가 취학할 경우 정규 학교에 진학하는 경우가 대부분이다. 다문화 가정 자녀가 정규 학교에 진학할 경우 일반 학급에서 국내 학생과 동등하게 교육을 받을 수도 있으나 많은 경우 협력 학급에서 국내 학생과 동등하게 특정 교과에 대한 교육을 받으면서 특별 학급에서 독립적으로 특정 교과에 대한 교육을 받게 되고 오후에는 방과 후 학교와 한국어 반에 참여하기도 한다. 이 가운데 한국어 교육과 관련이 큰 것은 방과 후 학교와 한국어 반이다. 원래 방과 후 학교는 학교 정규 수업 이후에 학교 교실에서 학생의 취미, 특기 및 교과 보충 수업을 실시하는 것을 의미하는 것이나 다문화 가정 자녀의 경우는 이러한 교육보다는 한국어 교육이 주 대상이다. 학급의 구성이나 교육 내용의 편성이 비교적 수월하기 때문에 다문화 가정 자녀가 재학하고 있는 학교에서 큰 어려움 없이 개설하는 것으로 알려지고 있다. 개설 후에도 학생과의 1:1교육으로부터 다문화 가정 가족이 참여한 수업 형태까지 융통성 있게 수업을 운영하고 있다. 통계에 따르면 이들 프로그램은 전체 초등학교의 15%에 해당하는 755개교에서 운영되고 있으며 다문화 가정 자녀의 참여율은 전체의 약 40%이다. 한국어 반은 원래 다문화 가정 자녀의 모국어를 존중하여 교과 교육을 운영하면서 동시에 한국어로의 교과 수학 능력도 키우기 위한 것으로 일종의 이중 언어 교실이다. 이는 기본적으로 다문화 가정 자녀로 하여금 언어 교육을 통해 긍정적인 자아 정체감을 형성하고 어머니 나라의 언어나 자칫 잊어버리기 쉬운 모국어를 유지, 신장시키는 데에 목적을 둔 것으로 보인다. 그러나 이러한 운영 목적과 관련하여 다문화 가정 자녀의 언어 적응을 위한 학습 환경을 조성하고, 이에 따른 교육 과정을 운영해야 한다는 주장과 아직 정체성을 구축해 가는 과정으로 볼 수 있으므로 개설의 성격이나 운영의 목표 등과 관련하여 다문화 교육 차원과 교과 교육 지원 성격이 좀 더 강화되어야 한다는 주장이 제기되고 있다. 전자의 경우는 교육 목표가 단순히 한국 학교에서 '적응'의 차원인 한국어 의사소통 능력 신장을 넘어 언어적 소수자인 다문화 가정 자녀 자신의 언어와 문화를 함께 유지할 수 있는 능력을 키우는 데까지 두어야 한다는 주장이며, 후자의 경우는 모든 다문화 가정 자녀를 대상으로 하기보다는 한국어 학습 능력이 현저히 떨어지는 학생만을 대상으로 하여 초·중등 각 교과와 연계된 내용들의 어휘나 자료를 포함해야 한다는 주장이다.

상호작용적 교사 [相互作用的 敎師, interaction teacher]

교사가 학생에게 일방적으로 지식을 전수하는 방식의 교육이 아니라 교사와 학생 간의 소통을 통해 교육하는 방식을 지향하는 교사.

상호작용적 교사는 말 그대로 학생과 상호작용을 하는 교사이다. 교사의 관심, 배려, 기다림, 존중, 친절, 세심함 등의 요소들을 가지고 인간 대 인간으로 만나야만 바람직한 상호작용이 일어날 수 있다. 학습자의 희망이나 요구를 수용하는 협동 계발적인 방식으로 지도하는 교사가 상호작용을 잘 하게 될 것이다. 여기서 상호작용은 한쪽 방향으로 영향이 나타나는 인과관계와는 달리 양쪽 방향으로 영향이 나타나야 한다. 또한 관계성 형성의 기초가 되는 사람들 사이의 모든 교류 형태를 상호작용(interaction)으로 개념화할 수 있다. 교사와 학생 간 상호작용의 유형과 구체적인 상호작용 행동 목록을 예로 들면 다음과 같다.

Arnett(1989)의 보육교사 상호작용 척도(Caregiver Interaction Scale: CIS)

① 긍정적 상호작용 ② 허용적 상호작용

③ 분리된 상호작용 ④ 비판적 상호작용

일반 목적 [一般目的, general purposes]

일상적인 의사소통을 목적으로 배우는 한국어 교육의 목적.

한국어를 배우는 목적에 따라 일반 목적과 특수 목적으로 나눌 수 있다. 일반적 목적의 한국어 교육은 한국인(또는 한국어를 구사하는 외국인)과의 일상적인 의사소통을 목적으로 한국어를 학습하는 학습자를 대상으로 하는 것이다. 일반 목적의 한국어 교육은 구어적 의사소통 상황에서 중요한 대화를 중심으로 진행되는 경향이 있으며, 읽기, 쓰기에 대한 교육, 어휘와 문법에 초점을 두거나 문화 이해, 일상생활에서 해결해야 할 과제에 중점을 두는 경향이 있다. 보통 성인 학습자를 대상으로 하는 경우가 많다.

재외 동포를 위한 한국어 교육 [Korean education for overseas Korean]

대한민국 국민으로서 외국에 거주하거나 대한민국 국적을 보유하였던 자로 외국 국적을 취득한 자와 그 자녀를 위한 한국어 교육.

재외 동포란 대한민국의 국민으로서 외국의 영주권을 취득한 자 또는 영주할 목적으로 외국에 거주하고 있는 자와 대한민국의 국적을 보유하였던 자 또는 그 직계비속으로서 외국 국적을 취득한 자 중 대통령령으로 정하는 자를 말한다.

재외 동포를 위한 한국어 교육을 위해 교육과학기술부(이하 교과부)는 재외 동포 관련 사업 중 한국어 교육을 집중 강화할 방침이라고 한다. 현지 한국학교 신·증축, 한국어 교사 증원 등에 예산을 대폭 늘렸으며 한국어능력시험(TOPIK)을 브랜드화해 해외 한국어 교육을 강화하고 널리 보급할 뜻을 시사했다.

2010년 초 발표된 재외동포정책실무위원회 자료에 따르면, 교과부는 한국학교 신·증축 비용을 지난해 83억 원에서 222억 원으로 늘려 예산에 반영

했으며 현지 채용 교사 인건비 지원도 지난해 105억 원에서 198억 원으로 두 배 가까이 증액했다.

교과부는 또 재외 동포 자녀 모국 방문 지원 및 한글 학교용 교재 개발, 미국 현지 학교 한국어 보급에도 예산을 배정했다. 특히 미국 내 한국어 보급 확대를 위한 전략인 AP(Advanced Placement) 한국어 채택을 위해 필요한 초 · 중 · 고교 한국어반 증설에 28억 원을 지원한다.

특수 목적 [特殊目的, academic purposes]

특정한 전문 분야의 한국어나 기술의 학습을 목적으로 하는 한국어 교육의 목적.

특수 목적의 한국어 교육은 취업을 목적으로 한 교육, 번역을 목적으로 한 교육, 특정 분야의 근로자로서 필요한 기술 습득을 목적으로 한 교육 등 말 그대로 특수한 상황이나 목적에 주안점을 둔 것이다. 특수 목적은 크게 학문적 목적과 직업적 목적으로 분류할 수 있다. 학문적 목적의 교육 과정은 학습자가 대학(원)에 진학하여 한국어로 이루어진 텍스트를 이해하고 학업 수행을 해 나갈 수 있도록 하는 교육 과정이다. 이 교육 과정은 1969년 서울대학교 어학연구소에서 '재일교포'를 대상으로 하여 개발한 경우가 효시이다.

특수 목적	학문 목적	전문 과정(수료 후 과정) 교환 학생 과정(초 · 중 · 고) 일본 대학생 과정(초급)	대학 진학을 준비하는 자 교환 학생 일본 대학 전공생
	직업 목적	야간 과정(초 · 중 · 고) 전문 인력 양성 과정(초급후반, 중급)	직장인 특정 분야 종사자

직업 목적의 교육 과정은 취업이나 업무 수행을 목적으로 하는 한국어 학습자를 위한 교육 과정이다. 이 교육 과정은 종사할 직종을 고려한 한국어 교육이 이루어지며, 업무의 효율성을 높이는 데 초점을 맞추는 경우가 많다.

일반적 목적의 한국어 학습자 중에도 잠재적으로 특정 목적을 가지고 있는 사람이 많으므로, 일상적인 한국어 의사소통 능력을 기른 후에는 특정 목적으로 한국어를 사용할 가능성에 대비하여 교육 내용을 구성하는 것이 필요하다. 따라서 특수 목적의 영역에서 필수적으로 요구되는 언어 내용 및 기능, 기술의 핵심 요소를 일반적 목적의 한국어 교육 과정에도 포함시켜야 한다. 이러한 교육 과정을 설계할 때에는 최종 도달 목적을 어느 수준으로 설정할 것인지를 결정해야 하며, 그 목적에 도달하는 과정으로 세부적인 목표들을 구체화해야 한다. 교육 목적이란 교육의 최종적인 도달점에서 이루게 되는 종합적이고 장기적인 지향점을 이르며, 교육 목표란 목적에 도달하기 위한 과정에서 이루어 내야 하는 단편적이고 단기적인 지향점을 이른다.

학습자 변인 [學習者變因, learner factors]

교육을 구성하는 변인으로 교사, 학습자, 교재를 들고 있는데 그중의 하나.

교육에서 투입은 같지만 교육 효과나 결과가 다른 이유는 학습자마다 받아들이는 정도가 다르기 때문이다. 학습자 변인에 관계된 과거의 과학적 연구는 두 가지 입장이 있다. 첫째, 발달 심리학적 접근이다. 교육 또는 학습이 효과적으로 이루어지기 위해서는 일정한 수준의 성숙 또는 발달이 이루어져야 한다고 보고, 학습자들의 발달 수준을 밝혀 교육과 수업 과정에 반영시키려는 시도이다. 이는 수업에 있어서 준비성의 개념으로 파악되고 있다. Glaser의 수업 이론에서도 강조되고 있으며, Bruner도 역시 강조하고 있는 개념이다.

둘째, 수업 이론적 측면에서 수업 방법과 학습자 변인과의 상호 관계를 밝히고 가능한 한 수업 방법을 다양화하려는 시도이다. 이는 주로 개별 학습을 위한 수업 이론이다. 집단적인 발달 수준의 문제로서가 아니라 한 개체마다의 독립적인 특성을 강조하려는 노력으로 나타나고 있다. 물론 학습자 변인의 구체적인 내용 역시 다양하다. 일반적인 인지 능력의 문제에서부터 선행 학습 요소, 인지 양식이나 인지 전략에 관한 문제, 성취 동기나 불안 수준,

자아 개념의 문제와 관련된 정의적 특성의 문제 등이 바로 그러한 특성이 될 수 있다.

학습자의 유형 [types of learners]

학습자가 선호하는 학습 방식에 따라 학습자를 갈라본 유형. 학습자의 유형에는 청각적 학습자 유형, 시각적 학습자 유형, 활동적 학습자 유형이 있다.

첫 번째 학습 유형은 청각적 학습자(Auditory Learner)인데 이들은 강의를 듣고 구술로 토론하는 학습 방법을 선호한다. 두 번째 유형은 시각적 학습자(Visual Learner)이다. 시각적 학습자들은 정보가 문자화 또는 도형화되어 있을 때 보다 더 잘 습득한다. 그러므로 수업 시간에 교사가 강의식 수업을 진행할 때, 칠판에 적혀 있는 교수 요목이나 강의안 등이 적절히 제공된다면 보다 효과적으로 학습할 수 있으며, 새로운 단어나 교과 내용도 활자화되어 읽힐 수 있을 때가 그냥 청각에 호소하는 강의식 수업을 들을 때보다 더 효과적이라 하겠다. 세 번째 학습자 유형은 활동적 학습자(Kinesthetic Learner)로 이들은 주어진 지식이나 정보를 학습하기 위해 그것들과 함께 무엇인가 행동함으로써 학습을 성취한다. 그러므로 청각적 학습자에게는 당연히 강의나 대담, 세미나, 패널 토론, 그룹 토의, 포럼, 심포지움, 청취팀(listening team) 등이 효과적일 것이고, 시각적 학습자는 위에서 소개한 교육 방법에다 전하는 지식이나 정보를 시각화한 도표, 그림, 인쇄 및 영상매체를 더하여 전달되거나 설명되면 훨씬 더 나은 학습 성과를 불러일으킬 것이다. 활동적 학습자에게는 사례 연구(case study), 시범(demonstration), 역할극(role play), 견학(field trip), 현장 실습(field work) 등이 보다 효과적일 수 있겠다. 하지만 개인에게 이러한 학습 유형이 절대적 효과를 자동적으로 가져다 줄 수 있다고는 생각할 수 없으며 가르치는 교수 내용(curriculum)에 따라서도 효과적으로 적용되는 방법이 있을 수 있다는 점을 주지하여야 할 것이다. 그러나 이러한 구분 역시 이론적이고 논리적 구분일 뿐이지 누구는 정확히 시각적 학습자이고 또 누구는 활동적 학습자라고 유형화하는 것은 바람직하지 않다.

한국어 교사의 능력 [ability of Korean language teachers]

한국어 교사의 능력에는 이문화 간 소통 능력, 언어 운용 능력, 수용 이해적 능력, 인간 관계 등이 있다.

이문화 간 소통 능력: 외국인에게 한국어를 가르치는 교사가 갖춰야 하는 중요한 자질 가운데 하나는 이문화 간 소통 능력이다. 한국어가 모국어가 아닌 외국인들에게 한국어를 가르치는 수업은 한국어의 문법이나 어휘, 문장 형식을 가르치는 일뿐만 아니라 학생들과의 문화 간 커뮤니케이션, 비언어적 커뮤니케이션이 동시에 일어나는 다차원적 과정이다. 언어 교육자의 학습자에 대한 개인적 이해와 학습자 문화에 대한 이해 그리고 학습자 문화에 대한 지식과 태도에 따라서 언어 교육 효과가 달라지리라는 것은 자명한 사실이다. 외국 문화에 대한 교사의 이해도, 외국어 구사력, 이문화 간 커뮤니케이션 능력은 언어 교육에서 큰 역할을 차지하며 한국어 교사 교육에도 이문화 교육을 적극적으로 도입해야 할 필요성이 제기되었다.

언어 운용 능력: 직업 목적 한국어 교육을 담당하는 교사는 학습자가 필요로 하는 한국어가 무엇인지 미리 파악하여, 그 분야에서 사용되는 전문 용어를 각 용어가 가리키는 개념과 함께 학습자의 모어와 학습 목표 언어인 한국어 두 언어로 정확히 알아 두어야 한다. 교사는 최소한 교육 내용에 포함된 전문 용어에 관해서 알아 둘 필요가 있다. 직업 목적 한국어 담당 교사는 학습자들이 필요로 하는 어휘나 표현에 대해 논문, 전문 서적, 법률, 관련 기관의 보고서 등을 통해서 알아보거나 한국의 관련 기관에 확인하는 작업을 게을리하면 안 된다.

수용 이해적 능력: 교사는 다문화에 대한 이해력을 필요로 한다. 한국어 교

사는 학습자들의 다양한 역사적, 문화적 배경을 이해하고 수용할 수 있어야 한다. 특히 한국어 교사는 21세기 국제적 다문화 사회를 선도할 수 있는 세계 시민 교육관을 가질 필요가 있다.

인간 관계: 동료 교사들과의 교육 협조가 원활하여야 한다. 교사 간 운명 공동체 의식이 필요하며 서로의 장단점을 습득 보완하는 역할을 하여야 한다. 교사 평가제는 견제, 감시 구조가 아닌 발전 지원 구조가 되어야 한다.

한국어 교사의 능력 여부는 수업 개선에 큰 영향을 끼친다. 한국어 교사가 지식 · 이론만을 강의하는 강사의 역할에서 기능 훈련의 상대자까지도 겸하는 역할이 필요하게 되었다. 단순한 강의식을 넘어 시청각 학습 자료나 OHP, 컴퓨터 등의 시설을 이용한 다양한 학습 방식을 사용하고, 말이나 글만이 아니라 한국 문화도 함께 이해하려는 방향으로 교육할 수 있는 능력이 한국어 교사에게 요구되고 있다. 한국어 교사는 한국어 교육에 관한 충분한 교사의 자질을 갖고 있어야 함은 물론이고, 실제의 학습 현장에서 그 지식과 자질을 충분히 발휘할 수 있는 교수 기술을 포함한 지도 능력이 있어야 한다. 또한 적어도 하나 이상의 외국어를 원활하게 구사할 수 있어야 한다. 한국어 지도 교사로서의 유의점은 국제적 감각을 길러야 하며 학습자들이 기대하는 바와, 학습자가 가지는 의문을 간파하고 답변해 줄 수 있어야 하며, 사소한 문제라도 세심하고 친절하게 대응하여야 한다. 그리고 권위를 앞세우지 않아야 하며 학습자에게 신뢰감을 주고 학습 목표는 명확히, 지도는 끈기 있고 상냥하면서도 친절히 하여야 한다. 또한 교수 용어 및 학습장의 생활 언어를 점차 한국어로 해야 하며, 교실 분위기를 활성화하고, 학습자들에게 자신감을 심어 주어야 한다. 명분보다는 실질적인 학습 능률에 중점을 두고 진부한 교수 · 학습 방법을 탈피하고, 항상 연구하여 새로운 방법을 모색하는 자세가 필요하다. 아울러 지도자로서의 품위를 지키고, 한국 문화에 대한 폭넓은 식견을 가진다.

한국어 교육 [韓國語敎育, Korean language teaching]

외국인이나 재외 한국 동포, 다문화 가정의 자녀 등에게 외국어로서 또는 제2언어로서 한국의 말과 글을 습득하게 하는 교육.

한국어 교육은 우리의 말과 글을 가르치는 것을 의미한다. 그런데 우리의 말과 글을 누구에게 가르칠 것인가에 따라 한국어 교육도 좀 더 세분화할 수 있다. 우리말과 우리글을 한국 사람이 한국인을 대상으로 실시한다면, 그것은 모국어 교육이라고 부를 수 있다. 이에 비해 우리말과 우리글을 다른 나라 사람(외국인)이나 재외 동포를 대상으로 실시할 경우 그것은 '외국어로서의 한국어 교육' 이라고 부를 수 있다. 이때 '외국어로서' 라는 말은 '외국인이나 재외 동포를 위한' 이라는 의미로 사용된다. 그런데 이 수식어를 붙이면 한국어 교육의 개념이 매우 길어지므로, 학계에서는 모국어 교육을 '국어 교육' 이라고 부르고, '외국인 및 재외 동포를 위한 한국어 교육' 을 줄여서 '한국어 교육' 이라고 부르는 경향이 있다.

한국어 교육의 학습 대상자가 다양해짐에 따라 외국어로서의 한국어 교육, 제2언어로서의 한국어 교육이 필요하게 되었다. 몇 년 전까지만 해도 한국어 교육은 성인이 주류를 이루었으나, 최근에는 내국인의 해외 장기 체류자가 급증하면서 그 자녀들에 대한 한국어 교육이 필요하게 되었고, 한국의 노동자로 입국한 외국인 근로자의 자녀, 국제 결혼으로 생긴 다문화 가정의 자녀에 대한 한국어 교육 등 학습 대상자가 매우 다양해졌다. 이에 따라, 각 언어권과 연령층과 교육 수준과 영역에 적합한 교재 개발과 효율적인 지도 방법이 한국어 교육의 새로운 과제로 등장하고 있다.

한국어교육능력검정시험 [韓國語敎育能力檢定試驗, Korean language teaching proficiency test]

국어기본법 제19조 및 동법 시행령 제14조에 의거하여 실시되는 국가 공인 한국어 교사 자격 시험.

이 시험은 외국어로서의 한국어 교육의 질을 높이기 위하여 1년에 1회 이상 실시되고 있다. 이 시험에 합격한 자는 국어기본법 시행령 제13조에 따라, 국가 공인 자격증인 한국어 교원 3급을 발급받을 수 있다.

다만 한국어교육능력시험을 응시할 수 있는 대상자는 정식 기관에서 시행하는 한국어 교원 양성 과정 이수자로 제한한다. 이는 이 시험이 대학 · 대학원 한국어 교육 전공자가 아닌 사람들을 위해 만들어진 시험이기 때문이다. 양성 과정을 거쳐 전공 · 실무 지식을 함양한 다음 한국어교육능력검정시험을 치러, 국가 공인 자격증인 한국어 교원 3급 자격증을 취득할 수 있게 한다. 다만, 대학 · 대학원 한국어 교육 전공자는 일정한 절차를 거쳐 한국어 교원 2급 자격증을 취득할 수 있다.

국어기본법 시행령이 공포되기 이전인, 2002년~2004년까지 한국어세계화재단에서는 한국어 국외 보급의 효율성을 향상시키고자 4회에 걸쳐 한국어교육능력인증시험을 시행했다. 그러나 2005년 7월 28일 국어기본법 시행령이 공포됨에 따라, 시험의 이름도 한국어교육능력검정시험으로 바뀌었고 시험 내용도 보다 구체화, 세분화, 전문화되었다.

한국어능력시험 [韓國語能力試驗, Test of Proficiency in Korean: TOPIK]

한국교육과정평가원이 주관하여 실시하고 있는 시험으로 외국인의 한국어 능력을 등급에 따라 평가하는 시험.

한국어능력시험의 목적은 한국어를 모국어로 하지 않는 외국인 및 재외동포들에게 한국어 학습 방향을 제시하고, 한국어 보급을 확대하며, 그들의 한국어 사용 능력을 측정하여 그 결과를 유학, 취업 등에 활용케 하는 데 있다. 이 목적 이외에 한국교육과정평가원(2005)에서는 "한국어 교육 기관의 연수, 교육 과정 및 교육 평가 방법을 표준화하는 것"을 추가하고 있다. TOPIK 홈페이지와 한국교육과정평가원(2005)에 한국어능력시험의 목적을 여러 가지로 진술하고 있지만 이 시험의 주된 목적은 응시자의 한국어 사용 능력을 평가하는 것이다. 한국어능력시험은 한국어 학습자와 한국어 교육 종사자에게 국가에서 공인하는 한국어 숙달도 평가라는 점에서 큰 의미를 지니므로 언어 능력 평가 도구로서 갖추어야 할 요건을 충족한 것이어야 한다. 한국어능력시험을 온전히 평가하기 위해서는 평가 목표와 내용, 영역, 문항 수, 배점, 문항 유형, 점수 체제 등 시험 체제의 측면, 문항의 타당도, 신뢰도, 객관도, 실용도 등 평가 도구의 측면, 출제, 시행, 채점, 결과 활용 등 시험 운영·관리의 측면을 전반적으로 살펴보아야 한다. 교육과학기술부는 한국어능력시험의 적극적인 활용을 통한 한국어 보급 확대를 위해 각 대학과 기업 등에 한국어능력시험 합격자에 대해서는 입학 및 채용 시 우대 조치 등 다양한 혜택을 받을 수 있도록 권장하고 있다. 그러나 한국어능력시험의 국내외적 성과와 의의에도 불구하고, 한국어능력시험은 몇 가지 문제점을 노출하고 있다. 시험의 등급 부여 방식, 영역별 주관식 문항의 필요성, 주관식 문항의 채점자 신뢰성, 평가의 신뢰도, 실용도를 높일 수 있는 평가 유형을 개선해야 한다. 즉 현재 매회 6등급의 총 720문항을 개발함에 있어, 시간과 노력, 비용의 낭비가 있으므로 이에 대한 실태를 진단하고, 문제점을 분석하여 한국어능력시험평가 체제와 문항 개발에 관한 내실화 대책이 필요한 실정이다.

한국어교육과정론

개념적 교수 요목[概念的教授要目, conceptional syllabus] ☞기능적 교수 요목

지식에 초점을 둔 교수 요목.

외국어로서의 한국어 교육이 지향하는 보편적 교육 목표를 기능적 목표(읽기, 듣기, 말하기, 쓰기), 지식적 목표(언어학적 지식의 이해), 사회·문화적 목표(사회, 문화, 정서, 역사 등의 이해)로 설정한다고 할 때, 지식적 목표에 초점을 둔 교수 요목이 개념적 교수 요목이다.

결과 중심적 교수 요목[結果中心的教授要目, results-oriented syllabus]

언어의 형식과 의미에 초점을 두고 학습자에게 문법을 인식시키고 구조화하게 하는 교수 요목.

특정한 문법 구조에 초점을 두고 그 의미를 밝혀 주고 문법 규칙을 이해하도록 지도하는 것이다. 결과 중심의 문법 교육은 단기간의 문법 교육으로 외국어 학습의 효과를 낼 수 있다는 장점이 있다. 그러나 언어 사용의 실제적 적용 측면에서 지도가 부족하다는 약점을 지닌다. Bartlett(1981)에 의하면, 교사와 언어적 상호작용을 많이 한 유아는 언어적 상호작용의 기회가 별로 없는 유아보다 언어적 발달이 향상된다고 한다. 그리고 지시에 의한 외적 언어적 반복은 유아 언어 발달에 도움이 안 되며 자연스러운 언어 환경 접근이 언어 습득에 도움이 된다고 주장하였다. Bartlett의 연구는 학습자가 유아이고 학습 언어가 모어인 경우에 해당하는 논의이지만, 외국어로서의 한국어 교육에도 적용이 된다. 한국어 문법 사항을 학습자에게 지시에 의한 반복 학습으로 습득하게 하고 자연스러운 의사소통 상황에 맞는 표현을 구사하도록 훈련하지 않는다면 학습자가 자연스러운 의사소통의 상황에 맞는 표현을 구사하도록 하기 어렵다. 문법을 '절대적인 규칙' 처럼 여기는 것은 잘못이다. 실제적인 의사소통 상황에서 나타나는 언어의 규칙성은 정도의 문제이다(Bartlett 1994, 김차홍 뒤침 2003:24). 문법 규칙의 정오에 초점을 두어 지도하다 보면 학습자의 표현 능력을 위축시킬 우려가 있다.

과정 중심적 교수 요목 [過程中心的敎授要目, process-oriented syllabus]

과제 활동 중심으로 구성되어 언어를 습득하는 과정에 초점을 둔 교수 요목.

과정 중심 교수 요목은 과제 활동 교수 요목의 한 형태이다. 이 교수 요목은 Breen & Candlin(1980), Breen(1984), Candlin & Mayphy(1987)와 같은 학자들에 의해서 주장되고 있다. 이들은 학습이란 교사와 학습자 간의 협상의 산물이어야 한다는 관점에서 교수 요목은 학습자의 의사소통 능력을 향상시킬 수 있는 사람에 의해서 필요한 항목들이 작성되어야 하고, 교수 요목에 포함되어야 할 내용은 선언적 지식이 아니라 참여자, 절차 및 주제 문제 등과 같은 절차적 지식이어야 한다고 주장한다. 참여자는 전체 학생 그룹 또는 개별적일 수도 있다. 절차는 누가 무엇을 누구와 함께, 어떤 자료를 가지고, 언제, 어떻게, 그리고 왜에 관한 문제에 대한 해답을 결정하는 것이다. 주제 문제는 내용 중심 교수 요목으로 학습 목적에 따라 실시할 활동이나 과제를 의미한다.

이 교수 요목은 공동 결정, 일치한 선택, 계속적인 평가를 포함하고, 교실 활동의 각 단계에서 다양하고 변화하는 교수 요목들 간의 상호작용을 유도하면서 진행하기 때문에 교실에서 참석자들에 의해서 창의적인 주제의 구성과 재설명을 활성화하고 격려하는 교수 요목이라 할 수 있다.

과제 기반 교수 요목 [課題基盤敎授要目, task-based syllabus]

학생 중심 · 교사 보조의 방법으로서 학생들이 의사소통을 할 수 있도록 만들어 주는 도구로 특별히 고안된 과제를 사용하는 교수 요목.

과제란 학습자가 가지고 있는 모든 지식, 경험 등을 총동원하여 다른 학생과 상호 활동을 통해 정보를 구하고 제공하면서 언어를 배우도록 하기 위한 것이다. 언어 학습의 기본은 실제 의사소통에 관계되는 활동에 있다. 의미 있는 과제를 수행하는데 필요한 활동이 학습을 촉진시킨다. 학습자에게 의미 있는 언어로서 이루어진 학습 과정으로, 결과보다는 과정에 초점을 둔다. 의사소통과 의미를 강조하는 의미 있는 활동과 과제가 제공되어야 한다.

학습자들은 문장 표현을 단순히 외워서 발화하지 않고 주어진 과제의 성격이나 목적에 맞게 자신의 말을 할 수 있으며, 과제 수행에 참여하는 모든 학생들이 목표 언어를 사용하며 서로 의미를 교섭하고 전달하는 활동을 지속적으로 할 수 있다. 학습 과정 중에 한국어를 사용하게 되어 무의식적으로 한국어를 학습할 수 있다.

교수 요목 [教授要目, syllabus]

언어 교육 현장에서 무엇을, 어떤 순서로, 어떻게 가르칠 것인가에 대한 교육 과정의 설계도로서 교재 구성의 근간을 이루는 것.

교수 요목은 교육 과정(curriculum)과 그 의미가 혼동되어 사용되기도 하나, 교수 요목은 '언어 교육 현장에서 무엇을 어떻게 가르칠 것인가?'에 대한 교육 과정의 설계도로서 교재 구성의 근간을 이루는 것이라고 할 수 있다.

김정숙(2002)에서는 전통적 교수 요목에는 단순히 교육 내용만이 포함되었으나, 과정 중심의 교수 요목이 등장하면서 교수 요목에 교육 내용뿐만 아니라 교육 방법까지 포함한다고 하였다.

교육 과정이 교육 정책을 반영한 교육 목표, 교육 내용, 교육 방법, 평가를 포함하는 전반적인 교육 계획이라면 교수 요목은 교육 과정 중에서 평가를 제외한 교육 목표, 교육 내용, 교육 방법에 대해 구체적으로 설계해 놓은 것이다. 즉, 교수 요목이란 어떤 교육 과정을 효과적으로 수행하기 위해 학습 항목을 배열하여 구체화시켜 놓은 계획으로, 목표에 도달하기 위해 학습 과정 및 절차 전반에 대한 내용을 상세히 기술해 놓은 교육 계획서라고 할 수 있다.

교육 대상 [教育對象, object of education]

피교육자 또는 학습자.

외국어로서의 한국어 교육 대상은 초급 학습자, 중급 학습자, 고급 학습자 세 가지로 나눌 수 있다. 그리고 교육 대상의 학습 목적에 따라 대학생, 직장인, 일반 학습자로 나누고, 그들을 각각 대학 한국어, 직업 한국어, 생활 한국어라 부르는 바, 그 대강의 내용은 다음과 같다.

대학 한국어는 기존의 한국어 교육 기관에서 이루어지는 일반적인 한국어 교육과 비교하여 다음과 같은 점에서 다르다.

우선 한국어의 습득 자체가 목적이 아니라 학문을 연구하기 위한 도구로서의 성격을 갖는다. 이러한 학습 목적의 차이는 학습 자료의 선택이나 각 기능별 학습 내용에도 차이를 갖게 한다. 즉 대학 한국어에서 실제성을 갖는 자료가 일반 한국어 교육에서 사용하는 자료와 동일할 수 없으며 각 기능별로 중요시되는 학습 내용이 일반 한국어 교육과 같을 수 없다.

또한 어휘 면에서도 차이를 보인다. 일반적인 한국어 교육에서는 문어보다 구어의 비중이 상대적으로 높지만 대학 한국어의 경우에는 구어보다 문어의 비중이 높으며 따라서 더 많은 어휘 지식을 요구한다. 한자어 어휘에 대한 학습이 상대적으로 더 많이 요구되며 또한 자신의 전공 영역과 관련된 전문 용어에 대한 학습도 이루어져야 한다. 이러한 어휘의 차이는 텍스트 자체에도 영향을 미친다. 그러므로 유학생들은 일반 한국어 교육에서 사용하는 텍스트와는 전혀 다른 성격의 텍스트를 접하게 된다.

직업 한국어는 직업과 관련하여 한국어를 학습하고자 하는 성인 학습자를 대상으로 이루어지는 한국어 교육이다. '직업과 관련하여' 라는 표현은 아직 취직하지 않았지만 한국과 관련된 기업에 취직하려고 하는 사람이나 이미 한국 관련 기업에 취직하여 업무 수행을 위해 한국어를 필요로 하는 사람을 모두 포함하고 있다. 그러므로 대학 한국어와 마찬가지로 특정 목적을 가진 한국어 교육이라고 할 수 있을 것이다. 직업 한국어이 대상이 되는 학습자들을 다음과 같이 분류하고 있다.

a. 현재 정규 과정에서 교육을 받고 있는 학습자 중 직업을 가지고 있거나 직장을 찾고자 하는 학습자
b. 직업과 관련한 연수생: 외교관, 언론인, 군인, 선교사, 한국 주재 회사 근무자
c. 외국인 취업 연수생

'생활 한국어' 라 함은 단순히 여행이나 단기간의 방문을 목적으로 하여

배우는 한국어로만 그 의미를 국한시키지 않고자 한다. 거기에서 좀 더 나아가 한국에 장기간 체류하면서 생활하는 데 꼭 필요한 한국어라는 의미도 포함시켜야 한다.

생활 한국어를 '단기간 혹은 장기간 한국에서 생활할 때에 꼭 필요한 한국어' 라고 정의한다면 그 대상으로 여행이나 관광을 목적으로 체류하는 사람들뿐만 아니라 짧게는 6개월에서 길게는 2~3년 혹은 그 이상의 기간 동안 직업상의 이유로 한국에 거주하게 되는 사람들도 아우르게 된다.

교육 과정 [教育課程, curriculum]

교육 정책을 반영한 교육 목표, 교육 내용, 교육 방법, 평가를 포함하는 전반적인 교육 계획.

교육 과정에 대한 정의는 학자에 따라 다소 다르지만 아래 몇 가지로 정리할 수 있다.

그중에서 가장 널리 알려진 두 가지 정의는 '구체적이고 처방적인 것' 과 '포괄적이고 일반적인 것' 이라는 두 극단적인 것이다. Tyler와 Taba가 대중화시킨 정의로서 교육 과정은 바람직한 목적 혹은 목표를 성취하기 위한 전략을 포함하는 활동 계획 또는 문서다. 이러한 관점에 동의한 사람들의 정의를 살펴보기로 한다. Saylor는 교육 과정을 "교육받을 사람을 위해 일련의 학습 기회를 제공하기 위한 계획" 이라고 정의한다. Pratt는 "교육 과정이란 형식적 교육과 훈련 의도를 조직화해 놓은 것" 이라고 기술하고 있다. Wiles와 Bondi는 교육 과정을 '목적, 설계, 적용, 평가' 를 포함하는 4단계 계획으로 보고 있다.

그러나 이와 달리 교육 과정은 보다 포괄적으로 학습자의 '경험' 을 다루는 것으로 정의하기도 한다. 인간주의적 교육 과정 학자들과 초등학교 교육 과정 학자는 이 정의에 찬성하며, 교과서 저술가들에 의해 보다 포괄적으로 해석되고 있다. Shepherd와 Ragan은 "교육 과정은 학교의 지도하에서 아동들의 계속적인 경험으로 구성된다."고 말한다. 즉, 교육 과정은 "아동이 학교 안에서 능동적으로 참여함으로써 자기 실현을 성취하도록 도와주는 특별한 환경"이라는 것이다. Eisner에 의하면 교육 과정은 "학교가 학생에게 제공하는 프로그램"이다. 그것은 "사전에 계획된 일련의 교육적인 장애물과 아동이 학교 안에서 갖게 되는 전반적인 범위의 경험"으로 구성된다. 그리고 Marsh와 Willis는 교육 과정을 "계획되고 실행된 교육 안에서의 모든 경험"으로 간주하면서 학교에 의해서 계획된 것과 교사에 의해서 실행된 것 사이의 차이를 언급하고 있다.

그리고 교육 과정은 사람과 제 과정을 다루기 위한 체제, 혹은 그 체제를 실행하기 위한 인원과 절차를 조직하는 것으로 정의할 수 있다.

또 교육 과정은 그 자체의 연구, 이론, 원리와 이러한 지식을 해석할 수 있는 전문가를 가지고 있을 뿐만 아니라 그 자체의 기초와 지식의 영역을 포함하고 있는 하나의 '연구 분야'로 정의된다. 이러한 의미의 교육 과정에서 이루어지는 논의는 대체로 실제적인 것이 아니라 학문적이고 이론적이며, 광범위한 역사적, 철학적, 사회적 쟁점과 관련된다.

마지막으로 교육 과정은 '교과(수학, 과학, 영어, 역사 등) 혹은 내용(정보를 조직하고 받아들이는 방식)'으로 정의되기도 한다.

교육 목적 [敎育目的, goal of teaching]

한국어를 익힌 후에 활용하고자 하는 목적.

한국어 교육의 내용과 방법은 교육 목적과 교육 대상, 교육 환경 등의 변인에 따라 다르다. 많은 한국어 학습자가 특정한 목적 없이 한국어를 배우고 있기는 하나, 최근 들어서는 대학(원) 진학이나 취업을 목적으로 한국어를 학습하는 사람들의 비율이 점차 늘고 있다. 이러한 학습자들의 요구를 반영하기 위하여 이들이 필요로 하는 내용을 중심으로 교육 목적을 개발하고, 다음과 같이 다양한 교육 과정을 마련해야 한다.

1) 일반적 목적의 한국어 교육 과정
2) 업무 수행을 목적으로 한 한국어 교육 과정
3) 학문 수행을 목적으로 한 한국어 교육 과정
4) 특수 목적의 한국어 교육 과정(여행을 목적으로 한 교육 과정, 번역을 목적으로 한 교육 과정 등)

이러한 교육 과정을 설계할 때는 최종 도달 목적을 어느 수준으로 설정할 것인지를 결정해야 하며, 그 목적에 도달하는 과정으로 세부적인 목표들을 구체화해야 한다. 교육 목적이란 교육의 최종적인 도달점에서 이루게 되는 종합적이고 장기적인 지향점을 이르며, 교육 목표란 목적에 도달하기 위한 과정에서 이루어 내야 하는 단편적이고 단기적인 지향점을 이른다. 교육 목적을 Stern(1992)은 숙달도 목적, 지식 목적, 정의 목적, 전이 목적 등으로 구분하였다.

1) 숙달도 목적: 말하기, 듣기, 읽기, 쓰기의 네 가지 언어 기술, 즉 구체적 언어 행위에 통달하는 것.
2) 지식 목적: 언어 지식과 문화 지식에 통달하는 것.
3) 정의 목적: 목표어에 대한 긍정적 태도 및 감정, 자신감을 갖는 것.
4) 전이 목적: 학습 방법을 터득함으로써 미래에 새로운 내용을 학습할 때 그 방법을 활용할 수 있도록 하는 것.

ALL에서는 의사소통적 목적, 사회문화적 목적, 학습 방법 목적, 언어와 문화 인식 목적 등으로 구분하였다(The Australian Language Levels: Nunan(1989:49)에서 재인용).

1) 의사소통적 목적: 개인적 관계를 설정하고 유지하며, 이를 통해 정보, 의견 등을 교환하고 일이 이루어지게 하는 것.
2) 사회문화적 목적: 목표어 발화 공동체 중 동년배 그룹의 일상생활을 이

해하는 것.

3) 학습 방법 목적: 일정 기간에 걸쳐 일을 협상하고 계획하며, 실재적 목표를 설정하고 그 목표를 달성하기 위해 어떤 수단을 마련할 것인지를 배우는 것.

4) 언어와 문화 인식 목적: 언어의 체계적 본질과 사용법을 이해하는 것.

교육 목표 [敎育目標, target of teaching]

목적에 도달하기 위한 과정에서 이루어 내야 하는 단편적이고 단기적인 목표.

교육 목표는 교육 과정의 방향을 제시하고 학습 후 학습자가 무엇을 성취해야 하는지에 대한 명확한 제시를 말한다. 교육 목표는 수업 계획뿐 아니라 수업 전개 시 교수 · 학습의 과정을 계획적이고 조직적으로 만드는 도구이다. 따라서 수업의 목표를 우선 정하는 것은 학습 과정이 우연하거나 산발적으로 되는 것을 막을 수 있는 적절한 장치라고도 할 수 있다. 교육 목표는 교육 목적에 비해 대체로 구체적이며 세부적이고 실제적으로 교육이 계획되는 교육의 실천적 방향 제시의 개념으로 사용된다. 그런데 이 교육 목표는 어떤 교수를 통해서 개인이 성취해야 할 결과를 표현하되, 직접 관찰할 수 없으며 가정적으로 언급되는 것이 보통이다. 즉, 이 단계에서의 교육 목적은 과학적, 심리학적 차원에서 해석되지만 직접 관찰할 수 없고 전문가적인 교육자로 하여금 그들이 보다 특수한 교육 계획을 수립하는 데 구체적 방향을 주며 순서를 제시한다. 이 수준의 교육 목적을 우리는 흔히 일반 교육 목표라고 부른다.

교육 목표는 크게 인지적 영역, 정의적 영역, 신체 기능적 영역으로 나뉠 수 있다.

1) 인지적 영역은 지식의 습득에 관련된 목표로서 복잡성의 원칙에 의하

여 크게 6개의 인지적 수준으로 나뉜다. 지식, 이해, 적용, 분석, 종합 그리고 평가의 순이다.

2) 정의적 영역은 학습자가 갖게 되는 느낌이나 태도, 가치관 등에 대한 것으로 내면화의 수준에 따라서 5단계의 정의적 분류목으로 조직된다. 감수, 반응, 가치화, 조직화 그리고 인격화이다.

3) 신체 기능적 영역은 근육의 발달과 사용, 그리고 신체의 운동을 조절하는 신체 능력에 관한 행동들을 지칭하는 것으로서 운동 기능적 영역이라고도 불리는데, 6가지 분류 항목으로 나뉘어 있다.

구조적 교수 요목 [構造的敎授要目, structural syllabus]

직접 교수법(The Direct Method)의 하나로, 언어가 지니고 있는 문법 사항을 중시하여 형식을 분석하는 것을 강조하는 교수 요목.

귀국 자녀 [歸國子女]

국적과 상관없이 해외에서 체류하였다가 귀국한 초, 중, 고등학교의 모든 자녀.

귀국 자녀는 귀국인 의미와 자녀의 의미 그리고 초, 중, 고 학생의 의미가 실제적인 맥락에서, 국가 정책적 차원에서 규정된 조작적 개념이다. 국내 대학 진학을 원하는 해외 거주민의 자녀들을 대상으로 특성화 교육을 실시하는 부산의 지구촌 고등학교에서는 '귀국 재외 동포 청소년' 이라는 용어를 사용하기도 한다.

해외 귀국 자녀들은 외국에서 경험한 것과 우리나라의 생활 방식과의 차이로 인하여 일반 청소년들과는 행동이나 성격적으로 다른 면을 발견할 수 있다. 귀국 청소년들이 국내 일반 학생들에 비해 차별적으로 지니는 특성으로는 귀국 청소년들은 솔직하고 명랑하며, 자기 표현과 주장이 강하고 자립적이면서도 봉사 정신이 뛰어나며, 사고의 폭과 관점이 객관성을 지향하는 가운데 탄력적이고 비판적이다. 한편, 개인주의적인 면이 강하고 자기 것에 대한 집착이 강하며, 피해를 볼 경우 그 이유를 한국인의 정서에 안 어울릴 만큼 과도하게 따져 묻는 경향이 있다. 외국에서 살던 곳을 그리워하며 그 곳이 더 좋다는 인식을 가지고 외국 생활을 자랑하며 우월감을 표출하려는 경향이 있다.

또한 언어적인 특징으로 다언어(多言語) 이해 능력이 있고 학습 태도에서 적극적인 수업 태도, 자주적인 학습 태도와 명확한 목적 의식을 가지고 있으며 학습 시 무엇을 배우느냐에 중점을 두는 경향이 있는 것으로 나타났다.

그러므로 귀국 자녀들은 국내 생활에 적응하는 데 큰 어려움을 겪기도 하며 그것은 여러 부적응 증후군으로 표현된다. 말이 거칠어지고 놀러 나가기를 싫어하며 학교에 가기 싫어하는 경향을 보인다. 또한 말이 없어지고 성을 잘 내며 부모에게 응석을 부리고 복장에 신경을 쓰고 친구들과 대화하기를 꺼리는 아동도 있다.

기능 중심 [機能中心, skill-based]

기술을 바탕으로 하는 방법.

기술의 상대적인 용어는 지식이다. 외국어 교육학에 있어서 언어 지식이 문법, 발음, 규칙, 어휘 등을 어떻게 사용할 수 있는지에 대한 것이라면 언어 기술은 그것을 사용할 수 있는 능력을 말한다.

학습자가 말을 할 수 있다는 것은 문법과 어느 정도의 어휘를 알아야만 가능하다는 것은 물론 자명하다. 그러므로 언어를 교육하는 프로그램에서 어휘 및 문형 학습은 일정 부분을 차지한다. 그런데 학습자에게 '언어 연습'과 '언어 시험'을 부과함으로써 언어에 대한 지식과 그 지식을 사용하는 기술 사이에는 차이가 있다는 것을 알 수 있다.

skill-based 언어학은 기술을 바탕으로 하는 것이다. 다시 말해서 언어 학습에서 어떻게 사용할 수 있는가, 배운 지식을 어떻게 운용할 수 있는가를 기초로 삼아야 하는 것이다.

기능적 교수 요목 [機能的敎授要目, functional syllabus]

학습자가 표현하고자 하는 의미와 기능을 주된 교육 내용으로 하는 교수 요목.

가장 관심을 끈 학자가 영국의 Wilkins(1976)인데 그는 언어 교수를 위한 의사소통적 교육 과정(syllabus)을 개발하는 밑받침이 될 언어의 기능적 의사소통적인 새로운 정의의 필요성을 주장했다. Wilkins가 언어 교수에 공헌한 요체는 언어 학습자가 이해하고(듣고), 표현할(말할) 필요가 있는 의사소통적 의미를 분석한 것이다. 지금까지 흔히 이루어져 오던 방식대로 문법 어휘 위주의 전통적 개념을 통하여 언어를 기술하는 대신 그에 따르면, 의미에는 두 가지 유형이 있는데 그중 하나가 때, 순서, 양, 위치, 그리고 빈도 등과 같은 개념을 나타내는 관념적 범주(notional categories)이며, 또 다른 하나가 요청, 부정, 제안 그리고 불평 등의 의사소통적 기능 범주(categories of communicative function)에 포함시켰다.

1970년대 들어 언어 사용에 대한 관심이 높아짐에 따라 학습자가 표현하고자 하는 의미와 기능을 주된 교육 내용으로 삼은 기능적 교수 요목이 출현하였다. 여기서 개념은 언어를 통해 표현하는 의미(conceptual meaning)이고, 기능은 언어 활동을 통해 수행하는 의사소통의 목적을 말한다. 여기서 문법은 필요에 따라 제시될 수 있으나 교수 요목 설계의 기본 요소는 아니다.

기능적 교수 요목에서는 언어를 규칙 체계가 아닌 의사소통 목적으로 파악하여 실제적 학습 과제를 설정하였다. Wilkins(1976)에서는 339개의 범주를 의미-문법적 범주와 의사소통 기능 범주로 나누고, 의미-문법적 범주에는 격, 시간, 수량, 공간 등을 포함시키고, 의사소통 기능 범주에는 판단하기,

동의하기, 반대하기와 같은 도덕적 기술과 평가하기, 설득하기, 논쟁하기, 설명하기 등을 포함시켰다.

기능적 교수 요목에서는 문법, 화제, 문화적 재료를 재고입하는 나선형의 교육 과정을 중시하여 학습이 효율적으로 확장될 수 있도록 했으며, 실제 의사소통에 필요한 개념과 기능을 표현하기 때문에 학습자의 의사소통을 내적으로 동기화하는 데 도움을 주었다.

그러나 개념 · 기능적 교수 요목이 언어의 의사소통적 본질에 관심을 두기는 했으나, 결국은 문법적 교수 요목과 마찬가지로 개념과 기능 목록을 나열한 것일 뿐 언어가 학습되는 방법을 설명하지는 못했다. 또한 어떤 개념과 기능을 선택하고 어떤 순서에 의해 배열할 것인가에 대한 객관적인 근거가 희박하다는 점도 기능적 교수 요목의 한계로 지적되었다.

기술 기반 교수 요목 [技術基盤教授要目, skill-based syllabus]

☞기능적 교수 요목

언어 기능에 초점을 두는 것으로 학습자가 청자, 화자, 독자, 저자의 입장에서 일을 수행하는 데 필요한 내용을 선정하는 교수 요목. 기능적 교수 요목과 같은 개념. 영어의 skill을 기능 혹은 기술로 번역한 데서 연유함.

1970년대 들어 언어 교육의 대상이 문법을 정확하게 이해하고 생성할 수 있는 언어 능력의 개념에서 벗어나 특정 맥락이나 상황에서의 적절한 언어 사용 능력인 의사소통 능력으로 변화함에 따라 언어의 의미, 기능, 사용이 언어 교육에서 주요한 개념으로 대두되었다. 1980년대 들어 언어 평가와 관련되어 언어 숙달도(proficiency)라는 용어가 도입되어 의사소통 능력과 함께 언어 능력을 규정하는 개념으로 사용되기 시작하였다. 언어 숙달도는 그 언어를 이용해 무엇을 수행할 수 있는가 하는 언어의 기능적 측면을 강조한 것으로, 실생활에서의 언어 수행에 기반을 둔 일련의 언어 능력이다.

숙달도의 개념을 가장 분명하게 살펴볼 수 있는 것으로 ACTFL(American

등급	과제/기능	맥락	내용	정확성	담화 유형
최상급 (Superior)	의견을 지지하고, 추상화하고 가설을 세움으로 토의에 광범위하게 참여할 수 있다.	대부분의 격식적 · 비격식적 상황	광범위한 일반적인 관심사, 일부 특정 관심 · 전문분야, 구체적 · 추상적 · 친숙하지 않은 주제	오류가 의사소통을 방해하거나 모국어 화자를 혼란시키지는 않는다.	확장된 담화
고급 (Advanced)	시제와 상을 이용해 기술하고 설명할 수 있다.	대부분의 비격식적 상황과 일부 격식적 상황	개인적 · 사회적 관심사 중 구체적이고 실제적인 주제	외국인에게 익숙하지 않은 모국어 화자도 별 어려움 없이 이해할 수 있다.	문단
중급 (Intermediate)	간단한 질문을 하고 대답을 함으로써 일대일 대화를 유지할 수 있다.	일부 비격식적 상황과 제한된 업무적 상황	기본적으로 자신과 친숙한 환경에 관련된 주제	외국인에게 익숙한 모국어 화자는 반복을 통해 이해할 수 있다.	분절적 문장이나 문장의 연쇄
초급 (Novice)	정형화된 발화, 목록 나열을 할 수 있다.	예측이 쉬운 일상적인 상황	일상생활의 보편적인 분절 요소	외국인에게 익숙한 모국어 화자도 이해하기 어렵다.	분절적 어휘나 구

Council on the Teaching of Foreign Languages)의 숙달도 등급 체계를 들 수 있다.

언어 능력의 개념은 문법적인 문장 생성 능력에서 탈피하여 특정 발화 상황에서 적절한 언어 표현을 이용해 주어진 과제를 성공적으로 수행해 낼 수 있는 숙달도의 개념으로 발전하였다.

난이도 [難易度, degree of difficulty]

학습이나 평가 등의 내용이 쉽거나 어려운 정도.

교육과학기술부(2006)는 수준별 학습 활동의 난이도 변인을 학습의 속도 측면과 심도 측면에서 구분하여 설명하였다. 학습 능력이 뛰어난 것은 학습의 속도가 빠르거나 학습의 이해 정도가 깊다고 해석할 수 있다. 학습의 속도 개념에 입각한 수준별 교육이란 빠른 학습 속도를 보이는 학생에게 그에 알맞은 최상급 단계의 학습 내용을 추가로 제공하는 것이다. 반면에 학습의 심도 개념에 따른 수준별 교육은 이해도가 깊은 학생에게 동일하거나 관련되는 학습 내용을 심도 있게 학습할 수 있도록 하는 것이다. 학습의 속도에 입각한 수준별 교육-학습은 학습 자료 양이 많고 적음으로 조절할 수 있으며, 학습의 심도에 따른 난이도는 구문이나 어휘와 같은 언어 자료의 난이도와 과제의 난이도로 조절될 수 있다.

과제의 난이도라고 하는 것은 그 과업을 수행함에 있어 쉽고 어려운 정도를 말한다. 과제 난이도는 언어 입력 복잡성, 맥락적인 지원, 인지적인 어려움, 학습자들에게 제공하는 안내의 정도, 과제를 수행할 때 갖는 심리적인 스트레스와 배경 지식, 과제 수행 시 요구되는 수행과 처리, 상호작용의 유형 등 수많은 요소들을 포함하는 복잡한 문제이다.

또 어휘론적으로 볼 때 교재의 난이도에 영향을 주는 요소가 어휘 반생의 빈도, 어휘가 사용되는 문법적 구조와 패턴, 문법적 · 의미적으로 연결되는 연어의 사용, 한 문장 내의 단어 수 등으로 나눌 수 있다. 그중에서 가장 큰 요소는 전체 어휘의 수와 그 속에 반복하여 사용되는 어휘의 수이다. 즉 같은 양의 교재에 얼마나 어휘가 사용되었는지 알아봄으로 교재의 난이도를 판단할 수 있다. 이것에 의하면 한 교재에 반복되는 어휘가 많거나 혹은 전체 어휘 종류의 수가 적으면 어휘 변이가 낮아지므로 쉬운 교재라 볼 수 있으며, 사용된 어휘의 반복이 적거나 어휘의 종류가 많으면 어휘 변이가 높아지므로 어려운 교재라고 볼 수 있다.

내용 중심 교수 요목 [內容中心敎授要目, content-based syllabus]

언어 학습과 내용 학습의 전체적인 통합을 도모하며 교과목 내용이 언어 학습을 위한 내용으로 제공되는 교수 요목.

내용 중심 언어 교육에 대해 논의하기 위해서 먼저 '내용' 이 무엇을 의미하는지에 대해 살펴볼 필요가 있다. 내용 중심에서 '내용' 은 제2언어, 외국어 수업의 역사를 통틀어서 볼 때 여러 가지로 해석되어 왔다. 역사적으로 볼 때, 문법과 해석 중심의 교수 방법과 같은 경우에는 내용의 의미는 목표 언어의 문법 구조를 뜻하는 것이었다. 따라하기, 반복하기 위주의 방법적 측면의 경우, 내용은 대사에 나와 있는 문법 구조, 어휘, 또는 소리의 유형을 뜻했다(Snow, 2001; 김영희, 2010 재인용). 이러한 언어 교수법들에서 '내용' 은 언어적 내용들의 사용에 초점을 둔 것이다. 반면 내용 중심 교수법에서는 언어 발달을 위한 도구로서 내용을 사용한다. 즉 배울 내용을 통해서 언어를 배운다. 이전에는 언어의 형식을 통한 언어 학습이 중심이 되었던 것과는 다르게 언어를 가르치기 위해 내용을 이용한다. 언어는 내용 중심의 메시지를 이해한 결과로 볼 수 있다.

아주 최근에 이르러서, 의사소통의 측면에서 내용은 전혀 다른 뜻으로 정의되며, 이 경우에 이 용어는 일반적으로 말하는 사람이 제2언어/외국어를 의사소통의 목적으로 사용하는 것이라고 정의된다.

내용 중심 언어 교육은 배우게 될 '흥미 있는 내용' 에 초점을 맞춘 것으로 언어 규칙의 습득이 먼저가 아니라 그 내용을 이해하는 것이 먼저가 되어 내용을 이해하면 그 속에 부호화되어 내포된 언어를 습득할 수 있다는 것이다. 그리고 그 방법이 언어를 습득하는 가장 효과적인 방법이라고 주장하고 이러한 습득 가설을 전제로 한다. 따라서 언어 발달 과정을 '학습' 과 다른 '습득' 의 과정으로 본다. 따라서 내용 중심 교수 요목은 '무의식적이고 자연적 과정' 을 거치며 '전체에서 부분으로(whole to part)' 의 내용 이해에 초점을 둔다.

Mohan(1986)에서 내용 중심 접근법은 언어와 내용물을 통해 우리가 알고 있는 모든 지식들이 어떠한 구조로 짜여 있는지 깨닫도록 교육시키는 것 같이 조리 있게 구성된 내용으로서 적절하며 언어 학습 활동을 활성화시킨다고 하였다. 앞에서 고찰한 바와 같이 내용 중심 언어 교육은 내용 이해라는 큰 전체에서 시작하여 흥미로운 내용을 이해하는 과정 속에서 언어의 부분적인 요소들을 이해하게 되는 과정으로 볼 수 있다(김영희, 2010 재인용).

Snow(2001)은 내용 중심 언어 교수와 전통적인 제2언어 교수 방법들과 다른 특징을 다음과 같이 제시했다.

첫째, 반드시 내용 교사와 언어 교사의 역할의 범위가 넓어지게 된다. 내용을 교육할 때 선별해 놓은 지도의 요점들을 순서대로 말해야 하기 때문에 언어 교사들은 언어 교육 내용을 충실히 하기 위해서 내용의 자료들을 알아야만 한다. 또한 언어 교사들이 그 자료들을 의미 있게 잘 사용할 수 있기 위해서는 내용의 자료들과 충분히 익숙해져야 한다.

둘째, 내용 중심 교수를 위해서는 상정한 바를 반영할 수 있는 교과 과정과 자료들을 개발해야 한다.

셋째, 내용 중심 교수는 학생 중심의 수업 방식이다.

넷째, 내용을 통해 언어를 교육한다는 것은, 언어를 교육하면서 내용이 의미하는 바를 다시 일깨워 주는 것과 같은 방식은 아니다.

동포 교육 [同胞教育]

국외에 거주하고 있는 우리 민족을 대상으로 하는 교육.

동포라는 용어는 지금까지 교포, 해외 교포, 해외 동포, 교민, 재외국민, 재외 한국인, 재외 동포 등 여러 가지 용어들과 혼용되어 왔다. 일반적으로 교포와 동포는 다 같이 국외에 거주하고 있는 우리 민족을 의미한다. 엄밀하게 말하자면 교포는 정치적인 용어인 데 비해, 동포는 문화적 · 종교적 용어이다(김덕주, 1998). 그렇다고 해서 두 용어가 가리키는 대상이 달라지는 것은 아니다. 이와 달리, 교민은 외국에 살고 있는 우리나라 국민을 의미한다. 이

용어는 한국 국적을 가지고 외국에 거주하고 있는 사람들을 통칭하는 재외국민과 유사하다고 할 수 있다. 재외 한국인이라는 용어는, 국적을 중시할 때에는 교민 또는 재외국민의 개념에 가깝고, 보다 넓은 의미로 한국 민족을 가리키는 맥락에서는 교포 또는 동포의 개념에 가깝다고 할 수 있다(한별천, 2000).

재외 동포는 국적을 불문하고 외국에 거주하는 우리 민족을 의미하며, 여기에는 일시 체류자, 영주권자, 시민권자, 이민 2세와 3세 등이 모두 포함된다. 재외 동포는 먼저 소지 국적에 따라 재외국민과 외국 국적 동포로 분류할 수 있는데, 전자는 재외 동포 가운데 한국 국적을 보유한 자만을 뜻하고, 후자는 재외 동포 가운데 재외국민을 제외한 모든 한국인계를 총칭한다. 그 중에서 재외국민은 다시 거주의 목적에 따라 다시 일시 체류자와 영주권자로 나눌 수 있다. 일시 체류자는 공무, 유학, 취업, 해외 근무 등을 이유로 한시적으로 외국에 거주하는 사람을 말하며, 영주권자는 한국 국적은 가지고 있으나 거주국에 영주할 의사를 가지고 있는 동포를 말한다.

재외 동포 교육의 의의는 재외 동포의 존재 의의 및 그들의 기능과 역할의 중요성에서 비롯된다.

첫째, 재외 동포 교육은 재외 동포와 그 자녀들로 하여금 그들이 거주하는 국가에서 성공적인 삶을 영위하도록 도움으로써 그 국가에서 우리 민족과 국가의 이미지를 제고하는 데 기여한다.

둘째, 재외 동포 교육은 재외 동포들의 애국심을 고양시킴으로써 한반도의 평화 체제 구축과 남북 통일에 중요한 기여를 한다.

셋째, 재외 동포 교육은 국가 경제적 측면에서도 중요한 기여를 한다. 재외 동포 교육을 통해 민족적 긍지와 경제적 실력을 갖춘 재외 동포 기업인들은 우리나라에 직접적인 투자를 할 수도 있고 거주국의 경제와 우리 경제를 연계시키는 교량 역할을 할 수도 있다.

넷째, 재외 동포 교육은 우리 민족 문화를 세계화, 선진화하는 데 중요한 기여를 한다. 세계 각 지역에 거주하는 재외 동포들을 거주국의 외국인들에게 우리 문화를 전파함으로써 우리 문화 세계화의 첨병 역할을 하며, 또한 우리 국민들에게 외국의 문화를 소개함으로써 우리로 하여금 지역적, 문화적 폐쇄성을 극복하고 선진 문화를 창달하게 하는 데 크게 기여할 수 있다.

등급화 [等級化, grading]

언어 교육에서 문법 항목이나 평가 등에서 등급을 설정하는 것.

Palmer(1968)는 문법 요소를 등급화하는 다섯 가지 기준으로 빈도(frequency), 구조적 결합(ergonomic combination), 구체성(concreteness), 비율(proportion), 일반적인 편의(general expediency) 등을 들었다. 한편 Pienemann(1985)은 등급화에 고려할 사항으로 '주어진 단계에서 불가능한 학습 과정을 요구하지 말 것, 비규칙적인 형태를 도입하지 말 것, 일반적인 입력은 생산(발화)을 위하여 도입되지 않았던 구조들을 포함할 수도 있다'는 등의 지침을 들고 있다.

교수 요목 설계의 중요한 목적은 학습자들이 충분히 준비 단계에 도달하여 올바른 언어 발달을 안내하는 역할을 하는 것이다. 외국어로서 한국어 교육에서 문법의 등급화 문제는 현장 기반의 다양한 실험 · 연구 결과들을 기초로 재조정되고 재조직되어야 할 것이다. 문법 항목의 등급화를 위해서는 다음과 같은 사항을 고려해야 한다.

첫째, 사용 빈도를 살펴야 한다.
둘째, 난이도 문제를 살펴야 한다.
셋째, 일반화 가능성을 살펴야 한다.
넷째, 학습자의 기대 문법을 고려해야 한다.

하지만 많이 나오는 내용이라고 해서 가장 유용한 것으로 보기는 어렵다. 더구나 말뭉치에서 단어의 사용 빈도를 헤아리는 것은 쉽지만 문법적 구조의 빈도를 헤아리는 것은 쉽지 않다. 또한 학습자의 요구에 따라 문법 항목을 결정하는 것도 중요하다. 학습자의 학습 동기나 목적에 따라 문어 문법이 더 요구되는 경우도 있고 구어 문법이 더 요구되는 경우도 있을 것이다. 그러나 학습자의 목적이 무엇이든지 모든 학습자에게는 핵심 문법(core grammar)이 필요하다. 아울러 등급의 설정 기준을 문장 요소들이 적은 것에서부터 많은 것으로 작성하고, 단순한 것부터 복잡한 것으로 작성해야 할 것이다.

한국어 문법의 등급화를 위해서는 기존의 한국어 교재의 문형 표현 항목의 분석 자료도 필요하다. 하지만 현재 기존의 단계별 한국어 문형 표현 항목의 빈도에 대한 데이터가 구축되어 있지 못하다. 현재 한국어 어휘 빈도에 대한 연구는 있지만 문형 빈도에 대한 연구는 아직 없으며, 그 방법이 구체적으로 연구되고 있지 못하다. 현재 한국어 문법 교육의 단계별 성취 목표가 제시된 경우로는 한국어능력시험을 들 수 있다.

따라서 현 단계에서는 기존의 교재에 나타난 문형 표현의 중복도나 빈도를 이용하는 메타적인 방법을 사용해야 하며, 한국어 학습 사전, 국어 문법 사전 등에서 제시된 문형 표현에 대한 유형 분석이 선행되어야 할 것이다. 아울러 구어 자료에서의 문형 자료 분석도 필요하다. 학습자의 표현 능력을 향상시키기 위해서는 준 구어에서 덩어리로 나타나는 문형 표현 자료에 대한 분석도 중요하다.

면접법 [面接法, interview]

평가자와 학생이 서로 대화를 통해서 얻고자 하는 자료나 정보를 수집하여 평가하는 방법.

면접은 인간이 정보를 얻어내기 위해 사용하는 방법 중에서 가장 오래되고 빈번하게 사용해 온 방법이다. 면접법은 특정 연구의 목적을 충족시킬 수 있는 정보를 얻고자 구상한 언어적인 상호작용의 한 형식이라 규정할 수 있다.

면접법은 일종의 대인 관계적 역할 상황으로서 한 사람은 질문을 하고 다른 한 사람은 자신의 과거에 있었던 사상, 경험 및 정서적 상태를 대답하게 함으로써 피면접자의 성격 경향도 함께 측정할 수 있다. 즉 면접법은 언어적 상호작용 과정을 통한 피면접자의 내적 상황을 파악하기 위한 조사 기법의 하나로서, 관찰에서의 외적 행동을 파악하려는 목적과 구별된다. 그리고 그의 면접자가 피면접자로부터 목적에 걸맞은 자료를 얻어 낸다는 뜻에서 성격상 일방적이라 할 수 있으나, 면접 과정은 면접자와 응답자 사이의 끊임없는 의사소통으로 이루어지기 때문에 그 자체가 하나의 사회적 상호작용이라 할 수 있다.

교육 평가 쪽에서 면접법이란 평가자와 학생이 서로 대화를 통해서 얻고자 하는 자료나 정보를 수집하여 평가하는 방법이다. 즉 평가자가 학생과 직접 대면한 상황에서 평가자가 질문하고 학생이 대답하는 과정을 통해 지필식 시험이나 서류만으로는 알 수 없는 사항들을 알아보고 그것을 평가하는 방법이다.

몰입 프로그램 [immersion program]

제1언어 발화 아동 집단이 제2언어라는 강의 매체로 학교 교육의 전부 또는 일부분을 받는 것.

Swain(1985)은 "몰입 프로그램은 언어가 교실에서 이해 입력을 통해 얻어진다"는 Krashen(1985)의 '이해 입력 가설 이론(comprehensible input hypothesis)'에 기초한 것이라고 설명하고 있다.

이 몰입 프로그램에 의한 학습 지도 방법은 두 개의 가정에 기초를 두고 있는데, 첫째, 제2언어는 제1언어, 즉 모국어와 비슷한 방법으로 학습되고, 둘째, 언어는 그 언어 기능을 확장케 하는 자극적인 환경에서 가장 잘 학습된다. 즉, 아동은 언어 기능을 강화하고 언어의 자연스런 환경에 노출될 때 가장 잘 배우게 된다는 것이다. 영어를 제2언어나 외국어로 배우는 어린이들에게 모든 교과의 내용을 영어로 가르침으로써 모국어를 익히듯이 자연스럽게 터득토록 한다. 따라서, 몰입 프로그램은 아동들이 모국어 대신에 영어로 의사소통을 하는 환경을 조성하여 영어 학습 효과를 높여 줄 수 있는 프로그램이다.

영어 사용 아동들을 위한 최초의 몰입 프로그램은 Canada Montreal City 근교의 St-Lambert에 거주하는 중산층 학부모들과 McGill 대학의 심리학 교수들의 도움으로 개발되었다. 이 몰입 프로그램은 영국계의 어린이들에게 많은 도움을 주게 되어 캐나다 전역에 빠른 속도로 보급되었으며 현재 학교 교육 과정으로 자리 잡고 있다. 몰입 프로그램의 실시 결과 영어, 불어, 수학 및 과학 등의 교과목에서 몰입 프로그램에 참여하였던 학생들이 비교 집단의 학생들과 성취도가 같거나 우월하다는 결과가 나와 성공을 거두었고, 이어 몰입 프로그램은 미국으로까지 확산되었다.

캐나다에서의 몰입 프로그램의 성공은 미국의 응용 언어학자들의 관심을 불러일으켰으며, 급기야는 1971년 미국의 컬버 시에 있는 초등학교에서도 스페인어를 수업 언어로 하여 몰입 프로그램을 실시하였다. 이러한 프로그램들을 효시로 하여 캐나다에서는 10개 주로 몰입 프로그램이 확산되었으며, 미국에서도 확산되었고 몰입 프로그램의 종류와 수업 언어도 스페인어, 독일어, 프랑스어, 북경어, 한국어 등으로 다양해졌다.

Swain과 Johnson(1997)은 전형적인 몰입 프로그램들의 핵심적인 특징들을 다음과 같이 요약하고 있다.

① 제2언어를 교과목 수업의 도구로 사용한다.
② 몰입 프로그램의 교과 과정은 실시 지역의 제1언어의 교과 과정을 따른다.
③ 학생들의 모국어 발달을 보조해 준다.
④ 몰입 프로그램은 첨가적 이중 언어를 목표로 한다.
⑤ 제2언어의 노출은 주로 학교 교실 수업으로 국한된다.
⑥ 제2언어의 능력이 비슷하거나 조금 모자라는 사용 능력을 지닌 학생들

이 참여한다.

⑦ 교사들은 이중 언어 사용자이다.

⑧ 교실의 문화적 환경은 학생들이 속한 제1언어의 사회의 문화적 환경이다(Swain & Johnson, 1997: 6-8).

이 몰입 프로그램은 Krashen(1981)의 5가지 가설에 이론적으로 토대를 두고 있다.

① 언어 습득-학습 가설

제2언어 능력을 발달시키기 위한 방법에는 두 가지가 있는데 습득과 학습이 그것이다. 습득은 언어의 체계를 구성하는 자연적, 무의식적 과정으로 아이들이 언어를 주워 담는 과정과 다르지 않다. 두 번째 수단인 학습이란 학습자들이 형태에 집중하고 규칙을 찾아내는 의식적인 과정으로 일반적으로 그들 자신의 과정을 알고 있다.

② 자연 순서 가설

이 가설은 외국어의 문법 구조를 습득하는 데는 일정한 순서를 따르므로 언어 교육에서 가급적이면 이를 따라 주는 것이 바람직하며, 학습자의 오류는 필연적이고 자연적인 현상으로 이해해야 하며 이 오류는 때가 되면 극복되기 마련이라는 것이다.

③ 모니터 가설

수정과 편집을 하기 위해 출력을 감시하는 장치로서 습득을 통해 유창성이 달성되는 데 비해 학습에는 모니터가 작동해 정확성을 달성하므로 유창성이 달성된 후에 모니터가 가동되어야 한다는 가설이다.

④ 입력 가설

입력을 언어 습득에 있어서 가장 중요한 변수로 보고, 학습자는 자기의 언어 수준보다 약간 높은 언어 입력(I+1)을 이해함으로써 언어를 습득하므로 학습자가 외국어를 습득하기 위해 제공받는 입력은 현재의 언어 능력보다 조금 높은 단계의 구조를 포함하는 I+1의 입력이 되어야 한다고 한다.

⑤ 정의적 여과 가설

제2언어 습득에 적합한 태도를 지닌 학습자는 입력을 더 많이 얻으려 노력하고 정의적 여과가 낮은 학습자이다. 제2언어 습득에 가장 중요한 변수는 입력이고 정의적 여과는 언어 습득 장치 입력을 운반하는 데 촉진제가 되거나 방해 요인이 된다.

문법적 교수 요목 [文法的敎授要目, grammatical syllabus]

문법적 난이도와 빈도수를 기준으로 하여 언어 구조 중심으로 설계한 교수 요목.

교육해야 할 문법 사항들을 순서를 정해 체계적으로 제시하며, 전형적으로는 명사문, 동사문, 현재 시제, 과거 시제 등과 같이 제시한다. Synthetic Approach에서처럼 목표 언어를 여러 가지 교수 항목으로 세분화시켜서 학습자의 용이한 학습을 돕기 위해 점진적으로 학습시켜 가는 것이다. 모든 학습의 단위가 문법적 용어(Grammatical Terms)로 되어 있고 어휘 수의 제한과 문법 구조의 배열 문제로서 단순한 것에서 복잡한 것으로, 규칙적인 것에서 불규칙적인 것으로 그리고 문법의 사용 빈도와 난이도에 따른 문법의 순서성이 적용되는 학습이다. Palmer(1924)의 단어표, Thorndike et al(1944)의 어휘 선정, Mackin(1955)의 Phrase-structure Rules, Hornby et al(1968)의 'Note on Syntax' 에서 제시한 학습 문형, 그리고 청화식 교수법(Audio-lingual Method)에 의한 구문 반복 연습(Pattern Practice) 등은 문법적 교수 요목의 예들이다.

문법적 교수 요목의 주요한 존재 근거는 ① 언어 학습이 문법의 내재화와 언어 기술의 연습으로 이루어진다는 점 ② 언어의 형식적인 면을 일단 내재화한 후에는 자동적으로 교실 밖에서 의사소통에 이를 사용할 수 있게 된다는 점이다. 구조주의적 관점에서 언어는 다양한 조합 방식을 통해 무한한 의미를 만들어 낼 수 있는 한정된 규칙으로 이루어지며, 이러한 규칙들은 하나씩 학습되어 학습자가 이미 가지고 있는 지식의 저장고에 합병됨으로써 학습된다. 따라서 구조주의자들은 언어 교육의 첫 번째 목적을 학습자들이 언어 규칙에 대해 이해할 수 있도록 하는 데 두었고, 이에 따라 문법적 교수 요목이 교육 과정의 주요축을 이루게 되었다.

문법적 교수 요목에서는 언어에 문법 이외의 다양한 부분들이 존재하며, 하나의 언어 형태가 여러 기능을 수행할 수도 있고 여러 언어 형태가 하나의 기능을 수행할 수도 있어, 언어 형태와 의미 기능 사이에 언제나 일 대 일 관계가 존재하는 것이 아니라는 사실이 간과되었다. 또한 문법적 교수 요목에 의해 구성된 교재에는 맥락이 결여된 고립된 문장만이 나열되어 있어 실제 의사소통 능력을 기르는 데 도움을 주지 못한다. 그리고 문법적 교수 요목이 문법 항목을 배열하는 데 주요한 기준으로 삼은 난이도나 문법적 복잡성은 실제 학습자들에게 인식되는 정도에서는 차이가 있을 수 있으며, 학습자들에 따라 특정 맥락에서 사용하기 위하여 문법 항목을 필요로 하는 시기가 다를 수도 있다. 이러한 점들이 문법적 교수 요목의 한계로 지적되면서 의사소통 능력을 기르는 데 보다 도움이 될 교수 요목이 요구되었다.

분석적 교수 요목 [分析的敎授要目, analytic syllabus]

언어적 단위 등으로 분리하여 제시하는 교수 요목.

분석적 교수 요목은 목표 언어를 한 번에 하나씩, 빈도수나 어려움 정도에 따라 정해진 순서에 입각하여 제시되도록 분리될 수 있는 언어적 단위로 쪼갠다(예: 음소, 단어, 문법 규칙, 억양, 강세 등). 학습자의 학습을 쉽게 하기 위해 많이 나누어진 단위의 언어들을 재합성하는 것이다. 결국 의사소통에 사용하도록 부분들을 종합하는 것이 학습자들의 역할이다. "종합적 언어 지도 전략의 한 가지 방법은 언어의 전체적 구조가 완성될 때까지 언어의 각 부분의 습득이 점진적으로 축적되어 가는 과정이 되도록 여러 가지 부분을 따로따로 차근차근 지도하는 것이다"라는 것이다.[1)]

상황적 교수 요목 [狀況的敎授要目, situational syllabus]

언어를 사용하는 상황과 맥락에 중점을 두는 교수 요목.

Hornby가 제안한 방법으로서, 말이 언어의 기본이며, 구조는 말하는 능력에 가장 중요한 역할을 하고, 구조에 대한 지식은 그 언어가 사용되는 상황과 연결하여 습득된다는 관점에서 출발하는 교수 요목이다.

언어 사용자는 언어가 사용되는 상황과 맥락에 따라 어떤 표현을 사용할 것인가를 선택하게 되며, 언어 수용자 역시 표현이 쓰인 상황과 맥락, 청자나 독자의 가치관 등 다양한 요소에 따라 표현을 이해하게 된다. 이 점에 초점을 두어 교육하고자 고안된 교수 요목이 상황적 교수 요목이다.

설문조사 [設問調査, survey]

어떤 조사를 하는 경우에, 관찰하려는 사항에 관해서 이미 일정한 정보·지식을 가진 것으로 생각되는 소수의 전문가·정보통에 대하여 질문을 하고, 그 결과를 통합하여 조사 목적을 달성하려는 방법.

한국어 교육 과정에서 설문조사는 두 가지 방면에 활용할 수 있다. 첫 번째 방면에는 설문조사를 통해서 학습자의 학습 목적, 학습 난점 등 학습자 변인을 파악하고 적당한 교수법을 선택할 수 있다. 수업에 참여하는 학습자들에게 한국어를 배우는 이유가 무엇인지, 한국어를 배울 때 어려운 분야가 무엇인지 등의 내용을 담아서 질문지를 작성하여 설문조사를 진행한다. 이러한 설문조사의 결과를 통하여 교사는 학습자들의 상황을 파악할 수 있다. 학습자들의 특정에 맞춰서 적절한 교수법을 활용하여 더 좋은 교육 효과를 얻을 수 있다.

두 번째는 설문조사가 말하기 지도에서 효과적인 짝 활동으로 활용할 수 있다. 설문조사는 학생들이 거짓이 아닌 실제 질문을 하게 되는 효과적인 방식이라 하겠다. 교사는 이러한 활동을 위해 우선 질문지를 준비해서 학생들에게 나누어 주어야 한다. 교사가 직접 항목을 결정해도 좋고, 일부분은 교사가 정하고 나머지는 학생들이 원하는 항목으로 정해도 좋다. 고급반이라면 학생 개개인이 필요로 하는 항목을 개별적으로 정하게 할 수도 있다. 그럴 경우 교사는 학생이 작성한 질문지가 정확한지 반드시 점검해야 한다. 그리고 설문조사가 끝나면 자신의 짝에게로 와서 조사한 내용을 보고하게 하고 서로 조사한 것에 대해 이야기를 나누도록 지도해야 한다.

설문조사의 또 다른 유형으로 '유동적 짝 활동'이 여기에 속하는데, 즉 학생 한 명이나 한 그룹이 반 학습 모두의 학생들을 또는 여러 사람을 만나 인터뷰를 하는 것이다.

*우리 반 친구들은 어떤 재능이 있을까요?

A 미라 씨, 피아노를 칠 수 있어요?

B 네, 칠 수 있어요.

	미라	제니	알프레드
피아노를 치다	○	×	○
홈페이지를 만들다	×	○	×
자동차를 수리하다	×	○	○

위와 같은 활동은 학습자의 발화량을 최대한 확보할 수 있는 연습이며, 기계적인 반복 연습이 아닌 유의미한 반복 연습이 된다.

수행 목표 [遂行目標, performance goal]

자기의 유능성에 대해 타인으로부터 긍정적인 평가를 받고자 하는 목표.

수행 목표의 4가지 기능은 첫째, 프로그램의 바람직한 결과 규정이다. 둘째, 교수 전략과 방법을 선택하는 지침이다. 그리고 셋째, 학습 활동의 개발과 선택의 기준이다. 넷째, 학습 평가의 기준이다.

따라서 잘 진술된 수행 목표에 포함되어야 할 요소는 다음과 같다.

첫째, 바람직한 수행이 규정되어야 한다. 둘째, 과업이 수행되는 조건 또는 환경을 규정해야 한다. 마지막으로, 수행의 최소 기준을 진술해야 한다.

수행 목표 진술에 도움이 되는 질문

1. 개선과 발전을 위해서 어떤 역량 또는 능력이 필요한가?
2. 효과성을 높이기 위해서 무엇을 변화시키기를 원하는가?
3. 수행 목적을 달성하기 위해서 학습하거나 변할 필요가 있는 것은 무엇인가?
4. 어떤 수준의 학습을 원하는가?
5. 어떤 조건에서 학습할 것인가?
6. 수행 목표는 명확하고 구체적인가?
7. 수행 목표를 달성할 때 학습한 것을 측정하거나 행동의 변화를 관찰할 수 있는가?
8. 수행 목표를 달성할 때 어떤 수행 결과가 나타나는가?
9. 수행 결과는 조직에 유의미한 영향을 주는가? 그렇다면, 어떻게, 어떤 식으로 그러한가?

Elliot와 Harackiewicz(1996) 등은 수행 지향성을 제안했다. 수행 목표 지향성은 다른 사람보다 잘하는 것이 곧 자신의 능력을 증명하는 것이라고 생각하는 것과 관련된다.

Ames(1992)는 "학습에서 장기성(長期性)과 질적인 동기를 향상시키는 것은 숙달 지향성이다"라고 하면서 학생들이 숙달 목표를 선택하고 수행 목표의 선택을 최소화할 수 있게 교실 상황을 만들어야 한다고 했다. 수행 목표는 높은 시험 점수를 받을 수는 있지만 자료의 장기 보유와 같은 깊은 수준의 섬세한 결과물과는 연관되지 않는다. 이후 점차 성취 동기 연구에서 수행 목표에 대한 부정적인 결과는 성급하다는 의견이 나오기 시작했다. 곧 수행 목표는 능력을 지향하고 적절한 성취 행동을 향상시킬 수 있기 때문에 긍정적인 효과를 가질 수도 있다는 것이다. Barron과 Harackiewicz(2001)는 목표가 내적동기에 미치는 영향에 대한 실험실 연구에서 어떤 목표도 모든 참가자에게 같은 결과를 가져오는 것은 없으며 오히려 최적의 목표는 성격적인 개인 특성이나 다른 상황 요인에 달려 있다고 했다. 그렇지만 교실 연구에서는 수행 목표에 다른 결과가 나타난다는 것을 보여 주었다. 수행 목표를 보인 학생들은 더 높은 수준의 성적을 얻었다. 그래서 최적의 동기는 숙달 목표에서만 나온다는 숙달 목표 관점을 지지하기보다는 숙달 목표와 수행 목표가 모두 최적의 동기를 증진할 수 있다는 다중 목표 관점을 지지함으로써 수행 목표와 함께 숙달 목표를 적응하게 하는 것이 좋다는 의견이 나오기 시작했다.

그런데 목표 지향성은 환경에 의해 개인에게 부과되기도 하고 개인의 특성에 따라 특정 목표를 지향하게 되기도 한다. 낙관적인 견해에 따르면 성취 목표는 상황적인 요인의 영향을 받으므로 특정 목표를 추구하도록 교실 특성을 조작함으로써 학생의 목표를 활성화할 수 있다는 것이다. 이와 달리 결정론적인 견해에 따르면 성취 목표 지향성은 꽤 고정된 개인차 변인이기 때문에 각 학생의 욕구를 훈육할 수 있는 과제를 주는 등 교육 과정을 좀 더 구조화해야 한다고 했다.

숙달도 [熟達度, proficiency]

어떤 지식에 대하여 얼마나 익숙하게 통달했는지에 대한 능력.

한재영 외(2005)에서는 숙달도 평가는 학생이 가지고 있는 전반적인 언어 능력을 측정하는 평가라고 밝히고 있다. 이것은 이전에 배운 교육 과정이나 교과서의 내용 등과는 관계없이 한 사람이 현재 가지고 있는 전체적인 숙달도, 혹은 숙련도를 측정하는 것이다. 즉, 어떤 사람이 특정한 목적을 수행하기에 충분한 언어 구사력을 갖추고 있는가, 또는 어떤 능력에 관해 미리 정해져 있는 기준에 도달하는가 못 하는가를 측정한다. 일반적으로 실제 상황에서의 언어 사용 능력을 측정하는데 이를 위해 평가 상황에서도 실제 상황에 있거나 혹은 아주 유사한 언어 학습용 과제를 부과하여 배워서 알고 있는 내용을 실제 상황에 얼마나 잘 적용할 수 있는가, 미리 정해진 기준에 도달했는가 못 했는가, 도달했다면 그 정도는 어느 정도인가를 평가하는데, 한국어능력시험(TOPIK)이 이에 해당된다.

또 강승혜 외(2005)에서는 숙달도 평가는 배치, 선별의 목적으로 사용되는 것으로, 전반적인 언어 능력의 측정을 말한다. 그 대표적 예로 TOEFL을 들 수 있다. 언어 성취도 평가는 학생들이 주어진 기간 동안 무엇을 배웠는가를 측정하지만, 언어 숙달도 시험의 목적은 특히 '개별 언어의 요건과 언어 능력이 일치하는가'를 결정하는 것이다. 언어 숙달도 시험은 어느 한 과정, 교과 과정 또는 단일한 언어 기능 등으로 국한시켜서는 안 된다. 전통적으로 언어 능력 성취도 시험은 문법, 어휘, 독해, 청취력, 때로는 작문에 관한 선다형 항목으로 구성된 표준화된 평가 유형이다. 그러나 이 시험이 구술 능력과 읽고 쓸 줄 아는 능력을 혼동하고 있거나, 언어에 관한 지식과 언어 사용 능력을 혼동하고 있다는 타당성의 약점을 가지고 있어서, 최근의 언어 성취도 시험은 과거의 전통에서 탈피하여 의사소통적 언어 능력을 정의하는 쪽으로 많은 진전이 이루어지고 있다.

한국어 숙달도 평가의 대표적인 예는 한국어능력시험(TOPIK, Test of Proficiency In Korean)과 한글능력시험(KLPT, Korean Language Porficiency Test)이 있다.

숙달도별 교육 목표 [熟達度別敎育目標]

학습자의 숙달도에 따라 나누어 실현시키려는 교육 목표.

이선명(2009)은 중국인 한국어 학습자를 숙달도별로 나누어 요청 화행을 실현시키는 전략을 비교 · 분석함으로써 화행의 발달 양상을 분석하였다. 학습자의 숙달도가 높아짐에 따라 요청 화행 사용 능력이 한국어 모어 화자의 기준에 가까워지기는 하나 고급 단계의 학습자도 화용 발달이 충분히 이루어지지 못했음을 밝혔다.

최이슬(2010)은 중국인 한국어 학습자의 숙달도별 칭찬 응대 화행 사용 양상을 분석함으로써 화행의 발달 과정을 살폈다. 학습자의 칭찬 응대 전략은 숙달도의 특정 단계에 과대 사용이나 과소 사용이 발생하여 U자형 발달 과정이 나타나고 있었음을 밝혔다.

학습자들이 한국어 모어 화자에 가까운 전략을 사용할 수 있도록 하는 각 숙달도 단계별 칭찬 응대 화행의 교수 항목을 제시하였다는 점이 주목할 만하다. 한국어 모어 화자와 한국어 학습자의 사용만을 단순히 비교한 것이 아니라 학습자를 숙달도별로 나누어 화행의 실현 양상을 살펴 각 단계에서 나타나는 교육 목표를 규명하는 데 있다. 숙달도별 교육 목표는 고급 학습자에만 한정하지 않고 초급과 중급까지 확대함으로써 학습자의 화용 능력 또한 문법 능력처럼 발달할 수 있다는 것이다.

언어 자료 수집법 [言語資料收集法, collecting learner language sample]

한국어 교육 과정 개발에 있어서 요구 분석(needs analysis)을 위한 조사에 활용되는 정보 수집 방법의 하나.

수업 시간에 교사가 간단한 평가 방식을 통해 학습자들의 언어 능력 수준을 파악함으로써 다양한 정보를 수집하여 수업 운영에 반영하는데 여기서 활용되는 정보 수집 방법이 바로 언어 자료 수집법이다.

언어 자료 수집법은 학습자들의 언어 수행 과정에서 얻을 수 있는 언어 자료를 수집한다는 것을 말한다. 한국어 교육 현장의 교사들이 학습자들의 오류 유형을 수집하는 데 활용하고 있다. 예를 들면, 교사가 말하기 과제 활동, 역할극 등에 있어서 학습자들의 언어 수행 능력을 기록한다는 것은 언어 자료를 수집하는 과정이다. 이러한 언어 자료를 분석하고 학습자들의 성취도와 숙달도에 대하여 평가한 다음에 그 결과에 의하여 교육 과정을 개발하고 교과 과정 목표나 교수법을 개선할 수 있다.

그러나 이와 같이 교실 수업이 아니라 규모가 큰 교육 과정을 개발하여 운영하는 상황에서는 보다 더 객관적이고 효율적인 정보 수집의 절차(요구 분석 대상 집단 선정→요구 조사 설계와 유형→요구 조사 결과의 분석)가 필요하다.

요구 분석 대상 집단을 선정하면 그 집단으로부터 수집해야 할 정보가 어떤 성격을 띠고 있느냐에 따라 언어 자료 수집법 이외 다양한 유형의 정보 수집 방법(설문 조사, 자가 진단, 면접법, 회의법, 관찰법, 과제 분석, 사례 연구, 이용 가능한 정보 분석 등)도 선정할 수 있다. 즉, 언어 교육 과정의 목적에 따라 다양한 정보 수집의 유형을 활용해야 한다는 뜻이다.

제2언어 연구에서 자료 수집에는 두 가지 방법이 있다. 하나는 통시적 연구(longitudinal)이고 다른 하나는 공시적 연구(cross-sectional)이다.

통시적 연구는 일반적으로 사례 연구인데, 자료가 오랜 기간에 걸쳐 단일 화자(또는 적어도 소수의 화자)로부터 수집된다. 자료 수집의 빈도는 다양하다. 그러나 학습자의 언어 표본은 매주, 2주마다 또는 매달 수집되는 경향이 있다.

대부분의 통시적 연구(특히, 사례 연구)의 자료는 자발적 발화에서 온 것이다. 이는 연구자가 특별한 유형의 자료를 생성해 내기 위해 대화를 구성하지 않는다는 것을 의미하는 것은 아니다. 통시적 연구는 통제 집단, 실험 집단, 균형잡기(counterbalancing) 등의 실험적 구조에 적절하지 않다는 것을 의미한다. 방법상의 한 가지 중요한 문제는 특별한 유형의 자료가 자발적인 발화를 통해서 어떻게 생성될 수 있는가이다. 어떤 지정된 중간 언어 형태가 나타나리라는 확실한 보장이 있을 수는 없지만, 연구자는 특정 구조를 이끌어 낼 가능성이 있는 자료를 수집하는 중에 일정한 유형의 질문을 할 수 있다. 예를 들면, 어떤 사람이 과거 시제의 중간 언어 발달 과정에 흥미가 있다면, 녹음 과정 동안 전날에 그들에게 일어났었던 일에 대해서 발화하도록 화자들에게 요청할 수 있을 것이다.

통시적 연구를 통해(그리고 특히 사례 연구에서) 얻어진 자료 분석은 종종 서순적 성질의 해설이나 대화적 설명의 형태로 되어 있다. 자료의 양은 연구의 목표가 아니지만, 조사자는 어떤 형태의 발생 빈도를 보고할 수 있다. 통시적으로 수집된 자료에서 얻어진 보고는 학습자가 발화한 것과 그 발화가 해석될 수 있는 방법에 관한 독특한 예들이 될 수 있다.

공시적 연구는 적절한 시기에 단일 시점에서 많은 화자들로부터 수집한 자료로 구성되어 있는데, 그 개념은 일부분의 발달 과정을 볼 수 있는 것이고, 이는 실제 발달 과정을 이어 맞추도록 사용된다는 것이다. 자발적인 발화에 주로 근거를 둔 사례 연구와는 달리, 공시적 자료는 종종 통제된 출력에 근거를 두곤 한다. 즉, 체제(format)는 연구자가 특정 연구 가설에 근거해서 자료를 수집하고자 하는 형태이다. 그래서 그 자료는 미리 설명된 과제에 대해 학습자들이 수행한 것에서 얻어진다.

공시적 접근 방식에서의 장점이 통시적인 자료에서는 단점이 된다. 전자에서는 많은 화자가 있는 상황이므로, 그에 따른 결과는 보다 폭넓은 집단에게 일반화될 수 있지만, 적어도 제2언어 습득 문헌에서 연구 결과를 도출해 내는 언어 환경에 대해서가 아니라 화자들 자신에 대한 상세한 정보가 없다는 것이다. 이 두 유형의 정보는 자료를 적절하게 해석하는 데 중요할 수 있다.

요구 분석 [要求分析, needs analysis]

요구를 만족시키는 가장 최선의 조치가 무엇인지를 규명하여 교육 목표를 추출하고 교육 내용을 선정하는 데 도움을 주고자 하는 활동.

요구 분석은 불확실한 문제의 본질을 규명하여 드러내면서, 그 문제를 해결하는 가장 적절한 방안을 제안하려고 하는 활동으로 현재 학습자의 수준과 바람지한 수준 간의 격차를 확인해 주는 기능을 한다. 즉, 최종 수업이 끝난 후 학습자들이 가지게 될 바람직한 수준(목표)과 학습자들이 현재 지니고 있는 수준의 차이가 바로 요구(needs)이며, 이를 확인하는 것이 요구 분석이다. 또한 이는 교수 목표 설정에 도움을 제공한다. 요구 분석은 요구를 만족시키는 가장 최선의 조치가 무엇인지를 규명하여 교육 목표를 추출하고 교육 내용을 선정하는 데 도움을 주고자 하는 활동이다. 요구 분석의 대상은 세 가지로 구분되는데 '사람, 프로그램, 조직'이 그것이다. 사람에는 학습자, 교사나 행정가, 지역사회 구성원이나 학부모가 속하고, 프로그램에는 교육 과정과 수업 전략, 교육 관계 종사자들을 위한 현지 교육 등이 있으며 조직에는 행정 조직, 수업 진단 조직뿐만 아니라 학교와 사회 기관 등이 속한다. 그중 학습자 요구 분석은 학습자의 현재 수준이 어느 정도이며, 무엇을 원하고 있고 학습 과정에 만족을 하고 있는지, 학습 과정에서 보충되었으면 하는 것은 없는지를 알아보는 것이라고 할 수 있다. 언어 수업에 있어서 똑같은 조건, 환경(같은 장소, 같은 시간)인데도 학습 분위기가 완전히 다른 경우가 많은데 이것은 언어 수업이 학습자의 성향이라든가 학습자의 역할에 따라 좌우될 수 있음을 말해 준다. 이때 요구 분석은 학습자에 대한 객관적인 정보와 학습자로부터 학습자가 뭘 원하는지를 이끌어내어 학습자 중심의 교육을 위해 활용할 수 있게 해 준다. 교재의 개발에 있어서 과거 전통적 교수-학습법에서는 학습자 요구에 대하여 그리 크게 주목하지 않았으나 최근 의사소통식 교수법이 대두되면서는 학습자가 외국어로 무엇을 하기 원하는지 이에 대해 무엇을 해 주어야 하는지에 대한 관심이 요구되고 교육 과정 수립에 반영할 필요가 대두되었다. 학습자의 요구와 동기, 흥미 등의 상황을 파악하지 않고 교육할 때 효과가 반감하듯이 교재 역시 학습자 상황을 파악하지 않은 교재는 문제가 많기 때문이다. 그러므로 교재 개발의 원리와 방향에 관한 연구들은 이론적인 원리만을 강조할 것이 아니라 실제 교육 현장의 학습자들의 요구를 반영하고 학습자들의 말뭉치 자료 등을 기초로 한 타당하고 실제적인 연구를 지향해야 할 것이다. 그뿐만 아니라 교재 개발에 필요한 실제적이고 유용한 자료 수집을 위해 체계적인 교재 분석과 교사, 학습자, 교육 과정 개발자 등 다양한 집단의 요구 분석도 동시에 이루어져야 할 것이다.

요구 분석은 학습 목표 설정, 교육 훈련 프로그램의 개발 및 평가 등의 교육 훈련 과정에서 교육 훈련 프로그램 기초 자원을 획득하는 데 매우 중요한 활동이다.

교육 요구 분석의 궁극적인 목적은 타당성이 있는 정보와 준거 자료를 확보함으로써 이를 토대로 의사 결정을 내린 후 교육 프로그램 개발의 초기 단계에서 목표를 설정하는 것이라고 할 수 있다. 교육 요구 분석이 실제 현장 계획을 위한 의사 결정 자료로 활용되지 못한다면 엄밀한 의미에서 요구 분석이 완성된 것이라 할 수 없다. 그만큼 요구 분석에서 조사 결과의 해석과 의사 결정은 중요한 부분이라고 할 것이다(Witkin, 1984).

이주 외국인 [移住外國人, immigrated foreigner]

외국에서 온 노동자로서 대한민국 국적을 가지지 아니한 자.

국내 사업 또는 사업장에서 임금을 목적으로 근로 제공 또는 제공하고자 하는 사람들로, 주로 한국 사람들이 일하기를 거부하는 3D업종에서 일하는 사람들을 의미한다. 이주 노동자의 유형은 다음과 같다.

1) 화교

화교는 구한말부터 국내에 들어오기 시작하였으나 그것이 본격화된 것은 1920년 무렵이다. 1921년 중국 산동성 일대를 휩쓴 대홍수와 기근으로 많은 사람들이 해외로 유랑하게 되었는데, 제국주의 일본은 한반도의 사회 간접 시설 건설 현장에 투입하기 위하여 산동성에서 대량으로 노동자를 모집하여 한반도로 이주시켰다. 일제 시대에 직업은 상인이 과반수를 상회했고, 쿨리(중국인 단순 노무자)도 10%에 달했다.

해방 후 화교들은 중국과의 교류가 단절되면서 주력 업종을 음식업으로 바꾸었으나, 한국 사회의 법적, 문화적, 제도적 차별로 정착이 쉽지 않았다. 1965년 이후 미국에 친척이 있는 국내 화교들이 미국으로 이주하는 경향이 증가하면서 1972년 32,989명으로 최고 수준에 이르렀던 화교 인구는 1994년 22,271명으로 감소하였다.

2) 취업사증 소지자

정부는 외국인의 국내 취업을 기본적으로 금지하되, 출입국관리법에 의해 취업 관련 사증을 발급함으로써 외국 인력의 규모와 질을 규제하고 있다. 취업사증은 한국인으로 충원하지 못하는 특수 부문에 한해 선별적으로 발급하는 '보완성의 원칙' 을 견지하고 있다.

취업사증을 발급받은 외국인은 교수, 회화 지도, 연구, 기술 지도, 전문직업, 예술 흥행, 특정 직업, 연수 취업 체류 자격을 가진 사람들이다. 합법 취업자수는 1971년 625명이던 것이 1997년 15,900명까지 증가하였으나 경기 침체로 감소하였다가 2000년 4월말에는 14,126명에 이르렀다.

3) 연수생과 연수 취업자

연수생과 연수 취업자라는 말은 원래 외국인 산업 기술 연수 제도에서 비롯된 말로서 해외 직접 투자에 의해 설립된 현지 기업에 취업하고 있는 노동자를 데려와 기술, 기능 훈련을 시킨 후 다시 현지에서 숙련공으로 사용하려는 의도에서 만들어진 제도이다. 한국에서 이는 산업 경쟁력이 떨어진 중소기업들이 인력난을 피하기 위해 1991년 처음으로 해외 투자 기업을 통해 들어오게 되었다. 하지만 연수생이라는 신분으로 근로자이면서 '근로자' 의 신분을 갖지 못하는 문제와 함께 여러 문제가 발생하고 있는 실정이다.

4) 미등록 노동자(불법 취업 노동자)

미등록 노동자는 1986년 아시아 올림픽 게임 이후 1987년부터 유입되기 시작하여 한국의 이주 노동자 수에서 가장 많은 비율을 차지하고 있다.

경로는 단순 관광으로 들어와서 형성된 경우, 밀입국자, 연수생으로 들어와서 이탈한 노동자 등으로 나눌 수 있을 것이다. 한국의 경우 기하급수적으로 미등록 이주 노동자가 늘어남을 통계 자료를 통해 알 수 있다(87년 4,000명, 89년 12,136명, 92년 65,528명…97년 148,048명). 여기에는 정부 당국의 규제 미비와 극심한 임금 격차, 그리고 연수 기간 등을 들 수 있다.

2008년 5월 말 기준하여 국적 취득자와 불법 체류자를 모두 포함하여 891,341명으로 나타나 있다. 이는 전체 인구의 1.8%이며, 이 중 여성 국제 결혼 이주자가 102,713명을 차지하고 있다. 국제 결혼 비율은 총 결혼에서 11.1%를 차지한다고 한다. 특히 농립어업 종사자 남성은 40%가 국제 결혼을 한다고 한다. 연도별로는 2004년도부터 평균 11%대를 유지하고 있다.

자가 진단 [自家診斷, self assessment]

계획된 교육 목표를 달성하기 위한 교수 · 학습 활동이 시작되기 전에 학습자들이 소유하고 있는 특성을 체계적으로 관찰, 측정하여 진단하는 평가.

사전 학습 정도, 적성, 흥미, 동기, 지능 등을 분석한다. 교수 · 학습이 진행되기 전에 학습자들이 자신에게 있는 지적 능력뿐만 아니라 흥미, 적성, 태도, 가정 환경 등을 모두 파악해야 한다. 그러므로 자가 진단에서는 학습자가 지닌 다음의 특성을 분석하여야 한다.

① 학습 목표의 선수 요건이 되는 출발 행동 및 기능의 소유 이해 여부
② 학습 단위 목표 혹은 교과 목표의 사전 달성 파악 여부
③ 적절한 교수법이나 학습 활동 파악 여부

자가 진단 결과에 따라서 교육 내용에 대해 학습자들이 정확하게 파악할 수 있는지 없는지를 확실히 알 수 있다.

이러한 진단 평가에서 평가되는 요인은 크게 지적 출발 행동과 정의적 출발 행동으로 나눈다.

① 지적 출발 행동-학습자가 학습 장면에서 가지고 오는 어휘력, 논리적 사고력, 지능, 교과 목표의 성취 정도, 선수 학습 정도를 일컫는다. 지적 출발 행동이란 학습에 영향을 주는 가정이나 학교에서 형성된 지적인 능력으로 학습을 위한 기본 기능을 말한다. 예를 들면 문장을 이해하는 능력, 언어를 구사하는 방법과 의사소통 능력, 논리적인 사고 구조 등이 포함된다. 지

능은 단일성이 아닌 다양성의 특징을 가지고 있으므로 지능 점수가 높다고 모든 것을 잘하는 것이 아님을 유의하여야 하고, 지능 점수는 검사의 난이도 수준에 따라 달리 측정되므로 지능 점수에 대한 절대적 해석에서 벗어나야 한다. 나아가 지능이 유전적이라는 생각에서도 벗어나야 한다. 지능이 학습에 주는 영향력에 대한 믿음이 점차 감소됨에 따라 진단 평가를 위한 지능 점수의 활용도가 낮아질 것이다.

② 정의적 출발 행동-학습 장면에서 지니고 있는 흥미, 태도, 자아 개념, 동기 등 정서의 총체를 일컫는다. 정의적 행동 특성으로서 학습자의 학습 동기, 흥미, 성격, 태도 등을 파악하는 것이 필요하다.

절차적 교수 요목 [節次的敎授要目, procedural syllabus]

언어 구조의 습득은 일순간에 이루어지는 것이 아니라 추상적인 규칙들과 원리의 어떤 내적 조직의 작용을 통해서 준의식적으로 습득된다는 주장에 근거한 교수 요목. 과제 활동 교수 요목(task-based syllabus)의 하나.

과제 활동이란 의미 중심으로 목표어를 이해하고 표현하며 때로는 이들의 상호작용을 통하여 학습 목표를 달성하기 위한 활동이다. 따라서 의사소통 활동이 교실에 교수 · 학습이 많은 이론들의 중심이 되며 이 활동의 총집합체가 교육 과정이 된다. 다시 말하면, 과제 활동 교수 요목에서는 언어적 요소인 단어, 구조, 개념 또는 기능을 분석의 단위로 삼지 않고 학습자의 목표, 입력 자료, 활동, 환경 및 역할에 따라 의사소통 활동을 분석하고 범주화한다.

과제 활동 교수 요목을 교실에서 이용할 수 있는 대표적인 활동으로 절차적(procedural), 과정적(process), 활동적(task)인 것으로 구분된다.

절차적 교수 요목에서는 과제 활동을 과제 전(pre-task) 활동과 과제 활동으로 구분하여 설명할 수 있다. 과제 전 활동이란 교사가 학습하게 될 과제를 직접 한두 사람을 상대로 행동으로 시범을 보이는 것이다. 이 활동은 학생들이 과제에 어려움을 느끼고 있는가를 알아보고 관련 있는 언어는 동작화할 수 있다는 점을 학습자들에게 보여 주기 위해서이다. 이 과정이 끝나면 학생들 각자가 과제를 수행하도록 한다.

절차적 교수 요목에서 사용되는 대표적 과제는 의미를 강조하는 추론하기(reasoning-gap activity), 정보찾기(information-gap activity), 반응하기(opinion-gap activity) 등이 있다.

추론하기는 추출, 연역, 실질적인 추리, 관계나 모형의 인식을 통하여 기존 정보에서 새로운 정보를 끌어내는 경우이다. 예를 들면, 기존의 교실 시간표를 기초로 교사용 시간표를 작성한다거나, 정해진 목적에 따라 어떤 과정이 최고로 또는 가장 싼 가격으로, 아니면 가장 바르게 이루어질 것인가를 결정하는 것 등이 있다.

정보찾기 활동이란 어떤 정보를 풀이하거나 암호화하는 활동이다. 예를 들면 두 사람이 각각 미완성된 그림이나 지도를 가지고 상대방에게 구두로 설명하면 빈자리를 메우는 연습이 있다.

반응하기는 주어진 상황에 대하여 개인의 기호, 느낌, 또는 태도 등을 확인하고 말하는 것이다. 예를 들면, 이야기 완성하기로 주어진 글에서 빠져 있는 부분을 완성하게 하거나, 문제의 토론에서 사실적 정보를 이용하여 자신의 의견을 정당화하는 것 등이 있다.

종합적 교수 요목 [綜合的敎授要目, synthetic syllabus]

종합적 교수 요목은 목표 언어를 한 번에 전체 단위로 제시하는 것.

학습자는 난이도가 서로 다른 구조를 가지고 있는 많은 양의 언어를 접하게 된다. 학습자들로 하여금 언어적 난이도가 매겨져 있지 않은 언어 자료를 바로 접하게 만드는 종합적 교수 요목은 언어적 내용을 사용하는 것보다는 경험적 내용을 사용하는 것을 교수 요목의 시작점으로 잡는다. 신용재(2008)에서는 "종합적 교수 요목은 사람들이 언어를 배우고자 하는 목적과 필연적으로 그 목적에 부합하는 언어 활동의 종류를 고려하여 조직되었다" 고 설명하고 있다.

해외 동포 [海外同胞, overseas Koreans]

해외에서 체류 또는 거주하고 있는 한국인 또는 한국계 자손.

재외 동포(在外同胞)라고도 한다. 해외 동포와 재외 한국인을 구별하기도 한다. 엄밀히 말하면 재외 한국인(在外韓國人)이란 표현은 재외 동포 중 대한민국 국적 보유자만을 말하며, 보통 재외 교민이라고 한다.

해외 동포란 법적으로는 대한민국의 국민으로서 외국의 영주권을 취득한 자 또는 영주할 목적으로 외국에 거주하고 있는 자와 대한민국의 국적을 보유하였던 자 또는 그 직계비속으로서 외국 국적을 취득한 자 중 대통령령으로 정하는 자를 말한다.

해외 동포의 지역별, 국가별 현황은 다음과 같다(2003년 1월 1일 현재).

1. 해외 동포 지역별 현황[2)]

(1) 아주(아세아주): 3,239,904명

(2) 미주: 2,433,262명

(3) 구주(유럽): 652,131명

(4) 아프리카, 중동: 11,654명

2. 주요 국가 현황[3)]

〈나라〉	〈시민권자〉	〈영주권자〉	〈체류자〉
(1) 일본	260,168명	531,758명	106,788명
(2) 중국	1,967,285명	2,253명	175,251명
(3) 미국	682,264명	1,137,483명	337,751명
(4) 캐나다	67,232명	63,727명	39,162명

(5) 러시아	549,943명	196명	7,593명
(6) 호주	17,876명	19,113명	22,951명

1) 신용재 2008, 재인용.

2) 2003.1.1 기준(외교통상부 2004년 발간 자료).

3) 2003년도 외교백서 p.563(외교통상부 2004년 발간 자료).

한국어교재론

교보재 [敎補材, auxiliary teaching material]

교육 훈련을 위한 보조 재료.

수업에서 사용될 수 있는 모든 것을 포함하며, 정해진 수업 목표와 내용에 부합되는 주교재 이외의 자료를 말한다. 가까이 보면 교사의 말에서부터 시작하여 교육을 목적으로 제작된 자료, 실제 자료 등 다양한 종류의 자료들이 있다.

이러한 교보재는 학습 효과를 높이기 위해 사용한다. 모국어 환경과 유사한 환경을 만들어 줌과 동시에, 학습자의 이해를 돕고 학습자들이 쉽게 응용할 수 있는 자료들을 사용함으로써 학습자들이 목표 언어를 배우는 데 들이는 시간과 능력을 절약할 수 있다.

교보재는 강의나 실습을 효과적으로 진행하기 위해서는 불가결한 것이다. 그러나 어떠한 교보재에도 각각 장단점이 있기 마련이다. 그러므로 목적에 맞추어서 교보재를 사용할 수 있도록 하는 것이 중요하다. 그러나 교보재는 단지 효과적인 강의나 실습을 진행하기 위한 보조 용구이기 때문에 필요하지 않으면 사용하지 않아도 좋다. 이 점을 파악해 두지 않으면 수단과 목적이 전도될 것이다.

교사용 지침서 [教師用指針書, teacher's manual]

교사가 수업 내용에 대해 더 효율적으로 교육시킬 수 있도록 교과서의 내용 및 학습 자료를 더 구체적이고 체계적으로 만든 자료.

교사용 지침서에 관한 규정(교육부, 1995)에 의하면 교과서라 함은 학교에서 교육을 위하여 사용되는 학생용의 주된 교재를 말하며, '지침서'라 함은 학교에서 교육을 위하여 사용되는 교사용의 주된 교재라고 하였다. 다른 학자의 의견에 따르면 다음과 같이 몇 가지 정의를 내릴 수 있다.

이은자(1985)는 교과서의 내용을 구체화하고 교사의 학습 지도를 위한 해설과 참고 자료로 활용할 수 있도록 한 교사용 학습 지침서라고 하였다.

정혜승(2002)에서는 교육 과정과 교과서, 그리고 교과서와 교실의 교수 학습을 연결해 주는 자료라고 정의하였다.

최희경 · 임연미(2005)에서는 교과서가 학습 자료를 체계적으로 제시해 놓은 것이라면 이런 자료들을 의미 있게 하는 것이 교사용 지침서라고 정의하였다.

위에 보는 바와 같이 교사용 지침서의 사용 대상은 교사이고, 교과서의 내용 및 학습 자료를 더 구체화하고 체계화하기 위하여 만든 자료이다. 다시 말하면, 교사가 수업에서 설정한 수업 내용에 대해 더 효율적으로 교육시키기 위하여 수업 방식, 수업 활동, 수업 내용의 유의점 등 내용에 관한 자료들을 사용해야 된다는 것이다.

교사용 지침서는 학생용 교재를 사용하는 지침을 제공할 뿐만 아니라 한국어 전공자에게 교육의 일반적인 틀을 제시해 줄 수 있다. 특히 한국어를 전공하지 않았거나 경험이 없는 교사에게 교재 안에서는 제공해 주지 못했던 부족한 문화 정보나 수업 자료를 교사 지침서가 제공해 줄 수 있다.

교육적 자료로서의 교재 [textbook as educational material]

학습 효과를 높이기 위하여 교수용으로 사용하는 교재.

교육 영화, 슬라이드, 사진, 지도, 음반, 표본 등을 말한다.[1] 교재란 노트북, 표본, 실험기구, 괘도, 슬라이드, 비디오, 테이프 등의 교구가 교육적 내용을 포함하고 있으면 이 내용이 교재라고 할 수 있다. 이와 같이 교재를 생각할 경우 교재는 교육적으로 가치가 있어야 한다. 따라서 교재에는 ① 여러 가지의 사실 ② 사실에 대한 해석, 즉 과학의 성과 ③ 사실을 해석하기 위한 방법의 세 가지를 포함하고 있다고 할 수 있다.

교육은 교사와 학생 간의 상호작용으로 이루어지는데 교재라는 매개체를 통해서 이러한 상호작용이 이루어진다. 교재는 교육의 현장 속에 존재하는데 이는 축적된 경험이기도 하고 역동적인 사회 현상 자체이기도 하다. 교육의 매체인 교재의 성격 여하에 따라 학생의 인격 형성에 중대한 영향을 미친다는 점에서 교재는 교육 활동에 중요한 요인이 된다.

한국어 교육적 자료로서의 교재

1. 한국어 교수법의 실제-연세대 출판부

→ 꽤 두꺼운 책. 다소 이론적이긴 하지만, 교안과 관련해서 자세한 설명이 있음.
특히, 한국어 표현, 말하기 등 다양하게 교수법을 분류.

2. 행복한 한국어-가톨릭대학교 출판부

→ 한국어에 대한 지식이 전혀 없는 외국인을 위한 교재.
자음, 모음의 쓰기부터 말하기, 문법이 차근차근 소개되어 있음.

3. 한국어 쉽게 가르치기-오승은(서강대)

→ 가톨릭대학교의 교재가 '완전' 초보자를 위한 것이라면, 이 책은 일반 초보자를 위한 교재. 회화를 기본으로 교실 활동까지 상세하게 소개되어 있음. 가장 실제적으로 도움이 될 교재. 난이도 순으로 서술되어 있어서 실제 강의에서 유용함.

교사는 교재를 사용할 때, 학생의 능력과 교재의 난이도를 파악해서 어려운 부분은 어떻게 다루어야 하며, 어떻게 보충해 주면 좋을까 등을 연구하여야 한다. 또 현재의 학습 내용은 어느 정도 학생들의 발달 단계에 따라 쉬운 것에서 어려운 것으로 계통적으로 배열되어 있다고 생각되나, 학생의 입장에서 보았을 경우 정말 이대로 좋은가를 다시 한 번 살펴볼 필요가 있고, 이것은 실제로 매일 학습자를 접하고 있는 교사가 대처하여야 할 과제이다. 또한 바람직한 교재를 창조해 나가는 것도 중요한 일이다. 교사가 채택하는 교재가 동일한 것이라 하더라도 학급 전체 한 사람 한 사람이 그 교재를 자기 것으로 생각해 갈 수 있는 교재로 재창조해 나가는 노력도 필요하다.

바람직한 지도 계획을 확립하려면 교재의 성질이나 한계를 확인할 필요가 있다. 교재에는 오래가는 것과 그렇지 못한 것이 있다. 즉 시의성을 반영한 교육 내용과 그렇지 않은 것이 있다. 이와 같이 교재에 대한 판단을 한 후에 유효한 지도 계획을 작성하고 어디서 어떻게 교재의 역할을 다할 수 있는 것을 찾을까에 대하여 생각할 필요가 있다.

교재 [敎材, teaching material]

교육 과정에 투입되는 모든 자료로, 학습자와 교사를 이어 주는 매개체.

교재란 넓은 의미로 교육 과정(process of education)에 투입되는 모든 자료, 학습자와 교사를 이어 주는 매개체를 말한다. 좁은 의미의 교재는 교육 목표에 입각하여 교육 과정을 구성하고, 그 교육 과정에 따라 제작된 가시적인 교육 내용이다. 교재는 주교재와 부교재로 나누는 것이 보통이며, 핵심적인 교재는 주교재로서, '교과서(textbook)' 라고 한다.

교재의 유형을 영역별로 말하기, 듣기, 읽기, 쓰기, 문법, 어휘, 문화 교재와 같이 나눌 수 있다. 또한 언어별로는 한국어 단일 교재, 한영, 한중, 한일 등과 같이 이중어 교재가 있다. 수준별로 먼저 나누고 다시 영역별로 구조, 내용, 매체, 평가 등으로 나눌 수도 있다. 또한 수준도 두 가지의 의미가 있다. 첫째, 단순히 한국어 능력 수준만을 기준으로 초급, 중급, 고급, 최고급 등으로 말할 수 있고, 나이, 일반적인 학력 등을 말할 수도 있다. 또한 초, 중, 고, 대와 같은 정규 과정과 일반인, 전문직 등과 같이 비정규 과정으로 나눌 수도 있다. 또한 학습 지역에 따라 국내, 국외로 나누고, 국외의 경우 구체적으로 어느 나라, 어느 지역인가도 고려할 필요가 있다.

교재의 성격 면에서 교재는 주교재, 부교재, 책, CD, 비디오, 테이프, 오디오 등이 있으며, 회화, 문법, 독해와 같은 성격을 지칭할 수 있고, textbook, workbook, 교사용 지도서, 참고서 등과 같은 성격을 말할 수도 있다. 그리고 학습자가 스스로 자료를 찾고, 복습 · 예습을 하고, 보충을 하고, 스스로 체크도 할 수 있는 인터넷 교재도 필수가 되었다.

따라서 이제 교재의 성격도 단일하거나 독립된 것이 아닌, 복합적이고 다기능적 교재로 바뀌어 가고 있다. 이것을 교수법과 연계해서 살펴보면 학습자 중심 교수법에 따라서는 학습자 위주로 맞게 교재가 구성되어야 한다. 그리고 통합 기능적 교수법에 따라서는 말하기, 듣기, 읽기, 쓰기, 문법이 통합된 교재 등을 고려해 보아야 한다.

교재 개작 [教材改作]

분석과 평가를 통해 선택된 교재를 특정의 학습 현장에 더 적합하도록 수정을 가하는 것.

교재의 내용뿐만 아니라 학습자와 교사의 특성, 물리적 환경 등과 같은 교수 · 학습의 상황적 요인도 교재 개작의 주요한 요인이 된다. 교재가 현장 교육 종사자들이 참여하여 그들이 소속한 기관의 교육 철학을 구현할 수 있도록, 교과 과정의 초기의 단계에서 설정된 교수 요목의 세부적인 목표를 반영하여 작성, 설계되었을지라도 특정의 교수 상황 가령, 교사나 학습자, 물리적 환경 등의 변인을 고려할 때, 교재의 개작이 필요하게 되는 경우는 허다하다.

서종학 · 이미향(2007)에서는 교재의 개작이 일어나는 구체적인 요인을 다음 몇 가지로 정리했다. 특정 내용 또는 기술을 포함하지 않았을 때, 흥미를 유발하는 요소가 부족할 때, 실제성 · 구체성 · 현실성이 부족할 때, 학습자의 수준이나 숙달도에 맞지 않을 때 등이다. 그 외에 교재 개작이 필요한 가장 특징적인 경우를 교재가 어느 한쪽으로 치우쳐 개발된 경우, 교육 내용이 하나의 목표를 향해 일관성을 가지고 있지 않고 분산적으로 구성된 경우, 교육 항목의 배열을 조정하고자 하는 경우, 교육 자료가 부적절한 경우 등 요인도 있다.

이와 같이 교재 개작이 요청되는 경우에는 '수정, 삭제, 첨가' 및 '단순화, 재배열, 재집필' 등 제 방법을 적절히 활용하여 교재를 개작하게 된다.

교재 분석 [敎材分析, analysis of teaching material]

가르칠 교재에 대한 세부적인 파악.

교재란 학습자와 교수자에게 학습 내용 및 학습 방법에 대한 지침을 제공하는 중요한 도구이며 학습 동기를 유발하는 수단이므로, 교육에 있어서 교재의 중요성은 두말할 필요도 없을 것이다. 교수자는 교재를 통해 교수할 사항뿐 아니라 교수법 등에 대한 암시나 지시를 받을 수 있으며, 학습자는 교재를 통해 학습할 목표와 단계를 확인할 수 있다. 또한 교재는 학습 과정에서 대화의 기초를 제공해 주며 학습 과정에 참여한 모든 사람들의 창의력을 개발시켜 줄 수도 있다. 교재가 그러한 역할을 충실히 이행할 수 있으려면 교재가 일정한 목적에 맞게 합리적으로 개발이 되어야 할 것이다.

교재 개발을 위해서는 교수 요목과 교육 과정의 설계 및 교재 구성 내용에 관한 이론적 경험적 연구, 학습자의 요구 분석이 선행되어야 한다. 그리고 이와 함께 기존에 출간된 교재에 대한 분석이 이루어져야 하며 기존 교재에 대한 분석 및 평가는 새로운 교재의 제작에 긍정적인 영향을 미칠 수 있도록 객관적 기준에 의해 이루어져야 한다.

교재를 편성할 때는 학습자와 교수 요건, 교육 기관 등 교수 학습 상황이 반드시 고려되어야 한다. 따라서 교재를 분석하고 평가할 때도 이러한 요소가 제대로 지켜지고 있는지에 중점을 두어 평가해야 한다.

먼저, 교재 분석을 위해서는 학습자의 흥미와 관심, 필요 등 학습자의 요인이 검토되어야 한다. 즉 교재의 학습자가 외국인인지, 교포인지, 또 학습자의 모국어가 무엇인지, 학습자가 한국어를 학습하는 목표는 무엇인지, 일상 회화를 목표로 하는지 전문 분야를 목표로 하는지, 성인인지, 어린이인지 등과 같은 학습자 변인에 대한 검토가 이루어져야 한다. 그리고 교사의 교수 여건을 감안한 교사 변인의 검토와 아울러 교육 기관을 포함한 지역적 특성을 파악하여 교재에 대한 분석이 이루어져야 한다.[2)]

교재의 내적 평가 [internal evaluation of teaching material]

교재의 계열성, 체계성, 전체성 등의 내적인 구성을 평가하는 것.

교재를 평가하려면 우선 교재의 목적, 역할, 대상을 명확하게 해야 한다. 교재의 장점이나 단점과 가치 및 효과에 대한 판단을 위하여 평가 모형에 따라 적절한 평가 준거를 설정하고 그에 관련된 판단 근거 자료를 수집하게 되는데, 이 경우에 널리 적용되는 준거(항목 및 영역)로는 교재 내용상의 계열성, 체계성, 전체성, 시행의 충실성, 실천 가능성(교수 가능성), 계획과 실천의 일치성, 운영상의 융통성 등과 더불어 학생 요구에의 적절성, 성과 및 효과(영향) 등이 있다.

교재의 선택 기준

교재를 선택할 때 고려해야 하는 기준.

교재를 선택할 때 주관적인 판단에 의존해서는 안 되며, 객관적인 요소들을 고려해야 한다. 보통 교재 선택 시에 있어 고려해야 할 사항으로 학습 대상자, 학습 목적, 학습자의 예정 기간, 그리고 교사의 지도 지향을 들 수 있다(김선정, 허용: 1999). 더 구체적으로 설명하자면 다음과 같다.

1. 학습자 요구 분석-학습 목적, 학습자의 수준, 연령, 언어적 · 사회적 배경

학습의 주체인 학습 대상자를 파악하는 일은 무엇보다도 중요한 일이다. 그중에서도 학습자의 요구 분석은 다른 모든 사항에 앞서 고려되어야 할 것이다. 언어 학습에 대한 개인적 요구는 학습 목적, 학습자의 수준, 학생의 연령, 학습 동기, 흥미 등의 변인에 따라 다르다.[3]

(1) 학습자의 목적을 고려해야 한다.

학습자가 언어를 공부하는 이유가 직업 때문일 수도 있고 학문 목적으로 공부하기 위해서일 수도 있을 것이다. 또한 대중 매체를 접하거나 일상 회화의 필요성 때문일 수도 있을 것이다. 아니면 단지 취미로서 배우고자 할 수도 있을 것이다. 언어 공부의 필요성에 따라 학습자의 관심이나 학습 요구가 달라질 것이고, 이는 언어 학습에 지대한 영향을 끼치게 될 것으로 학습자의 학습 목적을 제대로 파악하고 난 후에 교재를 선택해야 한다. 예를 들어, 취미만을 위하여 외국어를 배우고자 하는 학습자, 혹은 외국에 나가서 유학이나 전문적인 연구를 위한 학습자를 대상으로 선택하는 교재는 매우 다르다.

(2) 학습자의 수준, 즉 언어 능력도 고려해야 할 것이다.

말을 주고받는 데는 커다란 어려움이 없는 학습자에게 초급 과정의 교재를 선택하여 수업하게 한다거나, 한국어를 처음 배우기 시작하는 학습자에게 고급 과정의 한국어 교재를 선택하여 수업 받게 하는 일은 교재의 도움을 전혀 받을 수 없게 하는 요인이 된다.

(3) 학습자의 연령 또한 고려해 볼 사항이다.

특히 학습자의 취미나 관심 사항 등에 관한 사전 지식이 충분하지 못할 때에는 연령이 이른 추측해 볼 수 있는 하나의 중요한 단서가 될 수 있기 때문

이다.

(4) 학습 대상자를 파악할 때에 또 하나 잊지 말아야 할 점은 학습자의 언어적 · 사회적 배경이다.

외국어로서의 한국어 학습에 학습자의 모국어가 절대적인 영향을 미친다고는 볼 수 없어도 어느 정도의 간섭 현상이 있는 만큼 학습자의 모국어에 관한 정보를 파악하고 있어야 한다.

위에 언급한 기준 외에 학습자의 교육 정도나 직업, 취미 등을 미리 알아보는 것도 교재 선택에 의미 있는 일이 될 것이다.

2. 학습 예정 기간

교재를 선택하기 위해서는 미리 학습자의 학습 예정 기간을 알아야 한다. 예를 들어, 3개월의 언어 학습을 예정한 학습자에게 모두 6권으로 된 교재를 선택하여 처음 1~2권만을 학습하고 수업을 마친다면, 상 · 하 두 권으로 된 교재를 택하여 이를 모두 끝내는 것보다 효과적이지 못할 것이다.

3. 교사의 지도 취향-교사가 가르치는 경우

학습자가 혼자서 공부하는 것이 아니라면 교재를 선택할 때 보통 교사의 지도 취향도 고려해야 한다. 왜냐하면 교사의 지도 취향에 따라 같은 교재도 얼마든지 자유롭게 운용될 수 있기 때문이다. 따라서 교사의 지도 취향에 맞는 교재를 선택하게 되면 교재를 효과적으로 이용할 수 있을 뿐 아니라 교사가 수업을 준비하는 데 쓰는 시간을 줄일 수 있다.

4. 교재의 내용 및 구성

Rivers(1981, 박갑수 2005: 309에서 재인용)는 교재 선택의 기준을 다음과 같이 제시하고 있다.

(1) 교사 및 학습자에 적절성

교수법 및 테크닉(technic)에 합치하는가, 보조 교재, 교사용 지침서, 워크북, 기타의 편리성이 충분한가?

(2) 언어와 내용의 적절성

현실 세계를 반영한 테마 및 상황이 흥미 있게, 그리고 인공적이 아닌 자연의 언어로 묘사되어 있는가?

(3) 언어 사항의 선택과 배열의 적절성

발음, 문법, 어휘의 취급은 적절한가? 읽기, 쓰기의 지도, 연습, 복습, 테스트 등의 배열이 적절한가?

(4) 활동 예의 적절성

리얼리티가 있는 학습, 실제의 언어 교섭, 연습의 다양성, 그 밖의 활동이 흥미 있게 준비되어 있는가?

(5) 실용상의 적절성

삽화, 지도, 인쇄의 양부(良否), 가격, 입수 가능 여부를 고려할 때 어떠한가?

(6) 즐거움의 지수(指數)

교사 그룹이 즐겁게 이용할 수 있는가, 다양한 교수 방법에 대응할 수 있는가?

교재의 외적 평가 [external evaluation of teaching material]

교재를 외형적인 구성면에서 평가하는 것.

교재를 평가할 때에 대체로 형식과 내용의 두 부분으로 나누어 평가한다. 형식은 교재의 외형적 사항인데, 책 수, 설계된 수업 기관과 시간, 목적 등이 그것과 관련된다. 내용은 교재의 내적 사항으로, 학습자 상황(수준 등)과 요구, 언어 내용과 언어 기능, 문화 등이 이와 관련된다. 서종학(2001)에서는 '교육 과정, 학습 내용, 학습자, 교수법, 형식' 의 다섯 영역으로 나누었는데, 교육 과정과 학습 내용은 내용에 해당할 것이고, 학습자, 교수법, 형식은 형식에 해당할 것이다. 이해영(2001)에서는 학습자와 교수법을 교재의 형식으로, 교육 과정과 학습 내용을 내용으로 두었다.

이해영(2001ㄱ)은 평가 항목을 '교수 · 학습 상황 분석, 외적 구성, 내적 구성'으로 대별하였다.

'교수 · 학습 상황 분석'에서는 '기관 정보, 학습자 조사'에 대해 각각 세부 항목을 설정하였고, '내적 구성'에서는 '교재 구성 목표, 학습 내용, 학습 활동'으로 나눈 후 이를 각각 세분하여 평가 항목을 설정하였다.

교재의 외적 평가의 구체적인 평가 항목은 다음과 같다.

ㄱ. 책은 튼튼하고 외관이 보기 좋은가?
ㄴ. 교재의 가격은 적절한가?
ㄷ. 교재는 어디서나 쉽게 구입할 수 있는가?
ㄹ. 어휘 목록, 색인, 소사전, 콘텐츠 맵을 포함하여 사용이 편리한가?
ㅁ. 배치가 명료하여 책에서 원하는 것을 쉽게 찾을 수 있는가?
ㅂ. 테이프, 비디오, 교사용 지침서 등 관련 구성물이 제공되며, 구입이 용이한가?
ㅅ. 교재의 효과적인 사용을 위해 교실 환경 등 특별한 장비가 필요한가?
ㅇ. 전제되는 한국어 학습 상황은 한국인가, 외국인가?
ㅈ. 저자 또는 기관 정보가 명시적이어서, 교재 선택에 참조로 활용될 개발자의 교수적 특성에 관한 정보가 있는가?

교재의 유형

교재를 학습 목표, 학습 수준, 교수 요목, 학습 목적, 학습 대상자, 출판 장소 등에 따라 나누는 유형.

회화 교육을 위한 교재, 한국어 교육 전공을 위한 교재, 직무 수행을 위한 교재, 민족 교육을 위한 교재 등은 학습 목적에 따른 교재 유형이고, 흔히 말하는 초급, 중급, 고급 등과 같은 것은 학습자의 수준에 따른 교재 유형이다. 이처럼 교육 과정, 교수 요목과 교재와의 상관 관계에 따라 편찬된 다양한 유형의 교재를 연구하는 분야를 교재 유형론이라 한다.

한국어 교재 유형을 나눌 때 여러 변인 가운데 하나 이상이 적용된다. 아래에서 교재 유형 분류에 대한 선행 연구를 소개한다.

1. 박영순(2003): 영역별, 지역별, 국적별, 수준별, 성격별, 위상별, 목적별, 언어권별
2. 이지영(2004): (1) 시기: 교재를 편찬 시기를 기준으로 분류(근대-현대)
   (2) 대상: 해외 교포 대상으로 한 교재/외국인 대상으로 한 교재
   (3) 저자: 언어 교육기관 발행 교재: 개인, 생활회화/관광용 교재
   (4) 학습 기관: 유치원/초 · 중 · 고등학교/대학교/대학원
   (5) 학습자 연령: 어린이/청소년/성인
   (6) 학습자 언어 : 교육 기관에서 직접 그 나라 언어로 편찬한 교재/한국어로 편찬한 교재를 다른 나라 언어로 번역한 교재
   (7) 목적/기능: 회화교재, 듣기교재, 읽기교재, 쓰기교재, 문법교재, 문화교재, 활용교재, 통합교재
   언어 교수법: 문형 중심 교수법 교재, 과제 중심 교재
   (8) 형태: 오프라인/온라인
3. 민현식(2000)
   유형1: 학습과정 유형
   유형2: 교재 개발에서의 학습자 상황 요인
   유형3: 그 외.

학습 목표별 교재에 대해 생각해 본다. 우리는 시대와 수요자의 요구가 변

화함에 따라 학습 목표가 변하고, 학습 목표가 변하면 새로운 교재 유형이 요청된다는 것을 생각해 보았다. 그런데 학습 목표의 변화 이면에 교육 철학의 관련성을 한층 고려한 논의가 필요할 것이다.

부교재 [副敎材, auxiliary textbook]

정해진 수업 목표와 내용에 부합되는 것으로서 수업에 사용될 수 있는 주교재 이외의 자료.

교육용 부교재는 수업에 사용될 수 있는 모든 것을 포함한다. 정해진 수업 목표와 내용에 부합되는 주교재 이외의 자료를 말한다. 또는 교사의 말에서부터 교육을 목적으로 제작된 자료와 실제 자료 등 다양한 종류의 자료들을 말한다.

교육용 부교재의 사용 목적은 학습 효과를 높이기 위해 제작하는 것이다. 모국어를 배울 때와 동일한 환경을 만드는 것이 불가능하므로 쉽게 응용할 수 있는 다양한 자료들을 사용함으로써 학습자들에게 목표 언어를 배우는 데 들이는 시간과 노력을 절약할 수 있다.

부교재는 여러 가지 유형이 있다. 여기서는 그중에 몇 가지 대표적인 부교재 형식을 뽑아서 사례로 분석하도록 한다.

1. 예문: 교육용 부교재 중 가장 기본이 되는 자료다. 예문을 교사가 만들 경우에는 인쇄나 복사를 한 연습지의 형태로 학습자들에게 배부되거나 교사의 판서를 통해 학습자들이 보게 된다.

이미 출판된 책이나 신문에서 예문을 선택하여 학습자들에게 제공할 수도 있다. 이때 제공되는 예문에는 단어는 물론 문장 형태의 글, 대화문, 질문 등도 포함되어야 한다. 예문을 만들거나 선택할 경우, 일상생활에서 많이 사용되는 문장을 주는 것이 좋다.

문어, 구어 등 다양한 활용형 등을 연습할 수 있는 예문을 주도록 한다.

2. 녹음기, 카세트 테이프, CD: 녹음기와 카세트 테이프, CD는 가장 쉽게 사용할 수 있는 기기이며 휴대에도 간편하여 거의 모든 언어 수업에서 가장 많이 사용되고 있다. 실제 자료 테이프를 제작할 경우 내용 선정에 각별히 유의해야 한다. 노래의 경우 배운 문형과 단어가 많이 들어 있을수록, 일상생활에서 많이 들을 수 있는 노래일수록 학습자들이 관심을 가지는 것으로 나타났으며, 초급부터 고급까지의 전 과정에서 사용할 수 있는 자료다. 특히 실제 자료의 내용은 그 사회의 시대적, 문화적인 상황까지 포함하고 있으므로 수업에서 책을 통한 언어가 아닌 살아 있는 언어를 공부할 수 있게 해 준다.

3. 카드: 초급 기초 단계에서 반드시 필요한 자료다. 예를 들면 자음과 모음의 색깔을 구분하여 자 · 모음의 차이를 알게 하는 것이 좋다. 자 · 모음의 음가를 학습하는 것을 연습하는 단계가 지나면 자음과 모음을 결합하여 음절을 만드는 연습을 하도록 지도한다. 자 · 모음은 보통 각 1개씩 준비하면 된다. 복모음을 따로 만들지 않고 단순 모음을 결합하여 만들어 보도록 연습을 시키는 것도 좋다. 이렇게 할 경우 음가를 쉽게 익힐 수 있다.

4. 사진: 쉽게 구할 수 있고 경비도 많이 들지 않는다. 표현하는 내용이 명확하여 학습 자료로 많이 쓰인다. 디지털 카메라 사용이 일반화되면서 학습 자료용 사진을 쉽게 만들 수 있게 되었다. 특히 그림으로 나타내어 어렵고 복잡한 상황을 교수하기 위해 상황을 연출하여 사진을 찍어 쓸 수 있다. 파일로 보관하기도 쉬워 디지털 카메라를 이용해 만든 자료의 사용은 계속 늘어날 전망이다. 교사가 직접 찍는 사진 이외에 잡지나 신문에 나와 있는 사진 등도 사용할 수 있다.

5. 실물 자료, 모형: 말로 설명을 하거나 그림, 사진 자료를 사용해도 학습자들에게 쉽게 설명이 전달되지 않는 것들이 있다. 이때는 실물 자료를 사용하는 것이 학습 효과를 높이는 방법이 될 수 있다. 실물 자료는 부가 설명이 많이 필요하지 않고 눈을 통해 확인이 가능하기 때문에 짧은 시간에 학습이 가능하다. 특히 한국에만 있는 물건이나 음식에 대한 내용을 다루는 경우, 그림이나 사진보다는 실물을 보여 주고 직접 사용 혹은 먹어 보도록 하는 것이 좋다.

분리 교재 [分離敎材, separated textbook]

교육 과정, 교수 요목, 학습자와의 상관 관계에 따라 편찬된 교재 유형의 하나로, 학습 목적, 학습자 수준 등에 따라 여러 권으로 분리하여 만든 교재.

교재는 교수 · 학습 상황을 전제로 개발되고 선정된다. 교수 · 학습의 제반 상황에 가장 적합한 교재가 선정되고 활용될 것이므로, 교육 기관 및 교수자의 필요에 따라 여러 유형의 교재가 개발될 것이다. 목적에 따라 교재를 여러 개로 구분하여 개발된 교재를 분리 교재라 한다. 예를 들면, 주교재, 워크북으로 구성된 교재나 회화, 읽기, 쓰기, 문화 교재 등으로 구분하여 개발된 교재가 분리 교재이다. 학습 목표, 학습 수준, 교수 요목, 학습 목적, 학습 대상자, 출판 장소 등의 변인에 따라 한국어 교재는 여러 가지로 나누어 개발될 수 있다.

사진(교보재) [寫眞, photograph]

사진은 객관적인 사실이나 정보의 제공 및 다양한 분야에서의 활용이라는 역할을 해 오고 있다. 하지만 사진은 교육적인 측면에서도 다양하게 활용될 가치를 충분히 가지고 있다. 사진의 교육적 가치를 살펴보면 다음과 같다.

첫째, 정보를 제공하고, 그에 따라 반응을 유도할 수 있다. 한국어 어휘 교육에는 물론 한국어 쓰기 시간에 사진이 제공하는 정보를 통해 학생들은 쓸 대상을 생각해 낼 수 있다. 사진 자체의 정보뿐만 아니라 사진에 대한 학생들의 반응까지 더하면 학생들은 글쓰기의 내용을 더욱 풍성하게 채울 수 있을 것이다.

둘째, 비판적 능력을 신장시킬 수 있다. 사진은 사진을 찍는 사람 즉, 사진 작가의 의도가 반영되어 있다. 그러므로 사진을 감상하는 활동을 통해 작가의 의도를 파악할 수 있으며 특히 신문 사진이나 광고 사진을 감상하는 활동을 통해 비판적인 능력이 신장될 수 있다.

셋째, 창의적인 생각을 유도할 수 있다. 사진은 말을 하는 대상이 아니기 때문에 작가의 의도를 알 수가 없다. 하지만 이것을 바꾸어 생각해 보면 정해진 정답이 없기 때문에 학생들의 다양한 상상이 모두 수용이 될 수 있다. 그러므로 사진을 보고 감상하는 활동을 통해 학생들의 창의적인 생각을 유도할 수 있다.

넷째, 학습자의 흥미를 높일 수 있다. 사진은 오늘날의 학생들에게 다루기 어려운 매체가 아니다. 디지털 카메라의 보급과 인터넷 미니 홈피 및 블로그 등의 영향으로 학생들에게 사진은 매우 친숙하다. 이러한 사진을 교육적으로 활용함으로써 학습자로 하여금 능동적인 참여가 가능하게 된다는 장점이 생길 수 있다.

실물 자료(교보재) [實物資料, realia]

실물 그 자체로서 생활의 가장 구체적인 장면에서 교육의 필요에 의해 들고 나와 제시하는 사람, 사건, 대상물 등 주위 환경의 모든 것.

실물 자료의 특성은 다음과 같다.

(1) 실물은 현실의 물질이다.
(2) 실물은 자연스럽게 관찰할 수 있다.
(3) 구체적이고 직접적이며 입체적인 관찰을 할 수 있다.
(4) 시간적 여유를 가지고 충분한 관찰과 실험, 실습이 가능하다.
(5) 교과의 학습 상황을 종합적으로 체험할 수 있으며, 실생활에 기여할 수 있다.
(6) 아동의 모든 감각적 통로에 의한 학습을 가능케 하는 실물 학습 자료이다.
(7) 내외부 상황을 동시에 이해시킬 수 있는 통합적 학습을 가능케 한다.
(8) 미숙한 아동에게 지적 훈련 및 개념과 태도를 발전시키는 데 효과적이다

(9) 모든 학습자에게 광범위하게 사용할 수 있다.

아동용 교재 [兒童用敎材]

학습자가 아동일 경우에 사용할 수 있도록 만든 교재.

아동용 교재는 두 가지 의미가 있다. 첫째, 나이 어린 외국인을 대상으로 한국어를 가르칠 목적으로 만들어진 교재를 아동용 교재라 한다. 둘째, 한국 아동이 사용하는 아동용 책을 성인 외국인에게 교재로 활용할 때, 이 책을 아동용 교재라 한다. 예를 들면, 외국인을 위한 한국어 교육에 한국 아동들이 사용하는 동화책을 이용할 수 있다. 외국인을 위한 한국어 교육 초급 단계에서 이런 아동용 교재는 자주 이용되고 있다. 한국 어린이들이 보는 동화책을 많이 보면 한국어 실력 향상에 좋다고 이야기한다. 아동용 동화책은 일반 교과서보다 색깔도 다채롭고 이야기로 구성되어 있어 읽기에도 딱딱하지 않고 흥미있다는 게 장점이다. 동화책의 경우 한국의 전통 문화를 많이 담고 있어 한국 문화를 배우는 데에 활용할 수 있는 좋은 교재이다. 읽기 과제 등으로 활용할 수 있도록 초급 학습자들이 손쉽게 한국 동화를 접할 수 있게, 교실에 동화책을 진열하는 것도 괜찮다. 그러나 아동용 도서라서 성인 학습자의 흥미를 끄는 데에는 한계가 있을 수 있으며, 다루는 내용과 수준이 유치하고 실제 초급 한국어 학습자에게 필요한 생활 어휘를 다루지 못하는 경우가 많아 성인 학습자가 이 책을 활용하여 한국어를 배우기에는 적절하지 않을 수도 있다.

오디오 [audio]

비디오(video)와 상대되는 말로 음성, 음향 등으로 구성된 음성 자료.

교재는 학문이나 기예 따위를 가르치거나 배우는 데 필요한 여러 가지 재료를 말한다. 오디오 교재는 학습 효과를 높이기 위해 만드는 음성 자료라고 할 수 있다. 오디오 교재의 종류로는 MP3, CD, 카세트 테이프, 음반 등이 있으며, 그의 활용 방안은 다음과 같다.

1. 한국어 학습자의 입장에서

(1) 반복해서 들어라.

오디오 교재의 가장 큰 장점은 바로 반복할 수 있다는 것이다.

(2) 큰소리로 따라 읽어라.

학습자는 무조건 오디오 교재 중에 나오는 한국인의 발음을 큰소리로 따라 읽어야 한다.

(3) 자신의 발음을 녹음해서 들어 보라.

자신의 발음을 녹음해서 들어 보면 스스로 자기 발음의 약점을 잘 알게 되고 쉽게 고칠 수 있다.

(4) 듣는 내용을 다 이해한 다음에 외워라.

오디오 교재 중에 나오는 단어와 문장들이 무슨 뜻인지, 또는 어떤 상황에서 쓰일 것인지를 완전히 이해하고 나서 외워야 한다.

한국어 학습자는 이렇게 오디오 교재를 잘 활용하면 자신의 한국어 듣기와 말하기에 무척 큰 도움이 될 것이다.

2. 한국어 교육자의 입장에서

(1) 학습자의 수준에 맞는 오디오 교재를 고르라.

학습 효과를 제고하려면 학습자의 한국어 실력을 잘 파악하고 그들에게 맞는 오디오 교재를 선택해야 한다.

(2) 학습자에게 두 번 이상 틀어 주라.

보통 학습자는 한 번 듣고 50%를 이해할 수 있고 다시 들을 때 70~80%를 이해할 수 있게 되기 때문이다.

(3) 정확도보다는 학습자가 내용을 파악하는 순발력에 역점을 두라.

짧은 강의시간 안에 오디오 교재의 모든 내용을 완전히 알아듣는 것은 학습자에게 좀 어렵기 때문에 정확도보다는 내용을 대체로 파악하도록 지도한다.

(4) 다수 학습자가 못 알아듣는 부분에 대해 집중적으로 설명하라.

한두 명도 아니고 대부분 학습자들이 이해하지 못하는 부분은 대표성이 있기 때문에 이 부분의 단어나 문장이나 표현에 대해서 자세히 설명해야 한다.

(5) 다양한 오디오 교재를 활용하라.

단순한 대화보다 동요, 대중가요, 동화 등 형식은 학습자의 흥미를 쉽게 일으킬 수 있고 학습 효과를 높일 수 있다.

웹 교육 [web-based education]

웹 기반의 교육.

웹 교육의 개념은 그 범위와 환경을 어떻게 규정하느냐에 따라 협의적 개념과 광의적 개념으로 나뉜다. 협의적 개념이란 교육이 이루어지는 환경을 웹을 중심으로 보는 것이고, 광의적 개념이란 웹과 다른 매체들을 포괄적으로 활용하여 교육하는 것을 고려한다는 점에서 차이가 있다. 따라서 일반적으로 말하는 원격 교육이나 가상 교육은 광의적 개념에서 웹 교육이라고 볼 수 있다.

한국어 교육에서의 웹 교육은 웹 기반이 학습 자료는 언제 어디서나 인터넷을 통해 이용 가능하며, 반복 학습이 얼마든지 가능하며, 학습의 단조로움을 피하고 학습자의 이해를 증대시키는 효과를 가져올 수 있어서 웹 기반의 한국어 교육이 활발하게 이루어지고 있음에도 불구하고 대부분의 사이트의 학습 구성이 주로 듣기와 읽기에 중점을 두고 있다. 또한 대부분의 웹 기반 한국어 사이트를 살펴보면 쓰기는 마우스를 이용한 클릭이나 출력하여 과제물을 교사에게 제출하기, 과제물을 작성하여 이메일로 보내기 등이 주로 이루어지고 있다. 이는 인터넷이 장점인 상호작용의 측면을 충분히 살리지 못하고 있는 것이다.

웹 기반 한국어 교육 프로그램에 접속하는 학습자는 자신의 의지로 학습을 진행하게 마련이다. 본인이 자발적 요구나 외부의 강요 등 한국어 학습을 시작한 계기와는 별개로 모든 학습 활동이 전적으로 학습자에게 달려 있는 만큼 학습자 중심의 교수-학습을 고려하고, 그러기 위해서 단순 이해를 넘어서 구체적이고 실제적인 과제 수행을 위한 자료가 필요하고, 웹상에서 마인드 맵을 이용하는 것도 필요하다. 또한 웹상에서 소그룹을 형성하여 쓰기 활동을 하도록 프로그램을 짜는 것도 좋다. 그리고 무엇보다 교수자의 모니터링이 매우 중요하다. 이외에도 학습자 간의 상호작용이 활발하게 이루어지도록 하고, 초급에서 고급까지의 단계적인 학습 프로그램으로 활동하도록 다양한 형태의 실제적인 학습이 되도록 해야 한다.

칠판 [漆板, blackboard]

분필로 쓸 수 있도록 검은색 등을 칠한 넓은 판(板).

칠판은 흑판이라고도 한다. 프랑스에서 처음 고안되었으며, 상당히 오래전부터 사용한 것으로 보이나 교육상 사용하게 된 것은 19세기부터이다. 한국에서는 개화기 이래 근대적인 학교 교육이 실시된 때부터 사용하기 시작하였다. 초기의 칠판은 나무 테에 판자를 붙여 먹물과 같은 검정색 도료를 칠한 형태였으나, 현재는 칠판 위에 도표를 펼쳐놓거나 전표를 분류할 수 있도록 마그넷을 사용한 것 또는 철강으로 만든 것 등도 있다.

구조도 좌 · 우 이동하는 것, 상 · 하로 이동하는 것 등 다양하며, 흑색 도료는 내구성이 강한 수지 도료로 바뀌었다. 더욱이 종래 거의 흑색뿐이던 칠판의 색은 기분을 안정시키려는 배려에서 교육인적자원부가 제정한 학교 환경 위생 기준에 따라 암녹색 · 암청색 · 암갈색 등으로 바뀌었는데, 이 중 암녹색이 가장 많다. 또한 종래의 칠판은 분필 닿는 소리가 크게 들리는 결점이 있었으나, 현재의 칠판은 이를 보완하여 소음을 방지하였다.

카드(교보재) [card]

초급 기초 단계에서 활용할 수 있는 교보재의 일종.

일반적으로 카드의 형태를 취하며 크기와 색깔은 필요에 따라 다양하게 달리할 수 있다.

1) 자모음 카드
   음절을 만드는 과정에서 사용, 게임 자료로 사용할 수 있음.
2) 명사 카드
   사물의 이름을 익히는 과정에서 사용.
3) 동사 카드, 형용사 카드
   동사와 형용사를 구분하는 연습 단계에서 사용
   해라체, 해요체 등의 서술 어미 습득 과정에서 사용.
   동사 카드와 형용사 카드의 색깔을 다르게 만듦.
4) 종결어미 카드, 연결어미 카드
   초급 과정에서 나오는 어미 등을 연결해 놓아 복습 유도.
5) 문형 카드
   목표 문형을 수업 시간에 칠판 등에 제시해 둠으로써 암기 유도.
6) 그림 카드
   동사나 형용사의 의미 등을 그림으로 표현.
   구두 설명이 복잡하거나 힘든 상황을 그림으로 표현함으로써 학습자들의 발화 유도.

통합 교재 [統合敎材, integrated textbook]

듣기, 말하기, 읽기, 쓰기의 네 가지 언어 영역을 함께 학습하는 통합 교육에 적합한 교재.

통합 교육에서 통합(integration)의 개념은 대체로 말하기, 듣기, 읽기, 쓰기 기능을 통합적으로 훈련하는 것을 의미한다. 한국어를 학습하는 과정에서는 동일한 학습 목표에 대하여 듣기-말하기-읽기-쓰기의 네 가지 언어 영역을 함께 학습하도록 하는 통합 교수가 효율적이다. 이에 적합한 교재를 통합 교재라고 한다. 1970년대 이후 최근까지의 한국어 교육은 문법 번역 중심에서 벗어나 언어 사용의 네 기능(듣기, 말하기, 읽기, 쓰기)을 통합하고자 하는 형태로 이루어져 왔다. 그리고 통합 교재는 언어 영역의 통합뿐만 아니라 사회 · 문화적 요소의 통합까지 이루어진다.

지금 밝힌 바와 같이, 통합 교재 형식을 갖추고 있는 교재로는 연세대 『한국어1』, 고려대 『한국어1』, 『한국어회화1』, 서울대 『한국어1』, 이화여대 『말이 트이는 한국어1』 등이 있다.

통합 교수는 네 가지 언어 활동이 동시에 일어나는 원칙에 따라 교재는 각 단원은 학습 목표를 향해 네 가지 언어 활동이 유기적으로 맺히고 교재의 순서가 수업의 순서에 부합해야 된다. 그리고 통합 교재 구성이 바람직한 이유는 다음과 같이 제시하고 있다. 표현 기능과 이해 기능은 언어 활동에 있어서 동전의 양면과 같이 연계되어 있다. 상호작용은 메시지를 주고받는 것이고 문어와 구어는 종종 서로 관계성이 있다. 문자 해독력이 있는 학습자가 문어와 구어의 관련성을 인식하게 되고, 교실 상황과 유관한 기능은 언어의 네 가지 기능 모두가 포함되기 마련이다. 또는 종종 한 가지 언어 기능의 발달은 다른 기능의 발달을 강화한다. 인간이 실생활에서 언어를 수행하는 것을 보면 한 가지 이상의 기능을 통합하여 사용할 뿐 아니라 이러한 측면이 언어와 사고, 감정, 행동 방식과 밀접하게 관련되어 있다(Brown 2001).

통합 교재 개발의 방향을 밝히면 다음과 같다. 전체적으로 각 단원은 '듣기, 말하기, 읽기, 쓰기'의 순서로 구성한다. 이는 실제 의사소통 과정에서 듣고 이야기 하며, 읽은 것을 바탕으로 쓰게 되는 경우가 가장 전형적인 과정임을 고려한 결과이다. 또한 단원 구성이 '도입-제시-연습-활용-마무리'의 완결성을 갖도록 해야 한다. 내용을 보면, 물론 언어 규칙성을 제시하는 동시에 진정한 상호작용을 포함한 더 많은 자료를 추가하면서 활동은 일관성을 강조해야 한다. 교재는 교실과 실생활 사이의 뚜렷한 연결점이 되어야 하고 학습자는 문제 해결의 능력까지 양성하는 것도 교재 개발의 목표로 삼아야 한다.

한국어 교육용 웹 사이트

한국어 교육 방법의 하나로 사용하는 인터넷 사이트.

1. 웹의 특성과 교육 원리

언어 교육에 있어서 웹(web)의 도입은 학습자 중심의 수업 구현, 자기 주도성의 부여, 구성주의 인식론의 적용을 가능하게 해 줄 수 있다는 점에서 긍정적인 교육 방법의 하나이다.

웹의 매체적 특성에는 우선 자유롭고 자발적인 접근과 선택이 가능하여 학습자가 자기 주도적인 학습을 할 수 있는 기반을 제공한다는 것과, 다양한 상호작용 장치로 인해 학습자의 자율성과 주도적 학습이 가능해진다는 점이 있다. 상호작용은 이용자 간의 상호작용, 이용자와 제공되는 자료간의 상호작용 등을 기대할 수 있는데, 이를 가능하게 하는 장치로는 문자나 음성 채팅, 전자 우편, 게시판, 투표함, 대화방, 토론방, 동아리방, 쪽지 등을 들 수 있다. 그리고 자신이 있는 장소에서 자신의 시간과 계획에 따라 접근할 수 있어 시공간의 제약으로부터 자유롭고 매우 편리하게 이용할 수 있는 점이다. 또한 복합 미디어로 구성되어 있어 이용자가 원하는 대로 소리, 영상, 문자 등 어떤 유형의 정보도 쉽게 선택할 수 있고, 이러한 정보들이 매우 풍부하고 다양하며, 학습에 이용할 때 실제 자료를 사용하게 되는 이점이 있다.

웹 기반 한국어 교육의 원리로 가장 두드러지는 것은 학습자 중심 교육이다. 학습자 중심 교과 과정은 학습자가 그 과정에 직접 참여함으로써, 교사나 교육 기관이 미리 정한 교과 과정이 소개, 운영되는 전통적인 것과 차이가 생긴다. 학습자 중심의 교과 과정의 개발에서는 교육 내용과 그것이 어떻게 교수되는가에 관한 결정 과정에 학습자가 참여한다(Nunan, 1988, 1995). 그러므로 학습자는 자신의 학습을 계획하고 조직, 운영, 평가하는 데 책임감을 가질 수 있게 되고, 따라서 학습 효과는 그만큼 커지게 된다. 학습자가 능동적이고 적극적인 학습의 주체가 되고 자기 주도적인 학습이 가능하게 하려면 학습 내용 및 주제, 학습 활동, 과제를 선택 및 결정하고 자신의 학습 상태를 점검할 수 있도록 선택권과 결정권이 보장되어야 하며(Knowles, 1975) 동시에 학습자들이 무엇을 얻고 싶어 하는지, 어떻게 배우고 싶어 하는지에 관한 결정을 내리는 데 도움을 줄 수 있도록 학습 기술이나 학습 전략이 포함되어야 한다(Nunan, 1995).

2. 웹 기반 한국어 교육의 장점

첫 번째 장점은 자발적이고 자기 주도적인 학습이 될 수 있다는 점이다. 학습의 주도성, 자율성과 관련하여 학습자에게 학습 목표를 인지시키고, 자신의 상태를 점검할 수 있도록 하여 뚜렷한 학습 동기를 유발할 것이다. 두 번째로 복합 미디어 사용과 개별화, 개인화된 활동, 주도적 학습, 자료와 정보의 실제성은 내적 동기 형성을 가능하게 하고 적극적인 학습 참여를 이끌어 낸다는 점을 들 수 있다. 세 번째는 개별화된 학습 활동을 할 수 있으며, 따라서 선택의 다양성이 주어진다는 것이다. 개별화의 전제는 학습용 웹 사이트의 유연한 짜임새와도 관련, 즉 학습 사이트에 제공되는 내용이 필수적 구성으로 제시되는 것보다는 선택적 구성으로 제시되는 것이 학습자의 선택 가능성을 더욱 높여 줄 것이다. 네 번째는 다차원의 상호작용의 기회를 제공받는 점이다. 여기서 상호작용이라 함은 학습자 간, 교사와 학습자 간, 교사 간, 이용자(학습자와 교사)와 다양한 정보 간, 그리고 마지막으로 이를 통해 이용자와 사회 · 문화 간의 상호작용을 의미한다. 가령, 채팅은 학습자 간의 상호작용과 교사와 학습자 간의 상호작용을 도울 수 있는데, 음성 채팅을 이용하여 교사와 학습자 간의 말하기 학습 활동을 할 수도 있으며, 대화방이나 토론방 등을 개설하여 프로젝트 활동과 같은 공동 학습을 위한 상호작용의 장을 열 수도 있다. 이렇듯 웹 기반 한국어 교육은 학습자의 내적 동기화 고조 및 자기 주도성과 자율성의 극대화로 인한 높은 학습 효과를 보장하지만, 비(非)인간화의 우려나 학습의 방향 감각 상실 및 중도 포기의 문제 등에 관한 방안도 함께 마련되어야 할 것이다.

화이트 보드 [white board]

흰색으로 된 칠판 종류의 하나.

칠판(칠판은 전문적인 교육 현장에서 가장 오랫동안 사용해 오고 있는 시각 매체이다.)의 기능을 갖추고 있으면서 칠판의 단점을 좀 더 개선하여 만든 시각 매체이다. 화이트 보드의 장점은 다음과 같다.

(1) 칠판에 비해서 글씨를 쓰고 지울 때 생기는 먼지의 양이 적다.
(2) 사용을 위해 별도의 기술이 없어도 약간의 요령만 터득하면 교사와 학습자 누구든지 부담 없이 활용할 수 있다.
(3) 글씨를 빠르게 쓰며 또박또박 쓰지 않아도 되는 영어 과목에 적합하다.
(4) 빔 프로젝트가 화이트 보드를 향해 빛을 쏘면 화이트 보드 위에 바로 판서를 할 수 있다.[4]

주지하다시피 화이트 보드와 대조되는 것이 블랙 보드다. 화이트 보드에 대해 좀 더 심층으로 이해하기 위해 둘 간의 차이점을 소개한다. 블랙 보드와 화이트 보드는 색깔뿐만 아니라 반사율에서도 차이가 난다(블랙 보드의 반사율은 15%이고 화이트 보드의 반사율은 87%임). 화이트 보드를 적용했을 경우 블랙 보드보다 전체 조도가 상승했고 조도균 제도는 감소했다.[5]

CALL [Computer Assisted Language Learning]

컴퓨터를 활용한 언어 학습을 연구하는 응용 언어학의 한 분야.

컴퓨터를 도구로, 여기서는 보조적인(supplementary) 도구로서 컴퓨터를 이용하여 언어 학습을 촉진하도록 하는 한국어 교육 분야이다. 1980~90년대에 컴퓨터 기술의 발달은 단순한 텍스트 차원에서 그래픽 사용자 환경, 상호작용 및 '다중 감각 경험'(multi-sensory experiences)을 가능하게 해 주는 멀티미디어 환경, 그리고 전 세계의 컴퓨터를 연결하는 네트워킹 기술인 인터넷(Internet)을 통해 시간과 공간을 초월한 상호작용의 공간을 창출하기에 이르렀다. 이 인터넷이라는 일종의 기술 혁명은 응용 언어학 분야에서 인터넷을 활용한 언어 학습(IALL: Internet Assisted Language Learning)이라는 세부 분야를 낳게 되었다. 여기서 인터넷을 활용한 언어 학습은 크게 두 가지 의미를 가지고 있다. 첫째는 인터넷 기반에서 개발한 자료를 활용하는 언어 학습을 의미하는 것이고, 둘째는 인터넷이라는 기술적인 환경 그 자체를 이용하는 언어 학습을 말한다. 인터넷은 텍스트 기반 환경과 멀티미디어 환경을 포함한다. 흔히 우리가 웹(web)이라는 말로 되는 환경은 멀티미디어적 환경을 의미한다. 이러한 단계적인 발전을 이룩한 CALL의 역사를 Warschauer(1996:3-20)는 '행동주의형', '의사소통형' 및 '통합형'으로 분류하여 설명하였다.

(1) 행동주의형 CALL

1950년대에 고안되어, 1960~70년대에 실행된 첫 번째 CALL 단계는 당시의 지배적인 행동주의 학습 이론에 기초를 두고 있다.

(2) 의사소통형 CALL

두 번째 CALL의 단계는 1970~80년대에 중요시됐던 '의사소통 중심 언어 교수법'에 근거한다. 이 교수법을 지지하는 전문가들은 지난 10년 동안 반복 훈련형 프로그램이 충분하게 실제적인 의사소통 능력의 향상을 가져오지 못했다고 생각한다. 이러한 점에서 볼 때, 모든 의사소통형 CALL 코스웨어

(courseware)와 활동은 '내적 동기'(intrinsic motivation)에 근거해야 하며 학습자-컴퓨터, 그리고 학습자-학습자 사이의 상호작용에 초점을 두어야 한다.

(3) 통합형 CALL: 멀티미디어

통합형 CALL은 멀티미디어 컴퓨터 및 인터넷이라는 두 가지 중요한 컴퓨터 기술에 기반을 두고 있다. 먼저, CD-ROM으로 대표되는 멀티미디어 기술로 한 대의 컴퓨터에서 문자, 그래픽, 음성, 애니메이션, 그리고 비디오 등과 같은 다양한 매체에 동시 접근하는 것이 가능하다. 멀티미디어를 더욱 강력하게 만드는 것은 하이퍼미디어 기능을 포함한다는 사실에 있다. 그것은 멀티미디어 자료들을 서로 연결시켜 놓은 것으로서 학습자는 단순히 마우스 클릭을 통하여 자기 자신이 원하는 경로를 결정할 수 있다.

(4) 통합형 CALL: 인터넷

인터넷을 활용한 컴퓨터를 매개한 의사소통은 1960년대에 단순한 형태로 존재하다가 최근 5년 동안에 인터넷과 함께 널리 확산된 것으로 언어 교육에 가장 큰 영향력을 끼치고 있는 분야이다. 왜냐하면, 언어 학습자로 하여금 인터넷으로 다양한 형태의 실제적이고 의미 있는 의사소통을 학교나 가정에서 시간과 공간의 제약 없이 다른 학습자 또는 목표어 화자와 편리한 시간에 직접할 수 있도록 하는 환경을 제공하기 때문이다.

CATALYST

Grant(1987)에서 제시하고 있는 평가의 기준.

최정순(1997)은 언어 교육의 상황에서 발생하는 문제에 대해 해결책을 제시할 수 있는 가장 가까운 사람을 교사라고 보았다. 현장의 교사들은 교재에 대해 부족함을 느낀 경우 교재에 대한 재구성을 하게 되는데 이는 평가가 선행된 후에 가능하다는 점을 언급하면서 현재의 상황에서 교재를 접할 때 어떤 '기준점' 들을 바탕으로 평가할 것인가에 대한 고려가 필요하다고 밝히고 실제적인 평가 기준으로 Grant(1987)의 'CATALYST Test'와 '설문지법'을 제시하였다.

① Communication(소통성): 교재가 의사소통 능력을 향상시킬 수 있도록 고안되었는가?
② Aims(목표성): 교재가 프로그램의 목표 및 목적에 합당한가?
③ Teachability(교수성): 실제 이 교재로 교수시 난점은 없도록 잘 조직화되어 있고, 쉽게 각 방법론들에 접근할 수 있는가? 교육 여건을 고려했을 때 사용 가능한 교재인가?
④ Available Adds-ons(부교재): 교사용 지침서나 학습자용 워크북, 테이프, 평가 자료 등이 보조 자료로 제공되는가?
⑤ Level(등급성): 학습자의 숙달도 수준에 적합한가?
⑥ Your impression(매력도): 교재 전체 과정에 대한 인상이 어떠한가?
⑦ Student interest(흥미도): 학습자들이 흥미를 가지고 배울 만한 내용과 방법으로 교재가 구성되어 있는가?
⑧ Tried and tested(검증도): 실제 교실에서 검증된 적이 있는가? 어떤 상황에서, 누구에 의해 결과를 어떻게 알게 되었는가?

최정순(1997)에서는 교사가 교재를 재구성하는 데 있어 활용할 수 있는 실제적인 교재 평가 기준들을 제시하고 있는데 이러한 연구 결과는 한국어 교육에서 교재를 개발, 개작함에 있어 기존의 교재들에 대한 평가가 필요함을 언급하고 한국어 교재들에 적용할 수 있는 실제적인 평가 기준들을 제시했음에 의의가 있다고 볼 수 있다.

CD 롬 교재

교과서나 여러 가지 자료의 내용을 CD에 수록하여 수업에 효율적으로 응용하는 교재.

사전에 따라 CD 롬에 관한 개념이 약간 다르긴 하나 기본 내용은 비슷하다.

시디 롬(compact disc read-only memory)이란 콤팩트 디스크에 데이터나 도형 정보를 기록해 둔 읽기 전용의 기억 매체이다. 약 650메가바이트의 기억 용량을 가지고 있어서, 큰 사전 30권 분량의 정보를 담을 수 있다. 여기에 기록된 데이터를 판독하는 데는 전용 시디롬 드라이브를 사용한다.

그리고 네이버 백과사전에서는 CD 롬은 일반 문서나 데이터를 오디오, 컴퓨터 그래픽스, 그리고 비디오, 즉 디지털 사진 이미지와 함께 저장할 수 있어 멀티미디어 분야에 널리 쓰인다고 하였다. 2006년 기준 800MB까지 저장할 수 있는 것이 나왔으며 기술의 발달로 CD 롬의 용량은 계속 증가된다고 한다.

종합하여 정리해 보면 CD는 compact disc의 약자이며, ROM은 read only memory의 약칭으로, 곧 문자나 그림 등으로 된 다량의 정보를 고밀도로 기억 · 저장시켜 놓고 개인용 컴퓨터로 검색하여 읽어 낼 수 있으나 그 내용의 변경은 불가능한 대용량 고밀도의 조그만 디스크이다. 뉴 미디어의 한 가지로 주로 사전 · 인명록 · 전화번호부 등의 수록에 많이 활용하기 때문에 일명 전자책(電子册)이라고 한다. 크기는 직경이 보통 12cm이나 기억 용량은 6억 바이트(6백메가바이트)로서 A4용지로는 30만 장, 그리고 5.25인치짜리 플로피 디스크로는 1,500장 분의 내용을 저장할 수 있다. 따라서 웬만한 크기의 사전은 이 CD 롬 한 장에 그 내용이 모두 들어갈 수 있다. 저장된 정보의 내용은 CD 롬 전용 드라이브가 달린 PC를 이용하여 검색하며, 하나의 사항을 검색하는 데 평균 0.7초가 걸린다. 따라서 이 CD 롬은 자료를 쉽게 찾을 수 있고 또한 보관과 휴대도 간편하기 때문에 차세대 출판 매체의 총아로 각광을 받고 있다.

그러므로 CD 롬 교재라는 것은 교과서나 여러 가지 자료의 내용을 CD에 수록하여 수업에 효율적으로 응용하는 교재라고 할 수 있다. CD 롬 교재는 위에서 말한 CD 롬의 여러 가지 편리성과 다양성을 통해 수업에 많은 도움을 줄 수 있다. 컴퓨터를 많이 사용하는 현재 CD 롬 교재는 그 종류가 점점 많아지고 수업에도 점점 많이 응용하게 될 것이며 수업의 다채로움도 긍정적인 영향을 줄 것이다.

OHP [Over Head Projector]

상단이 유리로 되어 있는 상자와 같은 형태로, 이 상자 내부에 있는 램프의 강한 빛이 유리판 위의 투시 자료를 통과하는 기계.

OHP[6]는 제2차 세계 대전 중 미 해군에서 훈련용으로 처음 사용되었으며 이후 계획 및 사용 용이성과 비용 때문에 아직까지도 교실 환경에서 널리 활용되고 있는 교수 매체이다.[7]

특히 교육과 훈련 영역에서 주로 대집단용으로 다양하게 활용되고 있으며 우리나라에서도 초등학교의 전 교과목 영역에 걸쳐 OHP용 TP자료가 상업적으로 제작되어 시판되고 있다.

OHP는 기본적으로 상단이 유리로 되어 있는 상자와 같은 형태이다. 이 상자 내부에 있는 램프의 강한 빛이 유리판 위의 투시 자료를 통과하게 된다. 교수 환경에서 OHP에 활용하기 위한 TP(투시 자료, transparency)는 투명 비닐, 사진 필름 등과 같은 자료를 만들 수 있으며 투명 비닐과 같은 형태의 TP에 컬러 마커로 쓰거나 컴퓨터로 제작한 자료를 인쇄하여 사용하거나, 기존의 자료를 열처리 복사하여 활용할 수도 있다.

교수 매체로서 OHP의 장점은 다음과 같다.

첫째, 암막 장치가 없는 밝은 곳에서도 비교적 선명하게 제시할 수 있어서, 수업 중에 화면을 보면서 책을 보거나 필기를 할 수 있다.

둘째, 교사나 발표자가 학생들을 직접 대면한 상태에서 준비한 자료를 제시하면서 수업을 진행할 수 있어서 학생들의 반응을 쉽게 관찰하고 질문에 응답할 수 있다.

셋째, 사용 방법과 조작이 쉽다.

넷째, 제작에 필요한 자료를 구하기 쉬우며 제작이 간단하고 저렴하다.

다섯째, 사용 방법이 간편하고 여러 가지 다양한 제시 방법[8]이 있어 효과적이며 융통성 있게 사용할 수 있다.

여섯째, 판서 시간을 절약하고 시간을 유용하게 쓸 수 있으며 조직적으로 설명하면서 제시할 수 있다.

위에 정리된 장점과 함께 아래의 몇 가지 활용상의 단점도 지적된다.

첫째, 발표자나 교사의 능력에 전적으로 의존하게 되므로 발표자료 제시 순서 등 교수 활동을 자동으로 절차화하거나 프로그램화할 수는 없다.

둘째, 자료 그 자체가 독립된 학습 자료로 쓰일 수 없다. 개별 학습자가 자료를 검토할 수는 있으나 부가적인 설명 없이 완전한 교수 학습 활동을 지원해 줄 수는 없다.

셋째, 비투시 자료를 즉시 투사하여 활용할 수는 없으므로, 사전에 준비와 제작이 필요하다.

넷째, 화면 왜곡 현상이 생길 수 있다.

OHP 활용을 위한 TP의 제작은 비교적 간단하며, 직접 그리기법, 컴퓨터 제작법, 복사법 등이 있는데 이러한 TP 제작을 할 때는 한 장에 너무 많은 자료를 제시하지 않고 요점만 제시하는 것이 중요하다. 또한 자료 제작 과정에서 구조, 순서, 제시 시간 등을 특히 고려해야 한다.

이렇게 제작된 OHP와 TP를 활용할 때는 첫째, 자료를 제시하면서 충분한 시간을 들여 설명과 함께 진행해야 한다. 둘째, 제시되는 상을 충분히 읽고 필기할 수 있는 시간적인 여유를 허용해야 한다. 셋째, 불필요한 자료가 제시되지 않도록 설명이 끝났거나 아직 하지 않은 자료는 가리며, 필요할 경우 OHP를 껐다 다시 켜서 학생들의 주의를 집중시킨다. 넷째, 교사는 스크린 앞을 막지 않게 OHP 앞에 앉거나 서서 학생들을 향해 보면서 OHP 기계 위의 TP 자료를 바라보면서 제시하고 설명한다.

1) http://krdic.naver.com/detail.nhn?docid=3978900국어사전

2) 한송화(2003) 참조.

3) 민현식(2000)은 교재 개발에 있어서 학습자 상황요인으로 학습자 수준별, 학습 목적별, 수강기간별, 연령별, 국적별 변인을 파악해야 한다고 하였다.

4) 설유정(2003), 「교수매체 활성화를 위해 멀티미디어 저작 도구 조사 및 교단선진화 방안 연구」, 영남대 석사학위논문.

5) 김원중(2005), 「교실내 시설물이 조도에 미치는 영향」, 서울산업대 석사학위논문.

6) 교사의 머리 위로 투사되는 OHP의 특징에서 연유하고 있으며 TP란 'Trans Parency' 의 약자로서 OHP 위에 얹어져 투사되는 내용이 되는 필름을 말한다(변영계 외, 2000: 256).

7) 박숙희 · 염명숙 · 이경희(1997), 『교육방법 및 교육공학』, 학지사.

8) OHP의 제시 방법은 판서적 방법, 부분제시법(masking), 합성분해법(overlay), 모형공작법, 기입소거법, 신문투영법, Projection panel법 등이 있다(변영계 외, 2000: 256).

한국어교수이론

공동체 언어 학습법 [共同體言語學習法, community language learning]

인본주의 심리학을 기반으로 외국어 학습 원리에 바탕을 두고 언어 상담자와 의뢰자 역할을 하는 교사와 학습자 간의 전인적 신뢰 관계, 상호작용을 중시하는 교수법.

심리학자인 Curran이 도입했다. 수업에서 교사는 학습자의 모국어 대화를 해당 학습자의 귀에 목표어로 바꾸어 속삭여 주고, 학습자는 다른 학습자에게 큰 소리로 반복해 주는 식으로 수업을 진행한다. 나눈 대화는 칠판에 적고 어휘와 문법을 익히게 된다. 의존적이던 학습자가 독립적으로 되며 학습 과정을 이루어가는 공동체를 만들어 간다. 다만, 모국어와 목표어에 능한 교수 확보의 문제, 교수이면서 상담자 역할을 해야 하는 교사의 부담, 미리 구안된 교재나 교수 요목이 없고, 학습자의 대화에 의존하여 수업 방향을 잃는 등의 문제점이 있다.

과제 [課題, task]

의사소통을 목적으로 형태가 아닌, 의미에 초점을 두고 언어를 이해, 처리, 생산하는 모든 활동.

언어 학습 과정의 핵심 요소로서 의사소통 기능 신장을 궁극적인 목적으로 하는 학습 활동을 의미한다.

'과제'는 '의미'에 초점이 주어지고 시작, 중간과 끝이 있는 독립적인 의사소통 행위로 비언어적인 결과물이 있는 활동이다. 예를 들어 '다음의 능동문을 수동문으로 바꾸시오'라는 활동은 연습이지만 '일기 예보를 듣고 외출복을 선택하시오'는 과제가 된다.

과제는 실제적인 과제와 교육적인 과제로 나뉘는데, 실제로 114에 전화를 걸어 특정 번호를 알아내기, 음식 배달시키기, 장소 찾아가기 등이 실제적인 과제라면, 교실에서 전화 걸기 짝활동, 배달시키기 역할극 및 장소 찾아가기 역할극 등은 교육적인 과제의 예이다.

과제 중심의 언어 교육은 언어의 실제적인 사용이 전제된다는 점에서 학습자에게 목적 의식을 부여하여 흥미를 끌 수 있고, 배운 내용을 실제 상황으로 전이하도록 하여 의사소통 능력을 키울 수 있는 활동이다. '과제'가 언어 교육의 유용한 장치로 주목받기 시작한 것은 1980년 중반부터인데, 이제는 의사소통 능력을 향상시키고, 실제적인 언어 사용을 가능하게 하는 과제의 교육적인 가치는 거의 모든 교수법에서 인정하고 있다.

과제를 교수법에서 활용할 때는 과제의 한계에 대해 인식하는 것이 필요하다. 즉 과제를 선정하거나 배열할 때 그리고 과제 수행 결과를 평가할 때 과제의 난이도나 과제 수행 평가에 대한 명확한 기준이 없다는 점은 앞으로 보완해 나가야 할 점이다.

과제 중심 교수법 [課題中心教授法, task-based language learning]

의사소통을 목적으로 의미에 초점을 두고 언어를 이해, 처리, 생산하는 모든 활동을 뜻하는 과제를 언어 교수의 핵심 단위로 사용하는 교수법.

의사소통식 접근 방법(communicative approach)의 원리에 근거하여 개발된 방법으로 학습 결과보다는 학습 과정을 중시하는 교수법이다. 이 교수법에서는 목적, 내용, 활동 절차, 결과가 포함된 구조화된 언어 학습 노력인 과제를 수행하며, 학습자는 실제 의사소통을 행하고 의미에 역점을 두어 외국어를 배우는 것이 효과적이라고 본다.

과제 중심 교수법이 제2언어 습득론의 광범위한 지지를 받고 있는 점은 주목할 만하다. 과제는 Krashen의 '이해 가능한 입력'을 가능하게 할 뿐 아니라 '의미 협상'을 하도록 유도하며, 적절하고 생산적인 언어의 사용을 이끌어 Swain이 제안한 '생산적인 출력'이 가능하게 하여, 자연적이고 의미 있는 의사소통 활동을 하도록 하는 것으로 간주된다.

과제는 실제적인 과제와 교육적인 과제로 나뉘는데, 실제로 114에 전화를 걸어 특정 번호를 알아내기, 음식 배달시키기, 장소 찾아가기 등이 실제적인 과제라면, 교실에서 전화 걸기 짝활동, 배달시키기 역할극 및 장소 찾아가기 역할극 등은 교육적인 과제의 예이다.

과제 수업은 과제의 목표를 확인하고 과제 관련 브레인스토밍 활동 등으로 구성되는 과제 전 활동, 과제를 수행하는 과제 활동, 과제 수행 내용을 발표하고 평가하는 과제 후 활동으로 진행된다.

과제 중심 교수법은 교수를 위한 일차적인 교육적 입력 자료를 과제에 의존하며, 체계적인 문법적 또는 다른 유형의 교수 요목이 없는 것이 특징이다. 그런데 과제 유형, 과제의 순서 배열, 과제 수행의 평가 등은 아직도 더 명확히 되어야 할 점으로 남아 있다.

교수법 [敎授法, method, approach]

일관적이고 명시적인 일련의 언어 교수 활동과 방법.

동일한 원리나 방법들을 바탕으로 언어 교수 학습을 체계적으로 이끈다. 교수법은 기법이나 구체적 어떤 방법으로서의 구체적 교수 방법(method)을 의미하기도 하고, 접근 방식, 원리, 언어와 언어 교수-학습의 본질에 관한 가설을 바탕으로 하는 접근법(approach)을 의미하기도 한다.

구조적 활동 [構造的活動, structural activity]

Littlewood(1981)가 제시한 전 의사소통 활동의 하나로 문법 체계와 언어 항목이 결합되는 방식에 초점을 두는 활동.

다음의 교사와 학생 간의 연습이 이 유형에 속한다.

T. 철수는 영화를 봅니다.
S. 철수는 영화를 보지 않습니다.
T. 철수는 책을 읽습니다.
S. 철수는 책을 읽지 않습니다.

구조주의적 관점의 교수법 [structural approach]

언어란 의미를 나타내기 위한 구조적 요소들의 조직체로 보고, 외국어 학습이란 목표어 언어 체계의 구성 요소들을 숙달하는 것으로 간주하는 교수법.

청각 구두식 교수법, 전신 반응식 교수법, 침묵식 교수법 등이 속한다.

기능적 의사소통 활동[技能的意思疏通活動, functional communicative activity]

Littlewood(1981)가 제시한 의사소통 활동의 하나로 학습자들이 정보의 차이(information gap)를 극복하거나 문제를 해결하도록 상황이 구조화되어 있는 활동.

정보차 활동 등이 이 유형에 속한다.

기능주의적 관점의 교수법[functional approach]

언어를 의사소통 기능과 의미의 표현 수단으로 간주하여, 외국어 학습이란 단순한 문법적 특성보다는 의미와 의사소통 차원에서 이해와 사용 능력을 기르는 것으로 보는 교수법.

의사소통식 교수법, 자연 교수법 등이 있다.

내용 중심 교수법[內容中心敎授法, content-based instruction]

외국어의 습득과 특정 교과 내용의 학습을 통합한 교수법.

내용 중심 교수법은 학습자가 관심을 갖고 있는 영역이나 전공 영역에 대한 내용을 목표 외국어로 가르치는 방법으로, 교과 내용의 습득과 동시에 외국어의 습득을 그 목표로 하고 있다.

최근 전공이 영어가 아닌 학과에서 영어로 강의하며, 교과 내용뿐만 아니라 영어 능력을 향상하고자 하는 움직임이 있는데, 이것도 내용 중심 교수법이 영어 교육에 적용된 예이다.

외국어 교육 분야에서는 내용 중심 교수법이 학문적 목적이나 직업적 목적 등 특수 목적을 위한 외국어 교육에서 활용되고 있다. 교수 기법으로 주제 기반 언어 교육, 내용 보호 언어 교육, 병존 언어 교육 등이 있다.

주제 기반 언어 교육(theme-based language instruction)은 주제나 화제를 중심으로 교수 요목이 구성된 언어 프로그램을 제공하며 화제들을 다룰 때 모든 기능을 포함한다. 내용 보호 언어 교육(sheltered content instruction)은 내용 영역을 잘 아는 교사가 적절한 수준의 난이도로 언어를 사용하여 학습자들이 내용 교과목을 이해할 수 있도록 한다. 병존 언어 교육(adjunct language instruction)은 서로 연계된 내용 과정과 언어 과정을 제공하는데, 각각은 내용 전문가와 언어 교사가 맡아서 동일한 내용을 가르친다.

이 접근 방법에서는 교사가 학생들의 요구를 충족시킬 수 있는 흥미 있고 유의미한 내용을 수업에서 제공하며 일련의 광범위한 원리들을 근거로 하고 있고, 성공적인 많은 언어 프로그램이 이 교수법에 기초를 두고 있기 때문에 앞으로도 언어 교수의 주도적인 접근 방법의 하나로 지속될 것이다.

그러나 대부분의 언어 교사들이 언어를 주제의 내용으로 가르치기보다는 언어의 기능을 가르치도록 훈련받아서, 일반 교과목을 가르치는 데는 충분한 지식적 기초를 갖추지 못했을 가능성이 많고, 대안으로 제시되는 방안, 즉 언어 교사와 일반 교과목 교사가 한 팀이 되어 가르치는 방안은 두 교사 모두의 효율성을 감소시킬 수도 있어서 주의를 요구한다.

담화 능력 [談話能力, discourse competence]

담화 내부의 문장들을 논리적이고 형식적으로 연결하여 유의미한 전체 의미를 형성하게 하는 능력.

Canale & Swain이 의사소통 능력의 한 하위 범주로 설정했다.

몰입식 프로그램 [immersion program]

제2언어가 내용 중심 교수법으로 교수 · 학습되는 교육 프로그램.

학습자들은 일반 교과목들을 제2언어로 학습한다. 수업에서는 교과목의 주제들이 강조되고 제2언어의 문법은 거의 다루지 않는다. 일반적으로 이 수업의 학습자들은 동일한 제1언어를 가지고 있다.

문법 번역식 교수법 [文法飜譯式敎授法, grammar-translatiom method]

가장 고전적인 교수 방법으로 문법 규칙의 설명과 번역에 중점을 두는 교수법.

고전적인 교수법(classical method)이라고도 불리는 이 교수법은 17세기 이전 유럽에서 희랍어와 라틴어를 가르칠 때 사용한 방법으로, 18세기 전반에서 19세기 전반까지 외국어를 가르칠 때 널리 사용되었고, 19세기 후반에는 여러 나라에 보급되어 현재까지도 약간 수정되어 사용되고 있다.

문법 번역식 교수법은 언어 학습의 목적을 정신 수양과 지적 발달을 도모하는 데에 두고, 읽기와 쓰기에 중점을 두고, 말하기나 듣기에는 체계적인 관심을 두지 않으며, 어휘는 읽기 텍스트에서 선택되고, 문법은 연역적으로 학습한다는 특징이 있다. 이 교수법에서는 정확성이 강조되고, 학습자의 모국어가 교수 상황에서 매개어로 쓰인다.

문법 번역식 교수법은 문법 규칙을 철저히 익혀 정확성을 기르고 읽기 및 번역을 권장한다는 장점이 있으나 여러 가지 단점이 있다. 우선 현대 외국어 교육의 목표인 의사소통 능력의 배양이 어렵고, 언어의 본질이 음성이라는 근대의 언어관에 맞지 않으며, 규칙의 학습도 활용을 위한 규칙이라기보다는 규칙을 위한 규칙에 머물러 정상적인 규칙보다는 예외적인 규칙이 중시되기 쉽고, 많은 학습자들의 학습 의욕이나 동기를 충족시키지 못한다.

문법적 능력 [文法的能力, grammatical competence]

음운, 어휘, 형태, 통사, 의미 등의 규칙에 관한 지식.
Canale & Swain이 의사소통 능력의 한 하위 범주로 설정했다.

사회 언어학적 능력 [社會言語學的能力, sociolinguistic competence]

언어와 담화의 사회 문화적 규칙을 사용하거나 적용할 수 있는 지식.
Canale & Swain이 의사소통 능력의 한 하위 범주로 설정했다.

사회적 의사소통 활동 [社會的意思疏通活動, social communicative activity]

Littlewood(1981)가 제시한 의사소통 활동의 하나로 기능적 의사소통 활동보다 더 분명한 사회적 맥락을 가지는 활동.
학습자들은 언어를 전달하는 기능적인 수단뿐만 아니라 사회적인 맥락에도 주의를 기울여야 한다. 시뮬레이션이나 역할 맡기 활동이 이 유형에 속한다.

상호작용적 관점의 교수법 [interactional approach]

언어는 인간 사이의 사회적 상호작용 수단으로 간주하여, 외국어 학습이란 사회적 관계를 창출하고 유지하는 도구인 목표 외국어를 사용하여 의사소통을 원활하게 할 수 있는 기능을 배우는 것으로 간주하는 교수법.
과제 중심 교수법, 내용 중심 교수법 등이 이에 속한다.

상황 언어 교수법 [狀況言語敎授法, situational language teaching]

영국의 구조주의 언어 이론에 기초한 구두 접근법(oral approach).

상황 언어 교수법의 수업에서는 교수가 구어로 시작하고 목표어가 수업에서 사용되는 언어이며, 새로운 언어 항목은 상황을 통해 도입되고 연습되고 문법은 난이도를 고려하여 배치한다.

상황 언어 교수법은 구두 접근법을 택하는 점에서 직접 교수법과 유사하나 교수되는 어휘나 문법 내용의 선정, 교육 내용의 순서, 수업 기법 등이 체계화되어 있다는 점에서 직접 교수법과 구별된다. 아울러 처음부터 상황을 이용해서 가르친다는 점에서 청각 구두 교수법과도 다르다.

수업 지도안 [受業指導案, a guidance plan]

교수 학습 목표, 내용, 활동, 자료, 절차 및 시간 등으로 구성된 단위 시간의 수업 계획서.

교수안, 교안, 지도안이라고도 불린다. 수업 지도안은 학습자들의 학습 목적과 그 시간의 학습 목표, 학습자의 학습 능력, 수업 시간 등의 요인을 고려하여 수업이 진행하도록 구성되어 있다.

수업 지도안의 작성 방법은 다음과 같다. 우선 수업 개요를 작성하며 수업 지도안을 작성하기 시작한다. 이때는 우선 교육 과정과 교재를 전체적으로 검토하여 단원의 목표와 본시 목표를 정한다. 목표에 맞는 연습 문제와 과제, 소요 시간 등을 정하여 초안을 작성한다. 다양성, 연계성과 시간 분배, 난이도 등을 고려하여 수업 지도안을 검토한다. 학습자 집중력이나 참여도를 높이기 위하여 교수 기법을 다양화하고, 수업 목표를 달성하도록 각 학습 요소들이 점진적이고 논리적으로 조직화되어 있는지 검토한다. 유기적이고 원활한 수업을 위하여 속도와 단위 수업의 길이 등 시간 분배를 고려한다. 아울러 난이도를 예측하여 수업 운영에 무리가 없는지 점검한다. 한편 개인차를 반영하여 쉬운 요소와 어려운 요소를 모두 포함하는 기법으로 설계하고, 학습자들이 활동에 골고루 참여할 수 있도록 소집단을 구성하는 등의 노력을 기울여야 한다. 수업 지도안을 작성할 때, 전반적인 교육 목표가 세워져 있는 경우에는 기존의 교육 과정을 따르되 상황에 맞게 변용하고, 그렇지 않을 경우는 실제적이고 달성 가능한 목표를 개발하여 수업이 그 목표를 향해 진행되도록 한다.

시청각 교수법 [視聽覺教授法, audio-visual method]

시청각 자료와 컴퓨터 교수 자료 등을 사용하여 학습 내용을 이해하고 연습하며 학습자들이 의사소통 능력을 개발하도록 고안된 교수법.

시청각 교수법으로 운영되는 수업에서는 모국어를 매개어로 하지 않고 의미를 시각 매체로 제시하고, 말하기 자료가 주된 교재이고, 학습 초기부터 문자가 도입된다.

암시적 교수법 [暗示的教授法, suggestopedia]

심리적 장벽이 제거된 편안하고 안락한 분위기 속에서 권위 있는 교사에게 의지하여, 음악과 리듬 등을 고려하여 효과적인 외국어 학습을 하도록 유도한 교수법.

불가리아의 정신과 의사 Lozanov에 의해 개발된 이 교수법은 요가의 기법과 소련의 심리학의 영향을 받은 것으로 알려져 있다.

수업은 1단계인 구두 복습 부분, 2단계인 본시 학습 단계와 3단계인 연주회 단계로 진행된다. 3단계는 암시적 교수법의 핵심을 이루는 부분으로 능동적인 연주회 단계와 수동적인 연주회 단계로 나뉜다. 연주회 단계에서 학습자들은 음악을 듣는다. 그리고 음악에 맞춘 교사의 낭송을 듣고 언어 자료를 읽는다. 잠시 음악을 멈춘 뒤, 교사는 바로크 음악을 다시 틀어 주고 언어 자료를 다시 읽어 준다. 이때, 학생들은 책을 덮고 경청한다. 끝나면 조용히 나간다. 숙제는 자기 전과 일어난 후에 한 번씩 훑어보면 된다.

연속적 교수법 [連續的敎授法, series method] ☞ 직접식 교수법

학습자가 일련의 연결된 문장을 연습하고 그 문장들이 모여서 의미 있는 이야기나 일련의 사건을 구성하도록 고안한 교수법.

Gouin이 개발한 교수법이다.

유사 의사소통 활동 [類似意思疏通活動]

Littlewood(1981)가 제시한 전 의사소통 활동의 하나로, 형식적 연습에서부터 실제 의사소통으로 이어주도록 고안된 전형적인 대화 주고받기 활동이다.

다음의 활동이 이 유형에 속한다.

T: 실례합니다. 우체국이 어디 있습니까?
S: 극장 근처에 있습니다.
T: 실례합니다. 은행이 어디 있습니까?
S: 극장 맞은편에 있습니다.

의사소통 능력 [意思疏通能力, communicative competence]

메시지를 전달하고 해석할 수 있게 하며 구체적인 상황에서 상호작용을 통해 의미 협상까지 가능하게 하는 일련의 능력.

지식 측면의 언어 능력뿐만 아니라 언어 사용 측면까지도 능력으로 간주하는 관점으로 Hymes가 처음 제안한 용어이다. Canale은 이 능력을 문법 능력, 사회 언어학적 능력, 담화 능력, 전략적 능력으로 범주화하였다. 의사소통 능력은 문법적인 지식뿐만 아니라, 사회적 맥락에 맞게 의미 기능을 수행하도록 하는 사회 언어학적 능력, 담화의 응결성과 응집성을 유지하도록 하는 담화 능력, 의사소통을 효율적으로 수행하도록 하는 전략적 능력으로 구성된다. 이런 의사소통을 중시하는 교육은 직접 교수법에서부터 제안되었지만 최근의 의사소통적 교수법이 의사소통 능력을 기르는 교수 접근 방식으로 평가된다.

의사소통식 접근법 [意思疏通式接近法, communicative approach]

유의미하고, 실제적인 상호작용이 이루어지는 의사소통, 학습자 중심성, 과제 활동을 강조하는 언어 교수법.

의사소통 능력을 강조하는 영국의 기능주의 언어학과 미국의 사회 언어학의 영향으로 외국어 교육의 목표를 의사소통 능력(communicative competence)의 계발에 둔다. 1970년대 이후 현대 외국어 교육의 경향과 부합되는 방법론들을 제시하여 외국어 교육 분야에서 보편적인 지지를 받고 있다.

의사소통적 접근법의 수업 절차는 종래의 교수법과 아주 다른 혁신적 절차라기보다는 진전된 것으로, Littlewood(1981)는 구조적 활동, 유사 의사소통 활동, 기능적 의사소통 활동과 사회적 의사소통 활동으로 이어지는 교수 절차를 제시했다.

의사소통식 접근법의 특징으로는 의미가 중요시되고, 맥락화가 하나의 기본적인 원리로 강조되며, 목표어로 의사소통하려는 학습자의 시도가 장려되고, 자료는 학습자의 요구를 반영한 내용, 기능, 의미에 따라 단계적으로 제시되고, 모국어의 사용은 상황에 따라 용인되며, 학습자의 요구와 선호에 따라 학습 활동과 전략이 다양하게 활용된다는 점 등이 있다.

인지적 접근법 [認知的接近法, cognitive approach]

생성 문법과 인지주의 심리학에 기초하여 언어를 습관 형성이 아니라 명시적 문법 교수를 통한 규칙의 이해로 습득하도록 하는 교수 이론.

인지주의 이론(cognitive theory), 혹은 인지주의 학습 이론(cognitive code-learning theory)이라고도 불린다. 인지적 접근법은 학습자에게 기존의 학습 내용에서 출발하여 새로운 의미를 구축할 기회를 제공하도록 설계한다. 문법은 자연적으로 학습되기에는 너무나 복잡하므로, 학습자들이 언어 능력을 얻기 위해서는 학습 과정에서 학습자에게 어떤 정신적 처리 과정이 필요하다고 주장한다. 수업에서 학습자는 기계적으로 반복 연습을 하는 것이 아니라 스스로 무엇을 하며 또 해야 하는지를 잘 알고 있어야 하고 교사는 학습자의 언어 습득, 학습 체계, 지식의 축적 등을 활성화시켜야 한다.

자연적 접근법 [自然的接近法, natural approach]

1980년대 초반에 Terrell과 Krashen이 제2언어를 배울 때에도 어린이의 자연스런 언어 습득 원리를 따른다는 자연주의 원리에 기반을 두고 제안한 교수법.

자연적 접근법은 습득 · 학습 가설(The Acquisition/Learning Hypothesis), 모니터 가설(The Monitor Hypothesis), 자연적 순서 가설(The Natural Order Hypothesis), 입력 가설(The Input Hypothesis), 정의적 여과 장치 가설(The Affective Filter Hypothesis) 등의 다섯 가지 Krashen의 제2언어 습득 가설에 이론적 기반을 두고 있다.

자연주의 접근법의 수업에서는 이해 가능한 입력을 가능한 한 많이 제공하고 듣기와 읽기를 중심으로 지도하고, 침묵기를 인정하며, 정의적인 필터를 낮추기 위하여 유의미한 의사소통 활동 중심으로 수업 분위기를 긴장되지 않도록 운영한다.

이 교수법은 언어 교수의 목표를 '일상적 언어 상황과 관련된 사적인 의사소통에 관한 기본적 기술 습득'에 두고, 언어 습득의 초기에는 전신 반응식 교수법을 적극적으로 권장하고 있다.

언어 습득론에 기반을 둔 자연적 교수법은 문법적인 체계화가 언어 교수의 전제라는 입장에 반대한다. 이 교수법에서는 문법적으로 완벽한 발화의 생성을 중시하기보다는 이해 가능한 입력, 이해, 유의미한 의사소통을 강조하는 활동을 가능하게 하는 방법을 사용한다는 점에서 다른 교수법과 구분된다.

전략적 능력 [戰略的能力, strategic competence]

언어에 대한 불완전한 지식이나 수행 제약을 보완하여 의도한 메시지를 전달하려고 사용하는 언어적, 비언어적 의사소통 능력.

Canale & Swain이 의사소통 능력의 한 하위 범주로 설정했다. Bachman은 이 능력을 의사소통 맥락을 평가하고 계획하고 의도한 목적을 수행하기 위해 표현 반응을 보이는 능력으로 규정했다.

전신 반응식 교수법 [全身反應式敎授法, total physical response]

학습자가 주어진 명령에 대하여 몸으로 직접 반응을 함으로써 외국어를 익히게 하는 교수법.

미국의 Asher가 주창한 이 교수 방법은 말하기, 읽기, 쓰기 등 다른 언어 기술보다 먼저 듣기 이해(listening comprehension)가 먼저 길러져야 한다는 믿음에 근거하고 있는데, 1970년대와 1980년대에 인기를 누렸던 교수법이다.

Asher는 어린이의 모국어 습득에 착안하여 ① 말하기 전에 듣기를 통해 이해할 것 ② 명령에 따라 학습자들이 몸을 움직여서 이해를 할 것 ③ 침묵기를 인정하여 학습자들이 자발적으로 발화할 때까지 말하도록 강요하지 말 것 등의 세 가지 원칙을 제시하였다.

전신 반응식 교수법은 외국어 학습의 초기 단계에서 어린이를 대상으로 한 수업에서 많이 활용되는데 이는 잘못된 발음을 강요하지 않고 듣기의 이해력이 길러지며 수업이 흥미롭다는 점과 관련된다. 이 외에 학습자 수가 많은 수업에서도 가능하고, 게임 같은 연습은 학습자의 불안감과 스트레스를 완화시킨다는 장점이 있다. 그러나 명령에 대하여 거부감을 갖는 학습자도 있고, 추상적인 어휘에 대한 교수가 어렵다는 점이 문제점으로 지적된다. 따라서 Asher도 제안했듯이 다른 교수법이나 기법과 함께 활용하는 것이 바람직하다.

전통적 관점의 교수법 [traditional view]

20세기 이전부터 이론에 근거를 두지 않고 교사들이 경험적으로 실천하고 있던 교수법.

문법 번역식 교수법, 직접식 교수법 등이 속한다.

직접 교수법 [直接敎授法, direct method]

목표어로 직접 가르치며 구두 의사소통을 중시한 20세기 초반에 유행한 교수법.

외국어로의 구두 숙달도 배양을 원하는 학습자들의 요구에 부응하고자 나

온 교수 방법이다.

직접 교수법은 외국어 학습도 모국어 습득과 같다는 전제에서 출발하는데, 직접 교수법에 속하는 교수 방법으로 외국어에 학습자를 노출시키는 자연식 교수법(natural method) 혹은 벌리츠식 교수법(berlitz method), 학습자가 일련의 연결된 문장을 연습하고 그 문장들이 모여서 의미 있는 이야기나 일련의 사건을 구성하도록 고안한 교수법인 Gouin의 연속적 교수법(series method), 발음 교육에 중점을 두는 음성학적 교수법(phonetic method), 리처즈의 단계적 직접 교수법(graded direct method), 파머의 파머 교수법(palmer method) 등이 있다.

직접 교수법의 주요한 특징으로는 교실 수업에서는 모국어를 사용하지 않고 목표어만 사용한다는 점, 일상적인 어휘와 문장을 가르친다는 점, 구두 의사소통 기술들은 교사와 학습자 간의 질문-대답을 통하여 단계적으로 익힌다는 점, 문법을 귀납적으로 가르친다는 점, 말하기와 듣기를 읽기와 쓰기보다 우선적으로 한다는 점 등을 들 수 있다.

직접 교수법은 외국어를 직접 사용함으로써 문법 번역식 교수법이 지닌 약점을 탈피하고 구두 의사소통 능력의 배양을 교육 목표로 삼은 혁신적인 교수법이다. 그러나 모국어의 사용을 금지하는 데에서 오는 비효율성, 목표어에 능숙한 교사 확보의 어려움, 명시적인 문법 설명을 피함으로써 야기되는 학습자의 오해 소지 등이 이 교수법의 문제점으로 지적된다.

청각 구두식 교수법 [聽覺口頭式敎授法, audio-lingual method]

구두 표현, 문형 훈련, 듣고 따라하기 식의 모방과 반복에 의한 암기를 강조한 교수법.

행동주의 심리학과 구조주의 언어학을 이론적 토대로 하여 1950년대 후반과 1960년대 중반까지 성행한 외국어 교수법이다. 원래 이 교수법은 제2차 세계대전 당시 미 육군에서 사용한 외국어 훈련 방식에서 영향을 받아 발달한 방법이다. 이 교수법은 청화식 방법(Aural-oral Method)이라고 불리기도 하는데, 명칭이 나타내듯이 듣기와 말하기를 우선적으로 익히고 이 능력을 토대로 읽기와 쓰기 기술도 계발하는 것을 목표로 한다.

청각 구두식 교수법의 특징으로는 ① 듣기, 말하기, 읽기, 쓰기 순으로 가르치며 듣기와 말하기를 강조한다. ② 가르칠 내용으로 대화 형태를 사용한다. ③ 모방, 암기 및 반복을 통한 습관 형성을 하도록 이끈다. ④ 모국어는 허용하되 가능하면 자제한다. ⑤ 문장은 단계적으로 제시하고 어휘는 맥락 속에서 도입한다. ⑥ 어학 실습실이나 시청각 자료를 활용한다 등이 있다.

청각 구두식 교수법은 학습 초기부터 정확한 발음 훈련, 자연스러운 구어를 통한 듣기 및 말하기 훈련, 집중적인 문형 연습 등을 통하여 제한된 범위에서 듣고 말하는 능력을 길러 주고 학습자에게 성취감을 준다는 장점이 있다. 그러나 이 교수법에서 제시하는 연습이 기계적이어서, 실제 상황에서 그 문형을 응용하도록 하는 전이력이 떨어지며, 학습자의 다양한 학습 스타일을 고려하지 않고, 듣기나 말하기를 통한 단조롭고 지루한 반복 연습을 일방적으로 제시하여, 문자 언어를 선호하는 학습자나 규칙화를 원하는 학습자의 학습 의욕을 떨어뜨린다는 점이 단점으로 지적된다.

총체적 교수법 [總體的敎授法, whole language approach)

문자의 해독(decoding)에 초점을 두어 문법, 어휘 등의 요소를 개별적으로 가르치지 않고 언어를 총체적, 종합적으로 가르치는 교수법.

총체적 언어 교수법은 언어란 의미를 만들고 다양한 목적을 달성하기 위한 수단이며, 문자 언어가 언어의 중심이라는 가설에서 출발한다.

총체적 언어 교수법으로 진행되는 수업에서는 읽기 연습을 하고 과업을 수행하고, 테이프와 녹음 자료를 듣게 하거나, 최근에 일어난 일에 관하여 토론하거나 쓰게 함으로써 유창성과 정확성을 기르도록 한다.

침묵식 교수법 [沈默式敎授法, silent way]

수업 시간에 교사가 발화를 최소화하고 침묵하여 학습자로 하여금 가설 검증을 통한 발견 학습으로 언어를 배우도록 이끄는 교수법.

Gattegno가 1960년대에 개발하여 1970년대 널리 퍼진 교수법으로 수업이 교사가 아니라 학습자 중심으로 이루어질 수 있으며, 학습자의 참여를 극대화함으로써 교수가 이루어질 수 있다는 점을 보여 주는 시사적인 교수 방법이다.

침묵식 교수법에서는 교수는 학습에 종속되어야 하고 학습은 모방이나 훈련으로 이루어지는 것이 아니라 정신이 작동함으로써 이루어지고 교사는 학습자의 활동을 방해하지 말아야 한다는 등의 원리 아래 수업을 진행한다.

이 교수 방법의 특징으로는 학습자에게 독립성, 자율성과 책임감을 기르도록 기대된다는 점, 교사가 침묵한다는 점, 교육 자료로 색깔 막대기와 피델(Fidels)이라고 불리는 발음 차트 등이 있다는 점 등을 들 수 있다.

침묵식 교수법은 학습이 교사가 아니라 학습자를 중심으로 이루어질 수 있고 이루어져야 한다는 학습자 중심적인 인식을 보여 준다. 이 교수법은 40명 이상의 다수로 구성된 수업에서도 유용함이 보고된 바 있다. 그러나 적어도 초기 단계에는 실제적인 언어 자료를 들을 기회가 적고 실제적인 언어 사용 상황에 노출되기가 쉽지 않다는 단점이 지적된다.

피델 차트 [Fidel' s chart] ☞ 침묵식 교수법

후기 교수법 시기 [後記敎授法時期, post-method era]

1990년대 중반 이후에 어떤 교수 상황에서나 적용 가능한 다목적 해결책으로서의 교수법 개념에 대해 한계를 인식하는 시기.

전통적인 교수법이 교수 상황에 대한 고려나 제2언어 습득론과 같은 연구 기반이 결여되어 있다는 점에 대해 비판하고 교육 목표나 교수 자료, 평가 등의 요소와 분리된 채 교수법을 결정될 수 없다는 점 등을 들어 교수법이 언어 교수의 성공과 실패를 가르는 주요 요인으로 간주되지 않는다.

한국어평가론

국부 종속성 [局部從屬性, local dependence]

앞뒤에 관련성 있는 문제를 배열하여 정답에 대한 정보를 제공하는 성질.

기존의 독해 시험에서 많이 사용되고 있는, 한 지문 여러 문항 유형에서는 국부 종속이라는 심각한 문제점이 있다. 앞 문항을 맞히면 뒤의 문항도 쉽게 맞히거나, 앞 문항을 틀리면 뒤의 문항도 틀리기 쉬운 시험은 국부적으로 종속성이 높아서 신뢰성에 문제가 많으므로 바람직하지 않다. 특히 듣기나 읽기 평가에서 한 지문 여러 문항 형식으로 되어 있는 경우, 상호 문항이 독립성을 유지하지 못할 가능성이 높아진다. 이러한 문제점을 해결하고 시험의 신뢰도를 제고하기 위해서는 하나의 지문에 한 문항, 또는 가능하면 최소 문항 형식을 유지함으로써 국부 독립성의 원칙을 지키는 것이 바람직하고, 출제 후 검토 과정에서도 면밀하게 검토해야 한다.

문항 반응 이론의 핵심적인 전제 조건인 국부 독립성의 원칙은 신뢰도 높은 시험의 필수 조건이다. 국부 종속성이 높은 독해 시험은 특히 주제(topic) 요인에 따른 편파성이 심각한 문제를 야기할 수 있다. 예를 들어 전문적인 특정 자연과학의 지문에 관련된 시험문제에서는 그 분야의 배경 지식이 부족한 수험자들이 한 독해 지문에 관련된 몇 개의 문항을 연속적으로 틀릴 가능성이 많고, 반대로 인문사회과학 분야에서도 이와 비슷한 현상이 나타날 수 있다. 또한 한 지문에서 여러 문제를 출제하다 보면 앞 문항과 내용이 다소 중복되는 문제나 상식적인 내용의 문제 등 '문제를 위한 문제'를 출제하는 단점이 있다.

규준 지향 평가 [規準指向評價, norm-referenced test]

표준화 시험 방법으로, 시험이 출제되고 관리된 후 합격 가능성이 정해지는 평가 방법.

어떤 표본에서 평균 점수를 참조하여 평균 기준이 정해지고, 평가의 변별력을 위하여 다양한 난이도의 문제가 함께 출제되어야 하며, 평가된 결과가 정상 분포 곡선을 형성하도록 하는 것이 가장 이상적이다. 이것은 '상대 평가'를 의미하며, 교육 목표에 의해 미리 정해진 성취 기준이 아니라 단순히 학생들의 성적 분포에 의해 '수, 우, 미, 양, 가'의 성적을 부과하는 방식을 들 수 있다.

규준 지향 평가는 개별 기능이나 전반적인 언어 능력을 측정하여 정상 분포라는 통계적 개념에 의거하여 평가하는 것이다. 어느 학생의 성취도를 타 학생의 성취도와 비교하여 순위를 부여하는데, 이 경우 그 기준은 수험생 집단의 평균점에 의해서 마련된다. 이 평가 방법에서 기준 점수는 해당 평가를 수차례 실시한 결과 얻어진 많은 학생들의 평균적인 수준의 성취도를 나타낸 것이다.

기본 특성 채점 [基本特性採點, primary trait scoring]

결과물이나 성과물을 하나 또는 소수의 선정된 기준에 한정하여 평가하는 채점 방식.

처음에는 주어진 쓰기 과제에서 나타나는 언어 기능이나 수사적 특성을 평가하기 위해 고안되었다. 초기 체계에서 기본 특성 평가는 글쓴이가 쓰기 과제에서 성공적으로 이룬 특정 시도에 초점을 두었다. 기본 특성 채점은 과제 특성으로 엄격하게 분류되었고, 성과물은 '청중 설득하기'와 같은 단 하나의 특성에 대해 평가되었다. 그러나 최근에는 기본 특성 접근 방식이 폭넓게 사용되면서 더 포괄적인 접근 방식으로 전개되고 있다. 기본 특성 채점은 대인적 방식과 관념적 방식으로뿐만 아니라 말하기 과제 평가로도 사용될 수 있다.

기술별 분리 평가 [技術別分離評價, discrete point test]

목표 언어의 매우 제한된 분야의 지식이나 능력을 측정하도록 고안된 평가 방법.

언어를 부분적인 구성 성분으로 분리할 수 있다는 입장이며, 그 구성 성분을 정확히 측정해야 한다는 가정 하에 평가 도구가 작성되었다. 말하기, 듣기, 쓰기, 읽기의 네 기능을 기본 구성 요소로 하여, 각 기능 안에 언어의 다양한 계층적 단위(음운, 형태, 어휘, 통사)와 그 단위의 하위 범주를 둔다. 예를 들면 문법, 어휘, 독해 등과 같은 항목으로 구분되어 있는 일련의 선다형 질문 중에서 어떤 항목은 소단위를 다루고, 또 어떤 항목은 대단위를 다루는 것이 전형적인 언어 평가의 모습이다. 이러한 언어 평가는 언어의 항목을 분리하여 측정할 수 있으며, 이런 단위를 알맞게 표본 추출함으로써 기준 타당성에 도달할 수 있다고 보는 것이다.

단일 단계 평가[單一段階評價, single-stage tests]

수험자가 평가를 단 한 번에 치르는 평가.

이에 비해 다단계 평가(multi-stage tests)는 수험자가 2회 이상 치르는 평가를 말하며, 그 예로는 사법고시나 교사임용시험을 들 수 있다. 한국어 교육에서는 말하기 시험의 경우, 교사와 일 대 일 면접 형태의 시험을 치른 후에 주어진 주제로 두 사람씩 대화를 하거나 역할놀이 등을 할 때 평가하는 유형을 예로 들 수 있다.

대안 평가[代案評價, alternative assessment]

평가의 전통적 방식을 보완하고자 구안된 평가.

전통 평가 방식인 지필 평가뿐 아니라 다양한 평가 방식이 개발되고 있다. 과제물이나 수업 중 활동 자료 등을 모아 평가하는 포트폴리오법이라든지, 쓰기 과정을 심층적으로 알아보는 쓰기 반성법 등 기존 평가를 대체하기 위해서 개발된 평가를 일컫는다. 통합 평가, 전체 평가, 형성 평가 등 다른 여러 가지 용어로도 알려져 있다. 대안 평가는 다음 네 가지 원리에 기초한다.

① 지식은 다양한 방법으로 구현될 수 있으므로 이 모든 방식은 학생 학습의 지표로 타당하다.
② 학습 과정에 대해 평가하는 것도 학습 결과에 대해 평가하는 것만큼 중요하다.
③ 다양한 유형의 학습 목적은 다양한 유형의 평가 방법을 필요로 한다.
④ 인지적 영역에서 상위 수준의 학습은 전통적인 기법으로 평가할 수 없는 독창적인 평가 방법을 필요로 한다.

문항 반응 분포 [問項反應分布, item response distribution]

수험자 집단이 선다형 문제의 각 답지에 보인 반응의 분포.

문항의 난이도와 변별도는 각 문항 자체에 대한 분석인 데 비해 문항 반응 분포는 각 문항 안에서 각각의 개별 답지에 대한 수험자들의 반응을 분석한 것이다. 이와 같은 분석을 통해 문항의 답지가 의도했던 기능이나 역할이 얼마나 적절하게 실현됐는지를 알아보는 것이다. 다시 말해 오답의 답지는 오답으로서 얼마나 매력이 있었고, 정답의 답지는 정답으로서의 역할을 얼마나 했는지 등을 알아보려는 것이다.

문항 반응 분포를 분석하기 위한 기초 작업은 각 문항별로 문항 반응 분포를 기술하는 것이다. 일반적으로 학급 단위 성취도 평가에서 적용할 수 있는 기준은 총 수험자의 50% 정도가 정답으로 반응한 답지가 바람직하고, 나머지 오답지들은 수험자에 의해 정답으로 선택된 비율이 대략 비슷한 분포를 보여야 각각 오답지로서의 기능을 다했다고 보는 것이다. 문항 반응 분포도 결과는 각각의 문항에서 오답지가 어떻게 기능하는지를 나타내 주므로 이 절차를 통해 기능을 하지 못하는 오답지는 대체되거나 수정될 수 있다.

배치 평가 [配置評價, placement test]

어떤 교육 프로그램에 수험자의 능력에 가장 적절한 단계나 반에 배치할 수 있는 정보를 제공하기 위해 실시하는 평가.

보통 일정한 교육 프로그램이 시작되기 전에 실시하여 비슷한 수준의 수험자끼리 같은 반에 배치하도록 한다. 한국어 교육 기관에서 실시하고 있는 배치 시험이 이에 속한다.

학습자의 전체적인 언어 능력이 어느 정도에 해당되는지를 평가하게 되고, 평가 내용은 교육 기관의 목표를 기준으로 하여 각 등급에 맞는 대표적인 항목을 추출하여 평가를 실시하며, 말하기와 쓰기의 두 개 영역으로 평가하는 경우가 대부분이다.

말하기 시험은 인터뷰 형식을 취하여 학습자의 담화 구성 능력을 각 등급 수준에 맞춰 측정하고 있고, 쓰기 평가는 작문이나 논술 형태를 취하여 담화 구성 능력, 어휘와 문법의 이해 및 사용에 대한 평가에 초점을 두고 있다. 인터뷰 결과와 쓰기 시험 결과를 통합적으로 고려하여 배치를 확정하게 되는데, 신뢰할 수 있는 결과를 얻기 위해서는 채점자 신뢰도를 높일 수 있는 통일된 평가 기준과 함께 채점자들의 활발한 상호 의사소통이 필수적이다.

변별도 [辨別度, discrimination]

어떤 시험에 주어진 문항이 상위권 수험자와 하위권 수험자를 구별하여 주는 정도.

선다형 문항의 시험에서는 각 개별 문항의 정답을 토대로 성적이 산출되어 그 시험에 대해 성적이 좋은 수험자와 좋지 못한 수험자가 가려진다. 일반적으로 성적이 좋은 수험자가 성적이 좋지 않은 수험자보다 각각의 개별 문항에서의 반응 결과가 좋게 나오지만, 반드시 모든 문항에서 정답률이 높게 나오는 것은 아니다. 따라서 성적이 좋지 않은 수험자가 성적이 좋은 수험자보다 오히려 정답률이 높은 문항을 비교하여 가려낼 필요가 있으며, 이러한 문항들을 가려내고 분석하는 데 문항 변별도라는 개념이 사용된다.

변별도를 얻기 위해서는 각각의 총점에서 가장 높은 점수와 가장 낮은 점수를 획득한 답안지를 분리하여, 각각의 문항에 대해 이 두 집단이 어떻게 반응했는지를 검토한다. 어떤 문항을 점수가 높은 집단이 정답으로, 점수가 낮은 집단이 오답으로 응답했다면, 그 문항은 변별도가 높은 문항이고, 반대로 점수가 높은 집단보다 낮은 집단에 의해 더 많이 정답으로 인식된 문항들은 변별도가 떨어지는 문항이다.

분석적 채점 [分析的採點, analytic marking]

평가 범주를 구분하고 각각의 범주별로 점수를 매겨 평가하는 방식.

발달 정도가 다른 하위 기술을 적절히 평가할 수 있고, 수행의 다양한 측면을 고려할 수 있어서 학습자의 능력에 대해 구체적으로 판단할 수 있다는 장점이 있는 반면에, 각 영역의 비중을 정하기가 쉽지 않고 시간이 많이 걸리며 전체적인 면을 놓칠 수 있다는 단점이 있다.

예를 들면, 쓰기 평가에서 글을 쓰는 능력 전체를 평가하되, 그 능력을 몇 개의 항목으로 나눠 각각 별도의 기준에 따라 1~5점 척도로 평가한 뒤 종합한 결과로 전체의 쓰기 능력을 평가하는 것이다. 대개 '글의 내용면, 글의 구성면, 글의 표현면' 등으로 범주화하고 각각의 하위 범주를 글의 종류에 따라 설정하여 평가한다.

선다형 평가 [選多型平價, multiple-choice form test]

세 개 이상의 선택 항목으로 구성된 선다형 문항에서 수험자에게 하나 또는 그 이상의 정답을 선택하게 하는 평가 방식.

문항은 정답을 선택하는 데 필요한 모든 정보를 함축하는 문제의 도입부와, 정답과 오답으로 구성된 답지들로 나뉘며, 듣기 · 읽기 · 어휘 영역 평가에 적합하다. 선다형 평가는 신속하고 객관적인 채점이 가능하며 채점 신뢰도가 높고, 문항의 오답지를 수정함으로써 문항의 난이도를 능률적으로 조절할 수 있으며, 문항의 난이도 · 변별도 · 문항 반응 분포 등의 문항 양호도 분석을 위한 통계 처리가 쉽다는 장점이 있다. 반면에 오답지의 기능을 최대한 살린 문항 제작이 어렵고, 단편적인 이해력 측정에 제한되기 쉬우며, 추측 요인을 제거하기 어렵다는 단점이 있다.

성취도 평가 [成就度評價, achievement test]

프로그램 평가 목표에 도달 및 성취한 정도를 평가하는 것.

성취도 시험은 교실 수업, 단원 또는 전체 교과 과정과 직결되어 있고 정해진 시간 안에서 수업 중에 다루어진 교재 내용으로 시험 범위가 제한되어 있어서 학력 시험이라고도 한다.

성취도 평가는 그동안 학습한 효과가 목표에 어느 정도 도달했는지를 평가하는 것으로 한국어 교육 기관에서 중간 시험이나 기말 시험의 형태로 적용되고 있다.

바람직한 성취도 평가는 언어 지식(어휘, 문법, 발음, 맞춤법 등)뿐만 아니라 그것을 가지고 수행할 수 있는 상위의 언어 기술(듣기, 말하기, 읽기, 쓰기)에 대한 평가도 이루어져야 한다. 그러므로 학습자들이 배운 것을 실제 의사소통의 맥락에서 얼마나 잘 사용할 수 있는가가 중요한 평가 목표로 다루어져야 할 것이다.

그러나 수업에서 다루는 언어 지식 및 기능을 완벽하게 학습했다고 해도 말하기, 읽기 등 전반적 언어 능력이 함께 습득되는 것은 아니며, 부분적 요소를 터득했을 뿐이라고 할 수 있다. 그러므로 학습자의 급이 올라간다고 해도 언어 숙달도가 함께 올라가는 것은 아니다. 성취도 평가란 원칙적으로 일정한 진도 내에서 특정 언어 요소를 중심으로 실시하는 것이므로 이 평가를 통하여 언어 사용 능력의 수준을 판정해 낼 수는 없다는 점에서 숙달도 평가와 구별된다.

속도 평가 [速度評價, speed tests]

학습자 언어 능력이나 지식의 정확성보다는 언어 수행의 유창성에 중점을 두고, 주어진 시간 내에 얼마나 많이 풀어내는지를 측정하는 수행 속도가 비교되는 평가.

속도 평가의 예로는 많은 수의 쉬운 단어로 구성된 독해력 시험이나 수학 능력 시험 등을 들 수 있다.

이에 비해 '역량 평가(power tests)' 는 학습자에게 문제를 풀 수 있도록 충분한 시간을 주지만, 소수의 학습자만이 모든 문제를 맞힐 수 있도록 어려운 항목을 포함시키는데, 이 평가는 학습자 언어 능력이나 지식의 정확성 측면에 중점을 두므로 시간이 충분히 주어져도 정답을 알지 못할 가능성이 있다. 역량 평가의 예로는 주관식 문제, 수학 문제, 학력고사 문제 등을 들 수 있다.

수행 평가 [遂行評價, performance test]

학습자의 수행이나 산출물을 관찰하거나 검토한 것을 기반으로 그 질에 대해 행하는 평가.

수행 평가는 각각의 구체적인 상황에서 학습자가 실제로 행동하는 과정이나 결과를 평가하여 학습자에게 창의력과 문제 해결 능력을 길러 주기 위하여 실시하는 것이다. 학습 성취도나 숙달도 평가와는 달리 학습 과정을 중심으로 평가하는 것을 지향하고, 교사와 학생, 학생과 학생 간에 역동적인 관계를 만들어 가는 데에 중점을 둔다. 개인의 차이를 고려한 교육 활동에서 구체적으로 활용될 수 있는 평가 방식으로, 구술시험 · 면접 · 관찰 · 리포트 작성 · 발표 · 포트폴리오 등 다양한 방법으로 평가할 수 있다.

숙달도 [熟達度, proficiency]

그 언어를 이용해 무엇을 수행할 수 있는가 하는 언어의 기능적 측면을 강조한 것으로, 실생활에서의 언어 수행에 기반을 둔 일련의 언어 능력.

언어 숙달도라는 용어는 1980년대에 들어 언어 평가와 관련해 도입되어 의사소통 능력과 함께 언어 능력을 규정하는 개념으로 사용되기 시작하였다.

이전의 의사소통 능력이 실제 의사소통 상황에서의 언어 사용 능력을 의미하는 것이기는 하지만 언어 능력의 차원에 머무는 것인 반면에 숙달도는 실생활에서의 언어 수행을 그 평가 대상으로 한다는 점에서 구별된다.

숙달도의 개념을 가장 분명하게 볼 수 있는 것으로 ACTFL(American Council on the Teaching of Foreign Languages)의 숙달도 등급 체계를 들 수 있다. 말하기 숙달도의 경우, 초급(Novice)-중급(Intermediate)-고급(Advanced)-최상급(Superior)의 4등급으로 나누고, 초급 · 중급 · 고급을 각각 세 개의 하위 등급으로 구분하여 전체를 10등급으로 나누었으며, 평가 범주를 과제/기능(task/function), 맥락(context), 내용(content), 담화 형태(text type)로 설정하였다.

숙달도 평가 [熟達度評價, proficiency test]

배치 및 선별의 목적으로 사용되는 것으로, 전반적인 언어 능력에 대한 평가.

숙달도 평가의 목적은 개별 언어의 요건과 언어 능력이 일치하는가를 결정하는 것이다. 숙달도 평가는 이전의 교육 과정이나 교과서의 내용 등과는 관계없이 현재의 언어 숙달도를 측정한다는 점에서 성취도 평가와 구별된다.

보통 개별 교육 기관이 아닌 공신력 있는 기관을 통해 실시되며 실제적인 한국어 의사소통 능력과 관련된 광범위한 능력의 평가이므로 이러한 평가를 통해 한국어 학습자들의 의사소통 능력을 객관적으로 점검해 볼 수 있고, 학습자는 자신의 한국어 실력을 공인 기준으로 평가받을 수 있다. 한국어 숙달도 평가의 대표적인 예는 한국어능력시험(TOPIK, Test of Proficiency in Korean)과 한글능력시험(KLPT, Korean Language Proficiency Test)이 있다.

신뢰도 [信賴度, reliability]

측정의 일관성 또는 객관성을 일컫는 말.

동일한 피험자를 대상으로 동일한 시험을 두 번 실시하였을 때 정확하게 똑같은 평가 결과를 기대할 수 없으나 두 평가의 결과가 유사하면 할수록 신뢰도가 높은 평가가 된다. 즉 신뢰도란 평가 도구가 측정하는 과정과 방법에 일관성이 있나, 측정의 오차가 얼마나 적은가, 또는 얼마나 객관성을 띨 수 있는가의 정도를 의미한다. 신뢰도는 다음과 같이 시험 신뢰도와 채점 신뢰도로 나뉠 수 있다.

① 시험 신뢰도(test reliability)

평가 과정과 방법의 안정성을 의미하는 것으로, 동일 대상이 동일 조건으로 시험을 반복했을 때 어느 정도 동일한 결과를 얻을 수 있는가의 문제이며, 또한 측정 과정이나 방법에 있어서 일관성과 객관성의 문제와도 관련된다. 시험 신뢰도를 향상시키기 위해서는 시험에 수반되는 제반 요인에 의해 수험자가 제대로 능력을 발휘하지 못하는 결과가 나오지 않도록 유의하여야 한다.

전체를 잘 대표할 수 있는 문항을 선정했느냐 하는 문항의 포괄성에 따라 신뢰도가 결정된다. 또한 앞 문항을 맞히면 뒤의 문항도 쉽게 맞힐 수 있거나, 앞 문항이 틀리면 뒤의 문항도 틀리기 쉬운 문제는 신뢰도가 떨어진다. 만약 학습자가 답하는 요령이나 방법을 잘 몰랐다든지 지시나 지시문을 이해하지 못해서 결과에 영향이 있었다면 이것도 신뢰도를 떨어뜨리는 요인이 된다.

② 채점 신뢰도(scoring reliability)

채점자에 의한 채점의 일관성을 말한다. 특히 주관식 검사의 경우, 정해진 답이 명확하지 않기 때문에 채점자에 따라서 점수가 다르게 부여될 수 있으므로 인터뷰나 작문과 같은 주관적인 검사에서는 채점 신뢰도가 반드시 보장된다고 할 수 없다. 채점 신뢰도는 개별적인 채점자에 의한 채점의 일관성인 채점자 내 신뢰도(intra-rater reliability)와 서로 다른 채점자들 간의 채점의 일관성인 채점자 간 신뢰도(inter-rater reliability)로 구별할 수 있다. 똑같은 검사라도 채점자들의 가치관에 따라서 채점하여 일관성이 없다거나 채점자별로 점수 차이가 크다면 그 검사는 신뢰도가 낮다.

선택형 문제에서는 채점도 객관적으로 할 수 있으므로 문제가 적지만, 쓰기나 말하기 평가의 경우 채점의 주관성이 문제가 되는데, 이 경우 채점자가 유념해야 할 정확한 세부 사항에 대한 채점 지침이 없으면 채점자에 따라 큰 오차가 나기도 한다. 채점 기준이 구체적으로 제시되어도 채점자들이 이 기준을 엄수하려는 의지가 없거나 철저한 훈련을 받지 않으면 일관성 있는 채점을 기대할 수 없으므로 채점상의 일관성이 신뢰도를 높이는 관건이 된다.

실용도 [實用度, practicality]

평가를 위한 경비 · 시간 · 노력의 경제성.

최소한의 경비, 노력, 시간을 들여 최대한으로 평가 목표를 달성하는가의 문제이다. 따라서 평가의 실시와 채점이 용이하고, 평가를 위한 경비 · 시간 · 노력이 적게 들고, 평가 결과의 해석이 용이해서 그 결과를 유효 적절하게 사용할 수 있다면 이 평가는 실용성이 있는 평가라고 본다. 아무리 타당도와 신뢰도가 높은 평가라도 주어진 환경에서 실시할 수 없다면 이 평가는 아무 의미가 없게 된다.

실용도는 작성된 평가 항목과 평가 도구가 실질적으로 운용하기에 적절한 내용으로 이루어져야 함을 뜻한다. 주어진 적절한 시간 내에 평가에 필요한 내용을 충분히 수행할 수 있도록 평가 항목의 수준과 분량 그리고 평가 진행의 방법 등이 선택되어야 한다.

말하기 평가는 인터뷰 방식이 일반적인데, 대단위 평가의 경우 학습자를 인터뷰하기 위해서는 훈련받은 채점자, 적당한 장소, 인터뷰하는 데 걸리는 시간, 필요한 비용 등을 확보해야 하는 현실적인 문제가 있어서 실시하는 것이 쉽지 않다. 아무리 타당도와 신뢰도가 높다고 해도 현실적인 실용도를 간과할 수는 없다.

언어 능력 평가의 역사

언어 능력 평가의 역사는 다음과 같이 4단계로 분류해 볼 수 있다.

① 과학 이전의 시기

직관적 시기라고도 하며, 언어 평가는 일반적인 평가 원리에 머무르는 시기이다. 1920년대 초반 언어학은 언어의 규범 언어학적 지식에 근거를 두었고 언어 교육은 문어체 위주의 문법 번역식 교수법이 널리 사용되었다. 1950년대까지 언어 평가는 주관적이고 교사의 개인적 인상에 의존하였으며, 이 시기에는 주관식 위주의 번역, 평론, 받아쓰기와 독해에 있어서 개방형 질문지 등 쓰기 영역에 있어서는 그 종류가 다양하였다. 그러나 의사소통을 위한 구어의 중요성은 거의 무시되었고, 시험문제의 신뢰도뿐만 아니라 타당도가 부족한 언어 평가의 초기 단계였다.

② 심리 측정 및 구조주의 시기

과학적 시기라고도 하고, 1940년대와 50년대에 발달한 언어학의 구조주의와 심리학의 행동주의의 영향으로 언어 평가는 과학적 시기에 접어들게 되었으며, 언어 능력을 측정하는 데 있어서 객관성을 강조하여 과학적인 방법을 최대한 활용하였다. 이 시기의 언어 평가 유형을 분리식 시험이라고도 하는데, 이것은 분리된 기초 언어 능력(문법, 어휘, 발음 등)을 측정하는 데 효율적이고, 다지선다형과 같은 문항을 채점하는 데에는 객관성이 있어서 신뢰도를 확보하였다. 그리고 수험자의 언어 숙달도를 수량화할 수 있게 되고, 통계적 평가가 가능해졌다. 그러나 문항들이 너무 단순해서 학생들의 종합적이고 고차원적인 언어 구사 능력을 체계적으로 측정하지는 못하였으며, 의사소통을 위한 언어 사용의 실제 상황을 왜곡시킴으로써 그릇된 언어 사용을 가르치고 평가한다는 비판을 받았다. 이 시기의 언어 평가는 채점에 대한 신뢰도는 있으나 언어 평가에 대한 타당성이 부족하였다고 할 수 있다.

③ 심리 언어학 및 사회 언어학적 시기

1970년대에 들어서 언어 평가는 가능한 한 언어를 부분이 아니라 전체로 보고자 노력하면서 언어 평가에 대한 통합적 접근이 대두하게 되었다. 이 당시 심리학에서는 행동주의에 대항하여 인지 심리학이 발달하였고, 언어학에서는 Chomsky의 주장으로 구조주의에 대해 반발하면서 변형 · 생성 문법 학파가 출현하여 언어에 대한 심층 분석을 가능하게 하였다. 이 시기의 언어 평가의 경향을 통합적 시기라고 부르기도 하는데, 언어 교육 및 평가에서 의사소통의 전체적이고 통합적인 성격을 반영하게 되었다. 이에 따라 제2언어 학습자의 의사소통 능력을 평가하는 방법을 개발하기 시작하였으며, 특히 사회 언어학적 이론의 영향을 받아 Oller나 Spolsky 등이 주창한 통합적 시험이 대두됨으로써 빈칸 채우기나 받아쓰기와 같은 시험 유형의 개발과 연구가 활발하였다.

④ 의사소통적 시기

언어 평가가 측정하고자 하는 언어 능력을 단지 단일 요인으로 보는 시야에서 탈피하여, 언어 능력에 대한 평가를 다요인적 및 다차원적으로 보고 있으며, 본격적으로 언어 평가의 관심이 언어 표현의 정확성보다는 평가에 주어진 과제의 실현에 바탕을 둔 의사소통의 효율성에 맞춰졌다. 의사소통을 위한 언어 능력은 실제 상황에서 그 구성 요소들이 총체적으로 사용되기 때문에 분리식 시험처럼 미시적이고 분리적으로 측정하는 것은 의미가 없고 거시적이고 전체적으로 측정해야 한다고 주장되었다. 특히 1980년대 이후부터는 의사소통적인 바탕에 기인한 언어 평가가 주창되면서 언어 평가는 의사소통적 언어 교수 원리에 바탕을 두게 되었다. 의사소통적 언어 평가는 언어 평가에 대한 타당도를 일차적으로 고려하면서도 그에 못지않게 채점의 신뢰도에 대한 배려가 이루어지도록 많은 연구 노력을 경주하는 것으로 볼 수 있다.

언어 체계 평가 [言語體系評價, language systems tests]

문법이나 어휘에 대한 평가.

언어 자질 평가라고도 하며, 영어 시험에서는 가주어와 진주어, 동사의 시제, 상, 태, 주어 동사의 일치, 수식어의 비교급 최상급, 관계사 등의 분리 항목을 예로 들 수 있고, 한국어의 경우도 한국어의 어휘 및 문법적 지식을 다루는 평가 항목으로 구성된다.

한국어 교육에서는 언어 체계 시험의 경우라고 하더라도 문법적인 지식 자체를 평가하기보다는 문법적인 지식을 중심으로 실제 사용과 관련된 내용으로 평가하게 된다. 예를 들어 연결어미 '-어서' 와 '-니까' 의 차이점을 설명하게 한다든지 '-어서' 와 '-니까' 를 사용한 문장이 자연스럽지 못하거나 어색한 문장을 고른다든지 하는 방법으로 두 가지 문법 요소에 대한 문법적 지식을 평가하는 것이다.

이에 비해 언어 기술 평가(language skill tests)는 듣기, 읽기, 말하기, 쓰기 기술에 대한 평가를 말한다. 듣기의 청취력 시험, 읽기의 독해력 시험, 말하기의 구술시험, 쓰기의 작문, 논술, 요약 등과, 일반 통합 기술의 빈칸 채우기 및 받아쓰기 등을 예로 들 수 있다.

적성 평가 [適性評價, aptitude test]

어떤 특별 수업 프로그램을 위한 학습자의 적응성을 측정하는 평가.

어떤 학생이 목표 언어를 학습할 수 있는가 또는 어떻게 하면 더 쉽게 배울 수 있는가를 예측하는 데 그 목적이 있다. 이 평가는 주로 교수 과정 이전에 이루어지며, 일정한 언어 수업을 위해서 학생들을 선발하거나 그들의 능력에 알맞게 학생들을 배치하기 위해서도 실시된다.

외국어 적성 시험은 한때 외국어 교육계에서 성행했지만 그 이후에는 별로 시도되지 않고 있다. 그 이유로는 첫째, 적성 시험은 학습자의 일반적인 지능이나 학구적 성공도를 반영하는 것뿐이라는 것과 둘째, 점수에 따라 성패가 좌우되고 자기 성취 예언을 믿도록 유도하여 학생과 교사를 오도할 가능성이 있기 때문인 것으로 보인다. 결국 교사는 학생들의 언어 학습이 성공할 것이냐 못할 것이냐를 적성 시험 결과에 의존하는 것보다는 학습자의 능력을 낙관적으로 보고 언어 학습 과정에 도움이 될 전략으로 유도하고, 학습 과정을 저해할 장애 요인을 제거해 주는 것이 타당하다고 인식하게 되었다.

준거 지향 평가 [準據指向評價, criterion-referenced test]

임의로 정해진 교수 목표에 학습자의 언어 능력이 부합되는지 측정하는 평가 방법.

기준이나 당락 점수가 미리 결정되어 있어 학생들은 그 기준에 미치지 못하면 실패하는데, 이러한 준거 지향 평가는 흔히 '절대 평가'라고 불리기도 한다. 다시 말해 학생들은 다른 학생의 성적과 비교되어 평가되는 것이 아니라 자신의 학습 정도나 미리 정해진 절대적 기준에 따라 평가받는다.

교과 과정 내의 특정 프로그램에서 정해진 교수 목표 달성 여부를 측정하는 것이다. 준거 지향 평가의 목표는 학생이 성취해야 할 목표가 설정되고, 학생 모두가 특정 교육 과정이나 교수 자료의 일정한 습득 수준을 보여 주는 것이다. 이와 같은 평가 유형의 결과는 타인의 성취도와 비교되지 않고 미리 정해 놓은 기준과 관련하여 개인이 보여 줄 언어 능력 수행의 입장에서 해석된다.

직접 평가[直接評價, direct tests]

학습자의 언어 수행 능력을 직접적으로 측정하는 것.

직접 평가의 예로는 구두 시험이나 작문 시험이 있다. 이에 비해 간접 평가(indirect tests)는 학습자의 언어 수행 능력을 간접적으로 포착하거나, 간접적인 언어 지식을 측정하는 평가를 의미하며, 그 예로는 지필 평가의 대표적인 유형인 다지선다형 시험이나 빈칸 채우기 등을 들 수 있다.

진단 평가[診斷評價, diagnostic test]

일정한 기간의 학습 후에 학습자의 강점과 약점을 파악하기 위한 평가.

다수의 학습자가 쉽게 잘 배우는 부분과 잘 배우지 못하는 부분을 진단해서 학습자에게 알맞게 교육 내용이나 방법을 수정하고 보완하기 위해 실시한다. 따라서 이러한 평가는 성적을 서열화하거나 등급화하지 않고 수험자의 취약점을 지적하고 보완할 수 있는 방안을 제시하여 주는 것이 바람직하다. 교수 학습 단계에서는 시작 단계에서 시행되는 평가의 유형이라고 할 수 있으며, 주로 의사소통 기술과 직접 관련된 듣기, 말하기, 읽기, 쓰기 등의 영역별 평가와 하위 기술인 어휘, 문법, 발음 등이 그 대상이 된다.

총괄 평가[總括評價, summative tests]

학습의 대단원, 교과 과정, 교육 프로그램의 종료 단계에서 학습자가 이룩한 교육의 결과를 알아보기 위한 평가.

일정 기간의 교육 내용과 방법에 대한 결과를 확인함으로써 앞으로 그 교육 프로그램의 지속적인 진행, 종료, 확장 여부를 판단하고 결정하는 근거를 얻고자 하는 것이다. 총괄 평가는 한 시간의 수업을 마무리하면서 실시할 수도 있고, 한 단원이 끝날 무렵 간단한 퀴즈의 형태로 할 수도 있으며, 기간을 좀 더 길게 잡을 경우에는 중간 시험, 기말 시험을 총괄 평가로 활용할 수 있다.

타당도 [妥當度, validity]

수업 평가 목적 하에서 사용되는 도구가 검사자가 목표하는 바에 따라 수업의 어떤 측면, 속성, 내용을 얼마나 진실하고 충실하게 측정해 줄 수 있는가를 나타내는 개념.

타당도는 무엇을 측정하고 있느냐의 문제인 동시에 그 평가 도구가 학습 목표를 얼마나 정확하게 재고 있느냐의 문제이다. 또한 시험 결과의 해석의 적합성을 의미하기도 하므로 타당도를 분석하는 일은 평가에서 얻은 결과를 가지고 검사의 타당성의 근거를 수집하는 과정이기도 하다. 타당도는 다음과 같이 네 가지로 나뉜다.

① 안면 타당도(face validity)

어떤 검사 도구가 목표하는 수험자의 능력을 평가하고자 할 때, 우선 피상적으로 보기에 타당한가를 나타내는 정도이며, 이는 학습자 관점에서 매우 중요하다. 검사가 외형상으로 보아 검사 목적에 부합되는가를 묻는 것으로, 검사의 형식이나 내용이 외형상 나타내 보이는 방식을 의미한다. 어떤 검사 도구가 검사하고자 하는 것과 관계가 없거나, 적절하지 못한 것으로 보인다면 수험자는 동기 유발이 잘 안 될 것이다.

② 내용 타당도(content validity)

평가 도구가 측정하고자 하는 목적에 맞게 얼마나 대표성 있고 광범위하게 내용을 추출했느냐에 관한 것이다. 측정하려는 내용 영역에서 얼마나 적절하게 표본을 추출하느냐에 따라 내용 타당도가 높아질 수 있다. 평가를 통해 학습자의 의사소통 능력 자체를 모두 측정할 수는 없으므로 평가 목표에 맞게 내용이 제한되고 그 속에서 적절한 내용 항목들이 선정되어야 한다. 학습한 내용과 다른 내용을 평가한다면 그것은 내용 타당도를 만족시킬 수 없으므로 다양한 지문과 함께 다양한 유형의 시험 문항 수가 많을수록 내용 타당도가 높다고 볼 수 있다. 이를 위해서는 평가를 구성할 때 시작 단계에서부터 교육 목표의 확인, 적당한 내용의 추출, 문제 유형과의 결합 등에 대해 고려해야 한다.

③ 구인 타당도(construct validity)

이론적인 구성 요인이나 자질을 측정하느냐를 분석하는 것으로 검사하는 내용과 방법이 타당한가를 검증하는 것이다. 검사가 언어 능력 이론에서 제시하고 있는 기저 능력을 측정해서 보여 줄 수 있다면 구인 타당도가 있다고 할 수 있다. 따라서 구인 타당도의 여부는 검사가 타당한 이론적 바탕에 근거하고 있고 이것이 검사 내용에 올바르게 반영되었느냐에 의해 결정된다. 예를 들어 말하기 능력을 평가하기 위해 '낭독하기' 의 방법을 선택했다면 이는 구성 타당도가 낮다고 할 수 있다. 낭독을 통해 발음, 억양 등의 정확성만을 측정할 수 있는데, 발음이나 억양은 말하기의 일부 구성 요소일 뿐이므로 그것으로 말하기를 평가한다는 것은 타당하지 못하기 때문이다.

④ 준거 관련 타당도(criterion-related validity)

검사 점수가 수행의 적절한 외적 기준과 상호 연관된 정도를 말한다. 대개 양적이고 후험적 개념으로, 기준에 따라 수험자를 정확하게 측정할 수 있는 설득력 있는 증거를 제시하는 타당도이다. 이상적인 검사는 실제 생활에서 만날 수 있는 문제들이나 미래의 생활에서 직접 접할 수 있는 문제를 수행할 수 있는 능력을 측정하여, 미래의 특정한 맥락에서 피험자의 수행 능력을 예견할 수 있어야 한다. 여기에는 '공인 타당도' 와 '예측 타당도' 가 있다.

공인 타당도(concurrent validity)는 같은 수험자로 하여금 다른 시험을 보게 하여 그 수험자의 결과가 일치하느냐에 따라서 검증하는 것으로, 시험 결과의 차이가 크다면 공인 타당도가 떨어지는 것이 된다. 예측 타당도(predictive validity)는 그 시험 결과가 피험자의 미래 행동이나 특성을 어느 정도 정확하고 완전하게 예언하느냐에 의하여 결정할 수 있는 것으로 예언 능률의 정도에 의해 표시되는 타당도이다. 이때의 준거는 시간적으로 미래의 행동 특성 즉, 수행 기준이 되며, 한 성적 시험에서 성공한 학생이 다음 성적 시험에서 실패하는 결과를 나타낸다면 이는 예측 타당도가 낮은 것이다.

통합 평가 [統合評價, interrogative test]

다양한 언어 능력을 동시에 포착하는 것으로, 학습자의 언어 능력을 한꺼번에 종합적으로 측정하는 평가 방법.

이 평가는 기능이나 요소별로 나누어 측정하지 않고 전반적으로 평가하여 학습자의 언어 능력을 종합적으로 파악하기 위한 것으로 분리 평가(分離評價)와 대조된다. 통합 평가의 주창자들은 분리 평가에서는 다루지 못한 언어의 화용론적 접근과 화맥이나 문맥이 강조된 담화 능력의 중요성을 언급하면서 언어의 능력을 통합적으로 평가하기 위해 무작위적인 빈칸 메우기(random cloze), 듣기와 쓰기의 통합 형태로 받아쓰기(dictation), 듣기와 말하기의 통합 형태로 하는 구두 시험(oral interview), 정보 요약 정리(gap-filling on summary), 진술 평가(statement evaluation) 등을 들 수 있다.

통합적 채점 [統合的採點, holistic marking]

작문에 대한 전체적 인상으로 평가하는 방식.

총체적 채점이라고도 한다. 통합적 채점 방식은 문법이나 맞춤법보다 의사소통 능력에 중점을 두어 채점하므로 복합적 의사소통 능력을 평가하기에 좋은 방법인 반면에, 한두 개의 피상적인 특성으로 평가할 가능성이 있으며,

언어 능력에 대한 구체적이고 객관적인 판단이 어렵다는 문제가 있다.

평가 [評價, assessment]

어떤 의사 결정을 하기 위해 대상에 대해 가치 판단을 하는 행위.

언어 학습에 있어서 평가는 교수(teaching)와 학습(learning)을 지속적으로 연결시키는 매우 중요한 과정이라고 할 수 있고, 잘 진행된 평가는 학생들의 언어 구사력을 바르게 평가할 수 있으며 학생들에게도 성취감을 불러일으킬 수 있다.

'평가' 라는 말은 영어로 '시험' 의 의미로 사용되어 온 'test, exam(ination)' 등을 포함해서 'testing(시험), measurement(측정), assessment(사정), evaluation(평가)' 등의 용어가 혼용되어 왔는데, 종래에는 평가의 의미로 'testing' 이 많이 사용되었으나 현재는 'assessment' 라는 용어가 많이 사용되는 추세이다.

언어 평가에서 측정하고자 하는 것은 언어 학습자의 언어 능력이다. 의사소통 과정에서 주고받는 의미는 고정적인 것이 아니라 발화되는 상황, 언어적 형태, 비언어적 행위 등을 통해 다양하게 의미가 변화될 수 있다. 이와 같이 언어가 가지고 있는 사회 언어학적 의미를 포함해서 의사소통의 내용을 이해하고 표현하는 것이 언어 학습의 목표라고 할 수 있다. 이러한 언어 학습의 목표 달성을 위해 학습자가 자신의 의사, 느낌, 생각 등을 표현하는 데 얼마나 적절하고 효과적으로 언어를 사용할 수 있는가를 측정하는 것이 언어 평가라고 할 수 있다.

특정 시험에서 보여 주는 수험자의 지식, 능력, 기능(평가 수행)으로 실제 언어 사용 상황에서의 능력과 기능(기준 수행)을 추정하는 것이다. 학습자가 지니고 있는 언어 능력을 평가 수행을 통해서 완벽하게 측정하는 것은 불가능하므로 학습자가 잠재적으로 가지고 있는 언어 능력도 평가 수행에 대한 추정을 통해서 가능하다. 평가 수행이 기준 수행을 얼마나 정확하게 측정하고 분석해 내는지가 언어 능력 평가에서 관건이다.

포트폴리오 평가 [portfolio evaluation]

학습자의 변화 과정을 보여 줄 수 있는 다양한 자료를 지속적으로 모아 이것을 총체적으로 평가하는 수행 평가 방식.

교사가 평가 기록부를 만들어서 학생의 수행을 계속 기록하는 것에서 한 걸음 더 나아가 학생이 자신을 평가하는 평가지와 자신의 수행 과정을 녹음하거나 녹화한 테이프 등의 자료가 평가의 대상이 되는 것이다. 포트폴리오 평가는 학습자 스스로 자신의 수행에 대해 전체적으로 점검할 수 있도록 하면서 자신의 단점을 깨달아 스스로 교정할 수 있는 기회를 줌으로써 교수 · 학습 과정을 개선하도록 도와준다. 그러나 이러한 평가는 시간이 오래 걸리고 노력이 많이 필요하며 평가에 주관이 개입할 가능성이 있다는 단점이 있다. 따라서 포트폴리오 평가를 시행하기 위해서는 각종 평가지와 평가 기준표 등이 마련되어야 한다.

이 평가의 첫 단계인 자료 수집 단계에서는 학생 스스로 자신의 수행을 모아 자기 평가를 하고, 교사도 학생의 활동을 관찰하고 수행 장면 등을 녹음이나 녹화 등의 방법으로 기록한다. 그 다음에는 그동안 모은 자료를 상호 검토하고 여러 가지 자료 중에서 가장 좋은 것을 최종 포트폴리오에 포함시킨다. 이런 과정을 통해서 학습자는 자신의 수행을 되돌아보고 개선할 수 있으며 평가를 교육 과정에 반영시킬 수 있게 된다. 마지막으로 교사는 문법적, 사회 언어학적, 담화적, 전략적 능력 등이 모두 포함된 결과물을 바탕으로 최종 평가를 한다.

과정을 중시하는 포트폴리오 평가를 통해 학습자는 자신의 수행을 향상시킬 수 있는 피드백을 많이 받을 수 있고 수업 과정을 중요시하게 되며, 교사는 학습자를 직관에 의해서가 아닌, 축적된 자료를 활용하여 더욱 타당한 평가를 할 수 있게 된다.

표현 능력 평가 [表現能力評價, production tests]

말하기, 쓰기 등과 관련된 표현 능력에 관한 시험.

생성 능력 평가라고도 하며, 구어의 표현 능력에 해당하는 말하기와 문어의 표현 능력에 해당하는 쓰기 능력을 평가하는 것으로, 각 기능에서 측정해야 하는 평가 영역들을 반영한다.

이에 비해 이해 능력 평가(recognition or comprehension tests)는 듣기, 읽기와 같은 이해 능력에 관한 시험을 의미한다. 이는 수행 능력 평가라고도 하고, 구어 이해 능력에 해당하는 듣기와 문어 이해 능력에 해당하는 읽기 평가로 구분된다.

한국어능력시험 [韓國語能力試驗, Test of Proficiency in Korean, TOPIK]

한국교육평가원에서 총괄하고 있는 한국어 학습자의 한국어 능력에 대한 국가공인 표준화 시험.

1997년 처음 실시되어 2006년까지는 연 1회 시행되었으나 2007년부터는 연 2회 시행되어 오고 있다. 한국어능력시험은 2005년 제8회가 시행되기 전까지는 한국어능력시험(KPT, Korean Proficiency Test)이라는 명칭을 사용하였으나 2005년부터 한국어능력시험이라는 명칭을 사용하게 되었다.

한국어능력시험은 숙달도가 낮은 순서에 따라 초급(1, 2급), 중급(3, 4급), 고급(5, 6급)으로 나누어 평가하며, 등급제로서 각 등급에서 규정하고 있는 수준을 만족하면(60%) 그 등급으로 판정하는 방식을 취하고 있다. 평가 영역은 각 등급마다 표현과 이해로 구분되고, 표현은 어휘 · 문법, 쓰기, 이해는 듣기, 읽기의 4개 영역을 평가한다. 영역별 배점은 각 등급마다 400점 총점으로, 표현 영역과 이해 영역 각각 200점, 어휘 · 문법, 쓰기, 듣기, 읽기 각각의 하위 영역이 100점을 만점으로 한다. 합격 기준은 전 급이 평균 60점 이상으로 되어 있고, 초급은 과목의 과락이 없으나 중급은 과목별 30점 이상

합격해야 하며 고급은 과목별 60점 이상의 점수를 요구하고 있다. 각 응시 등급에서 불합격한 자는 다음 시험에서 불합격한 특정 영역에만 응시할 수 없고 전 영역에 다시 응시해야 한다.

한글능력검정시험 [韓國語教育能力檢定試驗, Korean language teaching proficiency test]

일본에 거주하고 있거나 일본 내에서 한국어 교육을 받은 일본인과 재일 한국인의 한국어 능력 측정을 위한 평가.

일본 대학에서 한국어를 교육하고 있는 교수들로 구성된 한글능력검정협회가 주관하여 1993년부터 연 2회 실시하고 있다.

한글능력검정시험은 1급부터 준2급을 포함하여 6등급 체계로 구성되어 있다. 시행 초기에는 4등급으로 되어 있었으나, 1995년 2급과 3급 사이에 준2급을 새로 마련하고 5급을 신설하여 6등급으로 평가되고 있다. 한국어능력시험(TOPIK)과는 달리 5급이 가장 낮은 단계이고 1급이 가장 높은 단계이다. 평가 영역은 듣기 · 말하기, 읽기, 쓰기의 세 개 영역으로 되어 있고, 가장 높은 단계인 1급과 2급의 경우는 2차 시험으로 말하기 시험을 실시하며 발음, 내용 이해, 작문 능력, 표현 및 구성 등의 평가 영역으로 구성되어 있다.

형성 평가 [形成評價, formative tests]

학생 · 교수 프로그램 등을 향상시키려는 목적으로 실시되는 평가.

1967년 Scriven이 제안한 용어로, 결과나 성과보다는 과정에 초점을 두고 이루어지는 평가이다. 교수 · 학습이 진행되는 과정에서 학생들의 학습 정도를 수시로 측정하여 학습자에게 피드백을 줌으로써 각 학습자가 학습 내용과 방법을 개선하도록 실시하는 시험이다. 수업 시간에 배운 내용에 대해 수업 중에 간단한 쪽지 시험의 형태로 평가하는 것이 이에 해당된다.

학생을 대상으로 할 경우에는 추가적인 학습이 필요한지를 알아볼 수 있고, 교수 프로그램을 대상으로 할 경우에는 형성 평가의 결과를 바탕으로 수정 및 보완할 수 있다.

OPI [Oral Proficiency Interview]

ACTFL(American Council on the Teaching of Foreign Languages)에서 말하기 숙달도를 평가하기 위해 마련한 평가 기제.

ACTFL OPI는 외국어의 기능적 말하기 능력 평가의 표준 기제라고 불리기도 한다. 공인 ACTFL 시험관이 면대면 또는 전화 면접을 통해 ACTFL 말하기 숙달도 지침(1999년 개정)에 기술된 10등급 기준에 맞는 특정 의사소통 과제를 수행하게 함으로써 수험자의 해당 언어의 말하기 숙달도를 판정하는 방법이다.

ACTFL OPI는 기능적 말하기 능력 평가이므로 특정 교과 과정과는 독립된 것으로, 수험자가 언제 어디서 어떤 상황에서 그 언어를 배웠는지와도 관련이 없다. 평가는 공인 시험관과 수험자 간에 구성된 대화 형식으로 시행되며, 인터뷰 중에 다루는 화제는 수험자의 관심 거리와 경험에 기반을 두고 진행된다. 시험관은 수험자의 기능적인 말하기 능력의 일관된 최저 한도(floor)와 최고 한도(ceiling)를 확보하기 위해서 일련의 질문을 통해 수험자가 각 등급의 숙달도에 명시된 의사소통 과제를 수행하는 능력을 끌어낸다.

평가 범주는 과제/기능(task/function), 맥락(context), 내용(content), 정확성(accuracy), 담화 형태(text type)로 설정하였다. 과제/기능은 그 언어를 이용한 실세계에서의 과제 수행 능력을 뜻하며, 숙달도가 높아질수록 정형화된 발화, 나열 등의 기능으로부터 추상화, 가설 수립, 논쟁 등의 기능 수행 능력으로까지 발전한다. 맥락은 화자가 처한 환경 및 조건을 말하는 것으로, 숙달도가 높아질수록 예측할 수 있는 일상적인 맥락으로부터 점차적으로 공식적/비공식적 맥락으로 발전한다. 내용은 대화의 화제나 주제를 말하며, 숙달도가 높아질수록 일상생활과 관련된 극히 일반적인 분절 요소로부터 일반적인 화제와 일부 전문 분야의 화제를 다룰 수 있는 능력으로까지 발전한다. 정확성은 유창성, 문법, 발음, 어휘, 화용적 능력, 사회 언어학적 능력 등이 포함되고, 담화 형태는 담화의 양과 구성적인 측면에 관한 것으로, 숙달도가 높아질수록 분절된 단어나 구로부터 두 개 이상의 단락으로 구성된 확장된 담화로까지 발전한다.

말하기

개인화 [個人化, personalization and localization]

문화 적응과 관련된 용어로 언어가 사용되는 지역에 따라 개별화되는 현상.

예를 들면, 같은 영어를 사용하더라도 영국, 미국, 필리핀 지역에 따라 어휘나 관용어구가 달라지는 현상을 일컫는 말이다. 한국어의 경우도 중국에서 조선족이 사용하는 한국어, 우즈베키스탄에서 고려인이 사용하는 한국어, 북한에서 사용하는 한국어, 남한에서 사용하는 한국어 등 각 나라나 지역에 따라 차이가 드러나게 되는데 이는 한국어가 국지화되었기 때문에 일어나는 현상이다. 국지화는 세계화(globalisation)를 전제로 하여 발생한 용어이다.

구두 반복 연습 [口頭反復練習, oral drills]

기본 패턴에 주어 혹은 동사를 계속 바꿔가면서 입으로 그 형태를 자동화시키는 연습.

구두 반복 연습은 기본 형식에서 주어 혹은 동사를 바꿔가면서 그 형태를 자동화시키는 방법을 말한다. 먼저 선생님이 패턴을 바꿔 가면, 학생들이 그에 맞는 문장을 만들어 대답한다. 그 결과 학생 스스로가 자기도 모르는 사이에 입근육의 혀의 위치와 그 리듬을 기억하게 된다.

그룹 활동 [group activities]

조를 짜서, 그룹으로 활동하는 것.

짝 활동과 그룹 활동은 구성원의 수와 활동의 유형에서 구별할 수 있다. 그룹은 전반적으로 유창성에 중점을 둔 수업에서는 언어 능력이 우수한 학생과 다소 떨어지는 학생들을 섞어서 편성하는 것이 좋다. 학생들이 협동심을 발휘하여 서로 도우며 활동을 하도록 지도한다. 이때 교사는 학생들이 그룹 활동에서 서로 오류를 수정해 주는 것을 잘 들어야 한다. 교사는 각 그룹마다 특별한 과제를 찾아 부여해야 하고 각 그룹에 맞게 준비해야 한다. 그룹 활동의 초점은 교사가 그룹에 제공한 과제와 지시에 의해 결정되기 때문이다.

학생들 스스로가 자신의 그룹을 잘 이끌어 나가도록 지도하고 학생들이 조언을 구하면 교사는 적절한 조언을 해 주어야 한다. 반드시 잘 듣고 간섭하지 말아야 한다. 학생들은 자유로움을 느껴야 하며, 학생들이 말하고자 하는 것을 말하도록 허용해야 한다.

기술 사용[技術使用]

습득된 언어 형식, 표현 유형을 상황과 맥락에 맞게 사용하는 것.

언어 이론이 아니라 언어 사용과 관련된 용어이다.

한국어 교육은 한국어 사용을 가르치는 것이어야 하며, 이를 위해서는 한국어 사용의 체계가 설정되어야 한다. 특히 화법 교육(말하기 · 듣기 교육)의 목적은 개인적인 일상생활, 교육과 학습, 사회 활동, 직업 활동에 필요한 담화(discourse)의 생산 능력을 발달시키는 데 있다. 일반적으로 화법 이론에서 나누는 비공식적 담화와 공식적 담화를 담화 사용 체계로 설정할 수 있을 것이다. 일반적으로 화법 이론에서는, 담화를 비공식적 담화와 공식적 담화로 나눈다. 비공식적 담화는 계획이나 준비 없이 개인 사이에서 이루어지는 담화이다. 날마다 사람들이 주고받는 대화는 비공식적 담화이다. 공식적 담화는 미리 계획이나 준비를 하고, 개인이나 집단 사이에서 이루어지는 담화이다. 공식적 담화에는 면접, 면담, 연설, 토의, 토론, 회의가 있다.

주로 혼자 말하면서 담화를 구성하는가, 함께 말하면서 담화를 구성하는가에 따라 담화는 혼자 말하기와 함께 말하기로 가를 수 있다. 혼자 말하기는 비교적 긴 시간 동안 말하는이가 혼자 말하고, 듣는이는 주로 듣기만 하는 것이다. 혼자 말하기에는 연설과 같은 것이 있다. 함께 말하기는 말하는이와 듣는이가 바뀌면서 말하기가 진행되는 것이다. 함께 말하기에는 대화, 면접, 면담, 토의, 토론, 회의가 있다. 담화의 학습은 혼자 말하기에 속하는 (1) 설명적 연설, (2) 설득적 연설, 함께 말하기에 속하는 (3) 대화, (4) 면담, (5) 토의, (6) 토론의 순서로 진행하는 것이 바람직하다.

기술 획득[技術獲得]

언어 형식, 표현 유형을 습득하는 것.

기능 획득이라고도 한다.

어떤 상황에서 전형적으로 쓰이는 언어 형식, 표현 유형을 연습하는 것은 말하기의 상호작용 기술을 학습하는 데 중요하다. 즉 전화 대화나 인터뷰 상황, 파티나 저녁 초대에서 나누는 대화 등은 하나의 패턴으로 저장되어 말하기를 더욱 용이하게 만든다. 그러나 말하기는 이것뿐만 아니라 대화를 나누고 있는 상대방과의 교섭적 행위도 중요하다. 말하기에서의 이해란 대화를 나눌 때 개인이 스스로 이해한다기보다는 서로의 이해가 중요하다. 이것은 문자 언어, 즉 텍스트를 이해하는 것과는 다른 방식으로 상호작용하는 것이다. 말하기에서는 쌍방이 서로 의미를 주고받는 가운데 이해하는 상호작용 기술이 필요하다. 이러한 상호작용 기술은 과제 수행 활동을 통해 학습, 습득될 수 있다. 과제수행 학습 활동에서 역할극을 생각해 보자. 공적인 자리에서의 만남, 사적인 담화, 논쟁, 토론, 비격식적 대담, 계획 세우기, 사죄하기 등의 정해진 상황 속에서 자신이 맡은 역할을 수행해 내는 활동을 통해 구두의 상호작용 기술을 익혀 궁극적으로 말하기 기술의 향상을 가져온다. 언어 기능을 연습하는 것은 언어 지식을 늘리는 것이기도 하다. 예를 들어 어떤 상황 속에서 습득, 학습한 언어, 즉 학습자 스스로가 생산해 낸 언어는 특정한 표현 방식으로 저장될 수 있다. 이러한 지식은 일종의 법칙이 아니다. 이것은 언어 기술에 의해 어떤 한 상황 문맥에서 또는 다른 상황 문맥에서 다루어지거나 연습되는 과정 속에서 축적되는 것이다. 언어 기술은 메시지를 결정하고 그것을 형식화하고 실행하는 결정 과정으로 구성된다. 따라서 말하기 기술은 정확성의 기술만으로는 습득, 학습될 수 없다.

대화자 쌍방의 교섭적 행위로서의 언어 형식은 사용자에 의해 찾아지고 반복되고 다듬어진다. 화자가 그것을 성공적으로 찾아내고 사용할 때 비로소 기억되는 것이다. 이러한 지식의 축적, 기술 개발을 위해서 언어의 정확성의 기술뿐만이 아니라 언어 사용으로 이끌 수 있는 과제 수행 활동 중심의 수업이 필수적임을 알 수 있다. 즉 어떤 주어진 상황 속에서 학습자는 스스로의 역할을 수행해 나가는 가운데 상호작용 기술을 습득하고 발전시키게 된다.

말하기[speaking]

'구어의 표현 영역'에 해당하는 것으로 음성 언어를 통해 자신의 생각, 느낌, 정보 등을 표현하는 언어 기능.

의사소통이 중요시되는 상황에서 말하고 읽고 쓰고 듣는 4가지 기능 중에 가장 중요시되는 것은 말하기 기능이다. 특히 오늘날과 같이 세계 사람들이 서로 왕래하고 접촉할 기회가 많아 서로 대화할 기회가 잦아진 상황에서 말하기 교육은 예전보다 훨씬 중요하고 또 필수적인 것으로 간주되고 있다.

외국어로서의 한국어도 교육이 시작된 이래 말하기에 치중하였으며, 이로 인해 교실 내 수업의 가장 많은 시간을 말하기에 할애해 왔다. 한국어 학습자인 외국인들은 다양한 언어를 모어로 사용하며, 대부분 한국어를 낯선 언어로 인식하고 있다. 이들에게 한국어로 말함으로써 자신의 생각과 감정을 표현하고, 정보를 교환하고, 문제를 해결하기 위해서는 말하기 영역의 고유한 특성을 반영하고, 한국어 구어의 특성을 분석하여, 의사소통 능력 개발을 위한 교육 내용을 선정하고, 유의미적인 연습 활동과 실생활로 전이될 수 있는 과제 활동으로 연결해야 할 것이다.

말하기 교육의 역사

음성 언어인 말하기 교육의 역사.

말하기 교육의 기원은 그리스 철학자에 의해 교육된 수사학에서 비롯되었다고 보는 것이 일반적이다. 외국어 교육에서 말하기 교육의 역사는 정확하게 알려지지 않았으나, 서양 고대의 외국어 교육에서도 발견된다. 서양 고대에는 그리스어와 라틴어를 주요한 외국어 교육 대상으로 삼았다. 이 시기에는 지배층 사이에서 성행한 교육이었으며 이중 언어를 완벽하게 구사하는 것을 이상으로 삼은 것으로 보아 말하기 교육이 이루어졌음을 알 수 있다. 서양 중세에는 라틴어 교육을 듣기, 말하기, 읽기 순으로 행하였으나 3세기 이래로 라틴어가 문어와 구어의 차이가 차츰 커지고, 구어가 사어화됨으로써 말하기 교육도 쇠퇴한다. 말하기 교육에 대한 관심은 19세기 후반에 심리학 및 언어학의 발달로 '유아가 모국어를 습득하는 과정'을 외국어 교육에 응용해야 한다는 주장이 제기되면서 크게 일어난다. 베르리츠, 구앙 등이 개발한 자연 교수법의 등장과 함께 말하기 교육에 대한 관심이 커진다.

외국어로서의 한국어 교육에서도 문자를 통해 정보 교환을 할 기회가 많았던 과거에 비해, 잦은 국제간의 이동, 정보와 지식을 음성 언어로 보급하는 대중 매체의 발달, 화상 전화 등의 발달로 면대면 의사소통의 중요성이 대두되면서 말하기 교육에 대한 비중이 높아지고 있다.

말하기 전략 [speaking strategies]

말을 잘하기 위해 계획, 조직, 수행하는 방책.

의사소통을 위해 교사는 학생들에게 말하기 전략을 가르치는 것도 중요하다. 말하기 전략은 크게 성취 전략(Achievement strategies)과 축소 전략(Reduction strategies)으로 나눌 수 있다. 학습자들이 문제를 만났을 때 실제 사용하는 의사소통 전략을 살펴보면, 여러 가지 적극적인 방법으로 의사소통 목적을 달성하는 성취 전략과 형식적 또는 기능적으로 목표하는 발화 내용을 회피하는 축소 전략이 관찰된다. 성취 전략에는 추측 전략, 어휘 대치 전략, 협동 전략이 있고 축소 전략에는 회피 전략이 있다.

반언어적 요소 [伴言語的要素] ☞ 준언어적 요소

반언어적 요소란 언어에 부수되는 표현을 하는데 사용되는 요소로, 음성 언어를 구사함에 있어서 부수적으로 들어가는 요소인 어조, 속도, 고저, 장단 등을 말함.

반언어적 요소를 사용함으로써 똑같은 말이라도 상황에 따라서 달라지는 차이를 잘 표현할 수 있다. 반언어적 표현에서의 반은 '동반하다'의 의미의 한자 伴으로서 언어적 표현을 할 때 동반되는 표현 방법, 즉 말을 하면서 이루어지는 표현이다. 반언어적 표현은 언어와 관련이 있는 의사소통으로 속도, 강약, 성량, 고저, 음색 등에 따라 기쁨, 놀람, 분노, 짜증, 조롱 등을 표현하는 것을 말한다. 성이 나면 목소리가 커지는 경우가 이에 해당한다. 예를 들어, 성이 나면 목소리가 커짐, 흥분해서 높고 빠른 속도로 이야기함, 귀찮아서 느린 속도로 이야기함 등이 있다.

비언어적 의사소통 [非言語的意思疏通, nonlinguistic communication]

언어 이외에 사람의 몸짓, 얼굴 표정, 신체 접촉, 상대방과의 거리 등을 매개로 한 의사 전달 방식.

비언어적 의사소통은 보통 감정과 정서를 표현하기 위해 사용된다. 언어적인 메시지가 비언어적인 메시지와 다를 때는 진실이 무엇인지 아는 데 비언어적 차원이 결정 요인이 된다. 비언어적 메시지는 다른 차원의 의도를 검증할 때 또는 언어적 메시지를 강화할 때 도움이 된다. 언어는 구체적이고 객관적인 사실에 관한 커뮤니케이션에서 활용되며 비언어는 느낌이나 감정 등 심리적인 상황을 전달하는 데 활용된다. 따라서 의사소통은 구체적 사실과 함께 송수신자 즉 교사와 학생 간의 심리적 상태 등이 정확하게 표현되었을 때 메시지의 정확한 해석이 가능하므로 언어적 메시지와 비언적 메시지는 서로 보완 관계이다. 언어를 사용하지 않고 제스처, 미소, 찡그림 등 얼굴 표정, 눈짓, 의자 이동, 귀금속 착용, 눈에 띄는 색깔의 장신구나 옷차림, 접촉, 목소리의 크기, 침묵 등을 통해 메시지를 전달하는 것을 비언어적 의사소통이라 한다.

성취 전략[成就戰略, achievement strategies]

대안책을 찾아 문제를 해결함으로 의사소통의 목적을 달성하는 전략.

크게 추측 전략과 어휘 대치 전략, 협동 전략이 있다.

수업의 상호작용 모형

Cronbach와 Snow(1977) 등이 제안한 ATI(Aptitude-Treatment Interaction, 적성 처치 상호작용 모형)에 바탕을 둔 상호작용적 수업 방법이다. 가르치는 방법에 관점을 국한시키지 않고 학습자 개인이 성취하여야 할 수업 목표나 내용의 수준과 양도 학습자의 개인차를 고려하여 달리 정해야 한다는 데 의의가 있다. 또 학습자들은 각자가 지니고 있는 적성, 수업 이해력, 선수 학습 능력의 수준, 요구와 관심 사항 등이 다르기 때문에 각 개인이 성취해 낼 수 있는 학습의 수준과 양은 다를 것이며, 학습해 나가는 속도가 각기 다를 것이라는 가정에 바탕을 두고 있다.

대표적인 접근으로는 Carroll의 완전 학습, Johnson의 협동 학습, 컴퓨터 학습 등을 들 수 있으며 이후 많은 사람들에 의해 긍정적인 효과가 검증되었다.

시뮬레이션[simulation]

실제 상황을 대신할 모의적인 상황을 이용하여 교육하는 것.

한국어 교육에서는 모의 상황을 설정하여 교육하는 것이라고 이해하면 좋다. 예를 들면, 텔레비전 시사토론 프로그램 등을 시뮬레이션으로 설정하고 말하기 교육을 한다든지, 대담 프로그램에서 인터뷰 상황을 설정하고 말하기 교육 등을 하는 것이다.

시뮬레이션은 쓰기 과제로의 연결이 자연스럽다. 예를 들어 주요 역할 담당자는 자신이 한 말을 보고서로 쓰게 하고 리포터는 기사를 작성하게 할 수 있다. 부수적 역할 담당자와 청중에게도 이러한 과제를 나누어 주면 된다.

교사는 이러한 시뮬레이션 수업을 위해 토론보다 더 많이 준비하고 조직 및 운영에 더 많은 노력을 기울여야 한다. 우선 교사는 역할 카드를 만들어 역할을 지정해 준다. 학생들이 이 역할을 위해 무엇을 어떻게 준비해야 하는지, 시뮬레이션에서 자신이 맡은 역할을 어떻게 수행해 나가야 하는지 알려 준다. 시뮬레이션은 또한 시간이 많이 소요된다. 수업 첫 시간은 시뮬레이션을 준비하는 수업이 되고 두 번째 시간은 시뮬레이션을 행하는 수업이 된다.

어휘 대치 전략 [語彙代置戰略, word replacement strategy]

학습자가 목표어의 언어 지식을 토대로 자신이 말하고자 하는 단어와 유사한 단어나 표현을 찾아내는 것.

반대말, 비슷한 말을 사용한다거나 그와 유사한 비슷한 표현을 찾아 사용하는 것이다. 예를 들어 '비행기 조종사' 라는 단어에 대해 학습자는 '비행기 운전사' 라고 표현하는 것이며, '그 사람은 출석했다' 라는 표현 대신 '그 사람은 안 결석했다' 라고 말하는 것이다.

'결석하다' 라는 단어를 잊어버렸을 경우, '그게 뭐죠? 학교에 안 왔어요.' 라고 하여 자신이 생각한 개념을 풀어서 말하는 것 또한 말하기 전략에서 중요하므로 교사는 이러한 전략을 학습자가 사용할 수 있도록 일깨워 주고 지도해 준다.

'동물' 이라는 단어를 상대방으로부터 알아내기 위해 학습자는 "사과, 바나나, 파인애플 이런 것을 과일이라고 해요. 그러면 개, 고양이, 소 이것을…" 이런 식의 전략 사용으로 자신이 말하고자 하는 단어나 표현을 상대방으로부터 찾게 하는 전략을 가르친다.

역할극 [役割劇, role play]

역할극은 학생에게 누군가로 가장하여 말하게 하는 활동.

역할극은 잠시 동안 학생들을 교실 밖으로 끄집어내어 한국어를 어떤 상황에서 어떻게 유용하게 사용할 수 있는지를 가르쳐 주는 방법이다. 그러나 역할극은 교사의 세심한 배려가 필요하다. 학생들 모두가 어떤 인물이 되어 행동하고 말한다는 것이 쉽지만은 않은 일이기 때문이다. 교사는 언어의 정확성에 초점을 둔 활동에서 수많은 오류를 원치 않는다. 따라서 상황 설정 시 복잡하지 않고 단순한 상황 설정을 해야 하며, 기능 표현이나 도움 표현들이 적절히 제공되어야 한다.

역할극을 위한 여러 가지 방식

· 시각 자료의 사용

식당이나 커피숍의 차림표 같은 것을 직접 가져와서 사용하거나 복사해서 사용할 수 있다.

라디오나 텔레비전 프로그램도 좋은 시각자료가 된다. 또한 스케줄을 기록한 수첩도 연습 활동을 위한 매우 유용한 자료가 된다.

· 학생에게 상황을 설정해 주기

교사는 구체적인 상황을 설정하고 역할에 대한 설명을 제시한다.

2인조 교육 방식

한 학급을 두 명의 교사가 지도하는 교육 방식.

2인조 교육 방식은 학급 담임제로서는 학생들의 능력을 최대로 신장시키기가 어렵다는 이유에서 출발하였으며 우수 교사나 특기 있는 교사들의 소질과 능력을 충분히 발휘할 수 있다는 점에서 그 장점이 인정되고 있다. 따라서 학생들이 개인차를 고려할 수 있고 교사들의 능력을 효율적으로 활용할 수 있고, 학교의 시설과 시간을 효과적으로 이용할 수 있게 된다. 특히 이 방법은 교육 공학의 활용을 통하여 교사의 인력 부족을 보완할 수 있고, 교사의 직능 분화로 인한 교직의 전문성을 높일 수 있다는 점도 있다.

정보 간격 활동 [情報間隔活動, information gap activities]

언어 교육에 사용되는 여러 활동 중의 한 방법으로, 학생들이 각자 가지고 있는 정보를 다른 사람에게 말로 전달을 하고, 또한 상대방 역시 본인들이 가지고 있는 정보를 파트너에게 전달을 함으로써 서로가 다른, 또는 가지고 있지 않은 정보를 얻는 방법.

이 방법을 통하여 학생들은 말하기와 듣기 실력을 향상하고, 대화 방법에 대한 많은 도움을 받을 수 있다.

직소 과제 [jigsaw puzzle]

학생들의 자기 주도적 학습 능력을 길러주는 교수-학습 방법.

직소(Jigsaw) 학습법은 협동 학습 활용의 대표적인 모형이다. 직소라는 이름은 모집단이 전문가 집단으로 갈라졌다가 다시 모집단으로 돌아오는 모습이 마치 jigsaw puzzle(조각난 그림 끼어 맞추기)과 같다고 하여 붙여졌다. 이 모형은 학생들의 자기주도적 학습 능력을 길러 주는 교수-학습 방법으로서 특히 외국의 대학 교육에서 많이 응용되고 있으며 그 효과가 입증되고 있는 모형이다.

짝 활동 [pair activities]

그룹 활동과 유사한 것으로, 짝을 지어 주어진 문제를 해결하는 활동.

문제에 대한 해답을 짝과 함께 의견을 공유하는 그룹 활동 전략. 능동적인 학습을 장려한다. 짝 활동은 교사의 발화량을 줄이고 학생들의 발화량을 더욱 증가시킬 수 있기 때문에 구성원의 수업 참여를 높일 수 있는 방법이다.

① 고정된 짝 활동

주어진 과제를 완성하기 위해 동일한 상대방(보통 왼쪽이나 오른쪽에 앉아 있는 사람)과 대화를 나누는 것이다. 짤막한 대화를 연습하는 방식이 바로 그것이다. 연습 활동을 반복하거나 그 활동과 관련된 어떤 활동을 하기 위해 학생은 처음 대화 상대자가 아닌 다른 상대방과 대화를 나눈다.

② 유동적 짝 활동

이것은 상대방을 계속 바꾸어 가며 하는 활동을 말한다. 단순한 예문을 주어 활동을 유도하기도 하고, 각각의 학생들이 서너 개의 정보를 찾아내기 위해 학급 동료나 그 외의 사람을 만나 인터뷰하는 활동을 들 수 있다.

③ 짝 활동 지도 시 주의 사항

첫째, 가능하면 가장 합리적인 방법으로 짝을 지어 주어야 한다.

둘째, 학생들이 무엇을 해야 하는지 활동에 대한 구체적이고 정확한 설명을 해 준다.

셋째, 활동은 너무 복잡하지 않고 단순해야 한다.

넷째, 활동은 너무 길지 않아야 한다.

다섯째, 교사는 학생들이 어떤 부분을 잘하고 어떤 부분을 잘 못하는지 계속 점검하고 기록해 두어야 한다.

여섯째, 시끄러운 분위기를 좀 차분하게 만들 필요가 있다면 교사는 학생들에게 활동은 좀 조용히 할 것을 지시한다.

일곱째, 학습 재강화의 기회를 제공한다.

추측 전략[推測戰略]

학습자 자신이 알지 못하는 단어나 부정확한 단어를 자신이 알고 있는 언어의 형태론적 지식에 입각하여 해석하거나 표현하는 것.

추측 전략에는 몇 가지 종류가 있다. 추측 전략에는 우선 학습자가 자신의 모국어를 외국어로 만들어 사용하는 전략, 모국어 단어를 그대로 차용하여 사용하는 전략, 자신의 언어 지식에 근거하여 단어를 만들어 사용하는 전략이 있다. 예를 들어 일어를 모국어로 하는 학습자의 경우 일어 단어를 그대로 차용하여 사용할 경우 한국어와 유사한 발음을 갖게 되는 경우가 종종 있다. 예를 들어 도서관은 としょかん(toshokang), 주소는 じゅうしょ(jyusho) 등이 있다. 이런 경우에도 교사는 학생에게 단어나 특정 표현을 모른다고 하여 말하기를 중단하거나 포기하지 않도록 지도해야 할 것이다. 또한 영어권의 학습자가 대화를 할 때 영어를 활용할 수 있다. 대화 상대자가 어느 정도 고등 교육을 받은 사람일 경우 영어 단어나 표현은 어느 정도 알고 있으므로 특히 초급에서는 어휘력의 부족으로 말하기를 주저하거나 힘들어하지 말고 영어를 활용하여 추측되는 어휘를 사용하도록 독려한다. 우리나라에는 영어식 외래어가 많다는 것을 알려 주고 자신이 알고 있는 지식을 적극 활용할 것을 독려해야 한다.

축소 전략[縮小戰略, reduction strategies]

말하기 능력이 뛰어나지 못한 학습자가 자신이 당면한 문제를 직접 해결하지 못하고 소극적으로 대처하며 의사소통하는 데 말을 축소하는 전략.

통제된 대화 연습

시뮬레이션과 같은 대화식 수업 도구를 활용하여 통제된 환경 안에서 연습을 함으로써 실력을 쌓는 것.

학생들이 짧은 모범 대화문을 연습하는 것으로 외국어 수업에서 많이 사용된다.

일반적으로 대화는 네 줄 내지는 다섯 줄 정도의 길이가 적당하며 학생들이 학습한 문법 항목과 어휘, 꼭 알아 두어야 하는 관용 표현 등을 포함한다.

교사는 학생들이 연습 활동을 하기 전에 모범 대화문을 자신 있게 정확하게 말할 수 있는지 확인해야 한다. 그러므로 모범 대화문은 칠판에 적어 제시하거나 유인물로 나누어 주고 그 의미를 전달한 후 교사의 따라 읽기 지시로 따라 읽게 한다. 우선 전체 학급이 교사가 읽은 부분을 코러스 형태로 따라 읽게 하고, 두 명씩 짝을 지어 역할을 바꾸어 가며 말하게 한다.

모범 대화문을 이용하여 학생들이 여러 가지 대화를 만들 수 있게 하는 방법

· 핵심 단어를 제공한 연습 유형

· 도표로 정보를 제시해 주기

· 자신들에 대해 말하게 하기

· 역할극

프로젝트 [project]

일련의 조사(책 읽기, 인터뷰 등)와 기록물을 만들어 내는 활동.

프로젝트 수업은 학생들이 토론을 많이 하게 되므로 유창성에 중점을 둔 수업에 적당하며 교육적 가치가 있다. 그러나 시간을 많이 필요로 하고 교사는 좋은 프로젝트 선정에 힘써야 한다.

예를 들어 '아파트 근처에 공원 만들기' 프로젝트를 한다고 가정하면, 학

생들은 우선 공원에 관계된 자료를 읽어야 하고(아마 학습자 모국어로 된 자료를 읽는 것도 가능함), 비용이 얼마나 드는지 알아봐야 하고(그 지역 사무실이나 상점을 방문하여 인터뷰함), 아파트 주변에 공원이 들어서는 것을 원하는 사람들을 만나 어떤 시설이 필요한지 인터뷰를 해야 할 것이다.

그러나 학생들이 외부에 나가 인터뷰하거나 조사하는 것이 불가능하다면 다른 방법을 사용해야 할 것이다. 예를 들어, 공원과 관계있는 자료를 읽기 자료로 제시하여 읽게 하거나 인터넷을 사용하여 정보를 찾게 하면 된다. 그리고 교실에서 역할극을 통한 인터뷰를 하게 하면 될 것이다.

협동 전략 [協同戰略, cooperative strategy]

대화 상대자에게 자신의 모국어로 번역을 해 달라고 요청하거나 자신이 말하고자 하는 바를 몸으로 표현하거나 흉내 내면 대화 상대자가 그것을 한국어로 알려 주는 것.

예를 들면, 다음 대화에서 학생1은 '청바지를 입다, 모자를 쓰다, 귀걸이를 걸다' 와 같은 표현을 정확하게 모르고 있어서 "모자를 입다" 라고 말한다. 이때 대화 상대자로부터 원하는 단어를 이끌어 내기 위해 구문론적인 구조를 제공하면 대화 상대자가 "모자를 쓰고 있어요" 라고 말해 주는 사례이다.

학생 1 그 사람은 청바지를 입고, 모자를 입…
학생 2 쓰고 있어요.

회피 전략 [回避戰略, evasive strategy]

학습자가 의사소통의 어려움을 해결하기 위해 당면한 문제를 회피하는 전략.

회피 전략은 학습자가 자신에게 까다로운 발음이나 구조를 피하여 의사소통의 문제를 일으키지 않고 자신의 생각을 전달하려고 하는 것이다. 그러나 회피 전략은 학습자가 효과적으로 사용하지 못할 경우 부정적인 영향을 주기도 한다. 즉 자신에게 어렵게 느껴지는 것들을 피함으로써 어휘력 부족을 초래하거나 자신이 정말 말하고자 하는 내용을 피하게 되기도 하기 때문이다. 따라서 교사는 학습자가 어떤 부분을 어려워하는지 잘 관찰하여 어느 단계에서는 회피가 아니라 극복할 수 있게 지도해야 한다.

듣기

교사 전략 [敎師戰略, teaching strategies]

학습자들이 듣기의 부담감을 가능하면 줄이고 흥미를 가지고 듣기에 임할 수 있도록 만드는 교사의 지도 전략.

학습자들의 듣기 향상을 위한 교사 전략은 다음과 같다.

첫째, 모든 단어를 다 들어야 한다는 강박 관념에서 탈피시킨다. 교사는 학습자에게 듣기 활동에서 중요한 것이 무엇이며 주의 집중해서 들어야 하는 것이 무엇인지를 사전에 알려 주고, 이를 이해할 수 있도록 적극적으로 도와야 한다.

둘째, 학습자에게 들어야 하는 이유를 분명히 해야 한다. 학습자에게 왜 들어야 하는지, 즉 무엇을 들어야 하는지를 분명하게 해 주는 것이 중요하다. 듣기 전이나 듣는 중이나 들은 후에 무엇을 해야 하며 어떤 부분에 주의를 집중해야 하는지를 정확하게 지시한다.

셋째, 몸짓이나 표정, 시청각 자료를 많이 활용한다. 언어의 의미를 보충해 주는 여러 가지 시각적, 청각적인 자료를 많이 활용하는 것도 잉여적인 요소를 증가시키는 것이다. 교사는 듣기 전 활동에서 시청각 자료를 적극적으로 활용하여 학습자의 듣기 중 활동을 돕는다.

넷째, 과제 중심적인 듣기 교육이 되어야 한다. 과제는 실생활과 관련된 것으로 교실에서 학습한 것이 그들의 삶의 현장에 그대로 적용될 수 있는 것이어야 한다. 그러므로 전문적인 듣기 교재나 수업용 부교재를 개발하여 과정 중심의 듣기 지도가 되어야 한다.

다섯째, 듣기의 결과를 가시적으로 표현하는 듣기 활동 유형을 다양하게 구성하여 지도한다. 교사는 핵심어 찾기, 비언어적 단서 찾기, 전달하고자 하는 정보와 배경 지식 연결하기, 추측하기, 요점 듣기 등의 가시화된 일련의 활동으로 학습자가 이해했는지를 점검해야 한다.

여섯째, 듣기 자료는 학습자의 인지 능력을 고려하여 흥미 있고 쉬운 것이어야 한다. 학습자 수준에 맞는 적절한 듣기 자료는 듣기 기능을 개발하고 학습자의 전반적인 언어 학습에 도움이 되는 것이어야 한다. Krashen은 적절한 수준의 듣기 자료는 이해할 수 있으면서도 학습자의 현재 수준보다 약간 상회하는 수준(I+1)이라고 하였다. 이미 학습하여 알고 있는 자료에 더하여 새로운 학습 내용이 있는 자료는 학습자에게 도전감을 주고 적절히 반응하게 할 것이다.

일곱째, 가능한 한 교실 한국어(classroom language)를 많이 활용한다. 언어를 배우는 좋은 방법은 그 언어를 실제 의사소통 수단으로 사용하고 경험하는 것이다.

여덟째, 학습자를 위한 중요한 듣기 전략을 지도한다.

듣기 [listening]

의사소통 활동 중 음성 언어를 통해 이루어지는 이해 활동.

귀를 통해 들어오는 말소리를 두뇌가 인지하고, 발화자의 의도나 의미를 파악하여 그에 대응하는 반응을 준비하게 하는 과정이라고 할 수 있다. Taylor(1973)는 이러한 듣기의 과정을 소리 듣기(hearing), 의미 듣기(listening), 이해하기(auding)의 세 단계로 구분하고 있다. 소리 듣기는 말소리의 음파를 귀로 받아들이는 과정을 뜻하고, 의미 듣기는 소리의 인식을 넘어서 의미를 파악하는 것을 가리키는 것으로, 말소리를 다른 음향과 구분하여 언어로 인지하고, 이 말소리를 의미 있는 단위로 처리하는 과정을 말한다. 이해하기는 듣기 과정의 처리 결과를 종합적으로 이해하고 해석하며, 여기에 청자 자신의 정의적인 반응까지 곁들이는 과정을 뜻한다. Taylor는 입력 정보보다는 듣기 처리 과정에서 청자가 인지적으로 정보를 처리하는 과정에 초점을 맞추었다.

이에 비해 Richards(1983)는 이해의 기본 단위를 주제로 보고, 듣기를 주제를 인지하는 과정으로 해석한다. 그는 듣기 이해 과정을, 목표어의 구조에 대한 지식을 통한 이해 처리 과정과 실세계 지식을 통한 이해 처리 과정으로 나누고 있다.

여러 학자들의 듣기에 대한 정의를 종합해 보면, 듣기 이해에서는 목표어에 대한 언어적 지식과 형식 스키마와 내용 스키마를 포함하는 실세계 지식이 상호 영향을 미친다는 것을 알 수 있다.

듣기 교육의 역사

언어 교육의 전통적 방법론에서 듣기는 말하기의 보조 수단으로 여겨져서 독자적인 교육 방법이나 자료가 개발되지 못했다. 문법 번역식 교수법(Grammar Translation Method)은 문어 중심의 교육이므로 듣기 교육은 중요한 교육 대상이 되지 못했다. 직접 교수법(Direct Method), 청각 구두 교수법(Audio-Lingual Method)에서는 듣기가 읽기, 쓰기에 비해 중요시되었으나, 이해로서의 듣기 활동이 아니라 모방과 반복을 통하여 습득되는 말하기의 보조적인 수단으로 강조되었다. 전신 반응 교수법(Total Physical Response)에 와서 비로소 청취 이해가 발화에 선행할 때 효과적이라는 입장에서 청취 이해를 강조하는 이해 접근법을 시도하게 되었다. 그리고 1970년대의 의사소통 중심 접근법(Communicative Approach)으로 이어져 듣기를 능동적인 이해 영역으로 인정하게 되었다.

듣기 단계 [while-listening]

계획된 듣기 자료를 들으면서 과제를 수행하는 단계.

듣는 활동 자체가 중심이 되는 단계로 다른 단계에 비해 말하기, 읽기, 쓰기 등과의 통합을 줄이고 학습자를 듣기 활동 자체에 집중하도록 지도한다. 학습자가 입력되는 듣기 자료에서 내용을 찾아내는 능력을 개발하도록 도와줘야 한다. 듣기 지도에서는 예측한 것과 실제적인 내용을 비교하고 이를 해석하는 것이 중요하다.

듣기 단계의 활동은 듣기 본래의 활동으로 그림에 해당 사항 표시하기, 그림 배열하기, 그림 완성하기, 그림 그리기, 행동하기, 길 찾기, 표나 차트 완성하기, 이름 붙이기, 목록표 작성하기, 공란 채우기, 오류 찾아내기, 특정 정보 찾기 등이 다양하게 있다.

자료를 듣기 전에 과제를 명확하게 제시하고 활동 방법을 설명한다. 이 단계에서는 개별적으로, 짝으로, 소그룹으로 과제를 수행하도록 하며, 과제 수행을 위한 듣기 전략과 기술을 최대로 활용하도록 한다.

듣기 유형 [listening type]

듣기의 상호성 여부, 상황, 목적 등을 기준으로 분류한 유형.

상호성 여부에 따라 한 사람의 발화가 청자의 개입 없이 이어지는 일방향적 담화 유형과 한 사람의 발화에 이어 청자가 그에 대해 즉각적인 반응을 하는 쌍방향적 담화 유형으로 나눌 수 있다. 쌍방향적 담화 유형에서 둘 이상의 참여자는 화자와 청자의 역할을 여러 차례 바꿔 가면서 참여하게 된다.

이러한 분류는 듣기의 상황에 따라서 공식적 상황과 비공식적 상황으로 다시 분류될 수 있다. 공식적 상황은 참여자 간의 인간적 친밀도와는 별도의 태도를 가지고 발화가 진행되는 상황을 말하는 것이고, 비공식적 상황은 참여자 간의 인간적 친밀도에 의해 좌우되는 상황을 말한다. 공식적 상황은 익명의 청중이 있는 경우나 직업적, 전문적 성격이 강한 내용을 담고 있는 경우에 발생하게 된다.

마지막으로 담화의 목적에 따라 친교적 담화, 정보 교환적 담화, 비평적 담화, 감상적 담화로 나눌 수 있다. 친교적 담화는 담화에 참여하는 사람들 간의 교류를 높여 친밀도를 높이기 위한 목적을 가진 담화를 말하고, 정보 교환적 담화는 정보를 전달하기 위한 목적의 담화를 말한다. 비평적 담화는 서로의 의견을 개진하는 것을 목적으로 하는 담화이며, 감상적 담화는 언어를 통해 정서적, 심리적 유희를 느끼기 위한 담화를 가리키는 것이다.

듣기 이해 처리 과정

듣기 과정은 '들리기(hearing), 듣기(listening), 깨닫기(auding)' 로 구분되는 듣기의 과정.

'들리기' 는 자신의 귀에 들리는 소리만을 인지하는 행위이고, '듣기' 는 들은 것에서 의미를 구성해 내는 의도와 의식의 언어 활동으로서, 부분적으로는 물리 과정이지만 본질적으로는 감각의 경험을 인지로 처리하는 심리 과정이다. '깨닫기' 는 '듣기' 과정의 처리 결과를 종합적으로 이해하고 해석하며 여기에 말하는 이 자신의 정의적인 반응까지 곁들이는 과정이다. 즉 '깨닫기' 는 연속적으로 이어지는 의미를 넘어 높은 수준의 인지적 · 통합적 · 정의적 처리 과정을 말하므로 이 단계에서는 듣는 이의 비판적 사고 기능과 수용적 태도가 형성된다.

듣기의 과정을 고려하면 이 가운데 듣기 교육의 궁극적 지향점이 되는 '깨닫기' 의 중요성을 인식할 수 있다. 더 나아가 '깨닫기' 는 정보를 분석하고 비판하여 종합적으로 활용할 수 있는 상위 구조나 체계를 확립하는 행위를 말하므로 모든 정보를 연결하고 종합, 비판할 수 있는 수준의 사고 능력과 관련된다.

'깨닫기' 에 이르기 위해서는 다음과 같은 단계를 거쳐 이해의 층위를 넓혀 간다. 먼저 소리가 들려오는 곳을 보고 확인하며, 음향과 음성을 구분하고 말소리에 초점을 맞추어 지속적으로 그 말소리만을 받아들이는 '들리기' 단계를 거친다. 다음은 소리 가운데 말소리를 언어로 인지하고, 이 말소리를 의미 있는 단위로 처리하는 '듣기' 단계에 미친다. 그리고 '듣기' 단계에서 눈으로 보고 귀로 받아들인 말소리를 분석하고, 조직하며, 이 소리를 기억 속에 저장된 지식이나 경험과 연결 짓는 과정에서 '깨닫기' 의 단계에 이른다. 보기와 듣기, 깨닫기에 가장 직접적으로 영향을 미치는 요인에는 배경지식과 경험, 동기, 흥미, 어휘력 등이 있고 다양한 문화적, 언어적 경험도 포함된다.

듣기 자료 [listening material]

교실 내 듣기 수업에서 사용하는 자료.

교실 밖의 상황에서 학습자들이 듣게 되는 언어 형태는 다양하며, 각각의 경우에 따라 처리 기법이 달라지므로 듣기 자료는 다양한 구어 형태를 포함해야 한다. 한국어 듣기 수업에서 자료로 사용할 수 있는 구어 형태 가운데 독백 자료로는 연설, 강연, 의례적 인사, 의식사 등이 있고, 대화 자료로는 비격식적인 일상 대화와 격식 상황에서 이루어지는 토론, 회의, 대담, 보도 등이 있으며, 이와 같은 자료들은 실제적인 대화나 교육적인 목적으로 구성된 자료 또는 방송 자료의 형태로 사용된다.

교실 내 듣기 수업에서는 실생활로 전이될 수 있도록 실제적인 자료로 구성해서 사용해야 한다. 실제적인 자료라는 것은 우선 담화 유형이 실제적인 자료와 유사한 것을 의미하는데, 이는 학습자의 숙련도에 따라 다소 변형될 수는 있으나 텍스트의 담화 유형은 원래 것이 그대로 유지되어야 학습자가 유사한 텍스트를 접했을 때에도 동일한 전략을 사용할 수 있다. 또한 실제적인 언어 생활을 반영한 자료를 사용해야 하는데, 구어의 특성상 형태적으로 비언어적이고 비문법적인 요소를 다수 포함하게 되고, 수행 과정에서는 머뭇거림, 반복, 수정 등의 다양한 전략적 기술이 사용된다. 따라서 연습 상황에서도 이와 같은 요소들이 적절하게 포함되어야 하고, 발화 자체는 교육을 위해 만든 어색한 담화가 아니라 자연스러운 담화로 이루어져야 하며 정상적인 모국어 화자의 발화 속도로 구성되어야 한다.

듣기 전 단계 [pre-listening]

본격적인 듣기가 이루어지는 전 단계로, 앞으로 듣게 될 내용에 대해 목적과 기대를 가지고 임할 수 있도록 학습자를 이끄는 단계.

학습자가 무엇인가 생각하면서 듣기 위해서는 먼저 듣기 자료에 대한 준비가 되고, 들으려는 학습 동기가 유발되어야 한다. 학습자가 무엇인가를 들을 때에는 들어야 할 뚜렷한 이유가 있어야 쉽게 몰입하고 주의 집중을 잘하며 보다 잘 이해하면서 듣게 된다. 긴장감을 덜어 주기 위해서 교사는 들려주는 것 중에서 특정 부분에만 주의를 기울이게 함으로써 학습자의 능동적인 듣기 능력을 개발시킬 수 있다. 이런 면에서 듣기 전 단계는 실제 듣기 단계보다 더 중요하다고 할 수 있다.

들을 내용의 주제를 소개하고, 동기와 흥미를 유발하여 적극적으로 듣기 활동을 유도하기 위한 단계로, 어휘 및 표현에 대한 제시, 확인 등이 포함된다. 주제에 대해 간단한 질문을 던져서 학습자들 가운데 경험이나 정보가 있는 사람으로부터 지식이나 정보를 공유할 수 있도록 이야기를 끌어낸다. 또한 사진, 삽화, 도표, 실물 등 주제와 관련된 시각 자료를 제시하고 주제로 유도하여 들을 내용을 예측하게 하고, 들을 내용과 관련된 필수적인 어휘를 자연스럽게 제시하며, 간단한 어휘 연습 활동을 한다.

듣기 전략 [listening strategies]

들을 내용을 이해하기 위해 어떻게 들을 것인가와 관련된 이해 전략.

① 예측하기: 듣기가 단순히 수동적인 활동이 아니라 정신적으로 능동적인 행위라는 것을 말해 주는 것으로, 학습자로 하여금 다음에 이어질 내용이 무엇인지 예측하게 하는 것이다. 예측한 것과 실제로 들은 것을 비교해 보고 성공 경험을 제공함으로써 자신감을 갖게 한다.

② 추론하기: 말하는 사람의 억양, 표정이나 몸짓과 같은 신체 언어 등에 주의를 기울임으로써 말하는 사람의 의견이나 태도를 추론하고 전하고자 하는 의미를 이해하게 한다. 특히 들려주는 이야기나 대화에서 많이 활용할 수 있다.

③ 맥락 파악하기: 한국어를 듣고 이해하기 위해서는 많은 단어를 이해해야 하므로 듣기 자료를 들려주기 전에 중요한 단어를 미리 가르쳐 주기도 한다. 이런 단어들 중에는 많은 수가 문맥과 상황 속에서 그 의미를 추측할 수 있다. 주어진 맥락과 관련되어 학습자가 기존에 가지고 있는 배경 지식을 활용하여 해당 단어 뜻을 추측하거나 전체적인 의미를 이해할 수 있으면 새삼스럽게 그 단어를 설명하거나 사전을 찾지 않아도 될 것이다. 이와 같이 맥락 속에서는 그 의미를 추측하여 이해할 수 있지만 실제로 활용할 수 없는 단어를 수동적 어휘라고 하며, 이 수동적 어휘를 확장해 나가는 것이 듣기 능력을 신장시켜 나가는 것이다.

④ 담화 유형과 표지 인식하기: 담화에서 순서를 나타내는 어휘, 즉 '우선, 먼저, 그 다음으로, 두 번째, 그러고 나서, 전에, 후에, 그리고, 그렇지만, 반면에' 등은 다음에 나타날 말이 앞의 말과 어떤 관계에 있는지를 알려 준다. 따라서 이야기나 일련의 설명하는 말을 듣는 데는 이런 어휘들을 인지하는 것이 전체적인 의미를 이해하는 데 매우 중요하다.

듣기 후 단계[post-listening]

실제적인 듣기 활동이 끝나고 행해지는 단계로, 들은 내용을 정리하고 강화하는 단계.

듣기 후 단계는 듣기 과제에서 무엇을 해야 되는지를 제대로 이해하여 그 과제를 성공적으로 이행했는지를 점검하는 것이다. 듣기는 이해하는 것으로 끝나면 안 되며 실제로 적용할 수 있어야 한다. 즉 들은 언어 내용에 대해 주제를 심화시키거나 학습 내용을 다른 상황에 전이시켜 줄 수 있는 기회를 제공해 주어야 한다. 이런 경우에는 듣기 기능이 단독으로 일어나기보다는 주로 다른 언어 기능과 함께 일어나게 된다.

들은 내용을 정리하기 위해서는 어려운 문법 구조, 단어, 발음에 대해 보충 설명을 하거나 따라 읽기 등을 한다. 그리고 자료의 내용 중 듣기 단계에서 목적으로 하지 않은 부분에 대한 다시 듣기 활동을 하거나, 다른 언어 기능으로 전이하거나 통합하는 활동을 하는 단계이다. 다른 언어 기능과의 통합 방식은 들은 내용에 대해 말하기/토론하기, 관련 있는 자료 읽기, 심화된 내용의 또 다른 듣기 등이 있다. 중 · 고급 단계에서 비디오 등의 시청각 자료를 통해 듣기 활동을 한 경우에는 그에 대한 글쓰기도 가능하다. 이 단계에서 많이 활용되는 유형에는 서식 및 차트 완성하기, 목록표 확장하기, 순서 및 등급 매기기, 문장과 짝 맞추기, 요약하기, 문제 해결이나 판난 활동을 위한 정보 도출하기, 역할극 및 모의극 등이 있다.

듣기의 난이도[degree of difficulty in listening]

듣기 활동이나 학습의 어려운 정도.

듣기는 제2언어 학습에서 중요한 입력을 제공해 주며, 이 입력은 교실에서 그 언어의 새로운 형태(어휘, 문법 등)에 대해 학습자의 주의를 끄는 수단을 제공한다. 그러므로 이러한 입력에 대한 충분한 이해는 제2언어 학습에서 성공 여부를 가늠하는 중요한 기초가 될 수 있다. 기존의 연구에 의하면 학습자가 듣고 있는 내용을 충분히 이해하기 위해서는 학습자가 적어도 듣기 지문에 나와 있는 입력 정보의 95% 정도를 알고 있어야 하며, 98% 정도를 알고 있다면 거의 완전하게 내용을 이해할 수 있다고 한다.

수업 시간에 이루어지는 듣기 활동이 듣기 능력을 향상시키는 데에 목적을 두고 있다면 교사는 듣기 지문을 구성할 때 학습자가 모르는 어휘의 수를 통제할 필요가 있다. 그렇게 함으로써 학습자는 듣고 있는 내용 중 자신이 모르는 어휘에 주의를 빼앗기지 않고 듣기 능력 향상과 관련된 다양한 활동에 집중할 수 있게 될 것이다. 그러나 현실적으로 이와 같이 어휘를 통제하고 듣기 지문을 구성하는 것은 쉬운 작업이 아니며, 이와 같은 어휘의 통제가 때로는 자료의 실제성을 떨어뜨릴 가능성이 높다.

이러한 문제점을 해결하기 위해 일반적으로 사용하는 방법은 스키마 형성을 위한 듣기 전 활동 가운데 미리 들을 어휘에 대한 학습을 포함시키는 것이다. 이와 같은 어휘 학습은 명시적으로 이루어질 수도 있고 교사의 유도에 의해 간접적으로 이루어질 수도 있다. 또 다른 방법은 듣기 활동과 직접적으로 연관된 쓰기 보조 자료를 제공해 주는 것이다. 예를 들어 들은 내용을 도표 형식으로 바꾸는 일종의 이해 정보 전이 활동을 활용하는 것이다. 이 경우 활동지의 구성에 있어서 빈칸으로 남길 부분과 미리 어휘를 제시할 부분을 정할 때, 학습자들에게 있을 수 있는 어휘 지식의 격차를 줄일 수 있도록 세심한 주의를 기울이면 듣기 능력의 향상이라는 원래의 목적에 좀 더 집중할 수 있을 것이다.

무리 짓기 [clustering]

문장의 의미를 파악하기 위하여 문장을 구성하는 작은 단위들로 쪼개는 것.

문어의 경우에는 기본적인 단위를 문장으로 보게 되지만 구어의 경우에는 기억의 한계와 무리를 지으려는 성향으로 인해 발화를 그보다 작은 어휘 무리로 쪼개게 된다. 보편적인 단위는 절(clause)이지만, 절 안에 있는 구(phrase)가 훨씬 이해하기 쉽다. 제2언어 학습자들은 전체 문장이나 몇 개의 문장들과 같이 과도하게 긴 문장 구성 성분을 파악하려고 한다든지 반대로 발화 내에 있는 각각의 단어에 모두 주의를 기울이려고 하기 때문에 교사는 학습자들이 처리할 수 있는 단어들의 무리 짓기를 파악하도록 도와줘야 한다.

반복적 듣기 [repetitive listening]

같은 내용을 반복해서 듣는 활동 방법.

어떤 내용을 듣고 난 후 그것을 읽고 새로운 어휘와 표현을 익히고 또 다시 반복해서 듣는 것은 초급, 중급 학습자에게 매우 효율적인 학습 과정이다. 이와 같은 방법은 새로운 어휘와 표현을 배울 수 있게 해 줄 뿐만 아니라 그 언어의 흐름에 익숙해지도록 도와준다. 내용의 25% 이상을 이해하지 못하는 자료를 듣는 것은 학습자를 좌절하게 할 수도 있고 자신감을 감소시킬 수도 있다. 반면에 반복해서 듣는 것은 한정된 범위일지라도 이해할 수 있는 능력과 자신감을 높여줄 수 있다. 학습자의 실력이 향상됨에 따라 반복해서 듣는 횟수는 줄어들게 된다. 2,000단어를 습득한 단계에서는 낯선 언어가 점차로 익숙해지고 예측할 수 있을 정도가 된다. 학습자가 이해하는 내용을 듣고 수차례 반복해서 들음으로써 그 언어에 대한 감각을 훨씬 더 쉽게 익힐 수 있게 되며, 고빈도 어휘와 표현을 수차례 듣고 익숙한 내용을 듣는다는 것은 학습자가 이 어휘와 표현에 초점을 맞춰서 습득할 수 있게 하는 것이다. 또한 내용의 의미를 이미 알고 있으므로 반복적 듣기를 통해서 발음과 리듬을 배우는 데에도 많은 도움이 된다.

반복하는 것은 뇌 속의 새로운 신경계를 만드는 데 도움이 되고, 뇌는 새로운 것을 좋아하므로 학습자가 일단 지루해지면 학습 활동을 중단하게 된다. 따라서 반복적 듣기에서는 '반복(repetition)'과 '참신함(novelty)'이 중요한 요소가 된다.

반응적 듣기 [responsive listening]

화자의 진술에 대해 청자가 주의 깊게 듣고 있음을 반응하며 듣는 것.

반응적으로 듣기 위해서는 발화에 대해 응답하는 대신 이해하려는 의지를 갖고 들어야 한다. 정보 얻기, 문제 확인하기, 문제점 해결하기, 의사소통의 정확성 높이기 등의 능력을 향상시키고, 화자에게 동기 부여하는 능력을 강화하기 위해 반응적 듣기 방법을 활용한다. 청자는 들을 때 주의를 기울이고 있다는 것을 보여 주기 위해 맞장구를 치거나 머리를 끄덕인다든지, 정보가 틀렸다고 생각할 때는 수정 견해를 제시하거나 머리를 가로젓는 것이 효과적이다. 대화에서는 공감적 듣기를 하면 반응적 듣기에 효과적이다. 면접을 할 때는 듣는 사람이 내용을 듣고 적는 것이 필수이며, 화자의 발언이 끝나면 질문을 하고 화자가 말한 것을 이해했음을 확인한다.

배경 지식 [背景知識, background knowledge]

경험을 통해 얻은 모든 지식.

이해는 새로운 상황을 이미 알고 있는 지식에 동화시키는 과정을 의미한다. 배경 지식은 기억 속에 체계적, 조직적으로 저장되어 있는 지식 구조를 의미하는 것이므로 이를 활용하면 정확한 사실 정보가 결여된 상황에서도 지적인 추측을 가능하게 하여 이해하는 데에 도움이 된다. 따라서 아는 것만큼 이해하고, 알고 있는 것만큼 문제 해결의 대안을 제시할 수 있는 것이다.

학습자가 텍스트에 제시된 주제나 정보에 관한 배경 지식을 갖고 있다면 훨씬 더 잘 이해할 수 있으므로 텍스트에 나타난 내용에 관한 배경 지식을 활성화하는 것이 중요하다. 이해 교육 내에서 스키마를 활용할 수 있도록 하는 수업 구성과 상호작용은 성공적인 이해를 돕는 중요한 요소이므로 교사는 실제적인 듣기나 읽기 단계에 들어가기 전에 학습자가 기존에 가지고 있던 사전 지식을 최대한 끌어내도록 유도해야 하고, 학습자가 충분한 배경 지식을 가지고 있지 않다면 내용을 이해하는 데 필요한 최소한의 배경 지식을 미리 주어야 한다.

상향식 듣기 [bottom-up listening]

청자가 언어의 작은 부분에 대한 인식에서 점차 단위를 확장시키면서 이해에 도달하는 듣기 방법.

소리를 인식하고 음운을 식별하는 것에서 출발하여 어휘의 차원, 어절의 차원, 문장의 차원, 문단의 차원으로 차차 넓어지면서 이해가 이루어져 결국 전체 담화의 내용을 처리하는 것으로 보는 것이다. 따라서 상향식 듣기에서는 음운의 식별이나 어휘의 이해 등 '작은 부분' 에 대한 교육이 강조되게 된다.

상호작용적 대화 [相互作用的對話, interactional talk]

두 명 이상이 서로 이야기하며 사회적인 인간 관계를 시작하기 위해 반응할 때 생기는 언어의 사회적인 면을 뜻하는 것.

담화 분석가들이 언어의 주목적과 기능과 관련해서 구별하는 용어로, 상호작용적 대화의 주요 초점은 다른 사람과의 관계와 역할을 확립하고, 관계를 확고히 함으로써 사회적인 관계를 부드럽게 하는 것이고, 상호작용적 기능의 우선 목적은 사회적인 관계를 만들고 유지하는 것이다. 관계적 대화라고도 한다. 예를 들어 은행에서 줄 서 있는 사람과 날씨나 서 있는 줄의 길이 등과 같이 사소한 내용에 대해 이야기하는 것이다.

상호작용적 듣기 [Interactive listening]

청자가 하향식 처리를 하는 가운데 상향적 처리와의 상호작용을 통하여 의미를 파악하는 듣기 방법.

상향식 듣기와 하향식 듣기가 모두 인간의 듣기 이해 과정을 탐구하는 데에 일정한 통찰을 제공해 주고 있기는 하지만, 극단성으로 인하여 실제의 듣기 이해 과정을 반영하고 있다고 보기는 어렵다. 청자들이 배경 지식의 활성화를 통해 적극적으로 듣기에 임하지만, 그 과정에서 소리의 인식이나 어휘의 이해와 같은 작은 부분의 역할도 중요하다는 것을 인정하는 것이다. 음운이나 단어, 문법 등의 음성적 실현과 같이 상향식 듣기에서 제시하는 내용들뿐만 아니라 한국어의 구어적 특징, 효과적인 듣기 전략, 다양한 담화의 유형적 특성, 그리고 듣기 이해에 도움을 주는 언어 외적 요소가 그 교육 내용이 될 수 있다.

선택적 듣기 [selective listening]

특정 정보에 초점을 맞춰 듣는 활동으로 자신이 필요로 하는 정보를 알아내는 활동.

듣기를 할 때 초점을 부분에 두느냐 전체에 두느냐에 따라 선택적 듣기(selective listening)와 전체적 듣기(global listening)로 구분한다. 전화 메모하기를 예로 들면, 선택적 듣기에서는 전화를 건 상대방의 이름과 전화번호 및 메시지 등을 알아낼 때 주요 단어를 감지할 수 있는 능력과 세부 내용을 알아차릴 수 있는 능력이 요구되는데, 이 방법은 청자가 단순히 듣는 것보다는 들어야 할 내용, 또는 다음에 예상할 수 있는 내용을 찾으면서 듣는 것이다.

전체적 듣기란 말을 들을 때의 초점이 전체적인 주제나 의미의 이해에 바탕을 둔 활동이다. 듣기 이해의 첫 번째 단계는 주어진 메시지의 요점을 파악하는 것이며, 이를 위해서는 어린이가 모국어를 배우듯이 내용어 혹은 강세 받는 요소에 초점을 맞추어 듣는 것이 좋다. 전체적 듣기는 전체 내용을 파악하기만 하면 되므로 개개의 특정 항목을 주의하여 듣지 않아도 된다는 점에서 선택적 듣기와 반대되는 성격을 갖는다.

수행 변인 [遂行變因, performance variables]

언어 수행에서 나타나는 여러 가지 변인.

연설, 강의 등과 같은 계획된 발화를 제외하고 구어에서는 화자가 주저하거나 말을 잘못 시작한다든지 말을 멈추고 잠시 머뭇거리거나 수정해서 말하는 일이 빈번하다. 원어민 청자들은 어렸을 때부터 이와 같은 수행 변인을 처리하는 방법에 익숙해 있으나, 제2언어 학습자들은 이런 수행 변인으로 인해 이해하는 데 쉽게 간섭을 받게 된다. 따라서 학습자는 주의를 산만하게 만드는 수행 변인들의 영향을 받지 않고 의미를 가려듣는 연습이 필요하다.

인지 전략 [認知戰略, cognitive strategies]

학습자들이 직면한 문제를 효율적으로 해결하기 위해 사용하는 전략으로 반복하여 연습하거나 문맥이나 상황에 근거하여 추측하는 전략.

O' Malley et al.(1990)의 분류에 기준한 한국어 듣기의 인지 전략은 다음과 같다.

① 메모하며 듣기: 간단히 메모를 하면서 듣는다.
② 한국어로 생각하며 듣기: 자신의 모국어로 번역하기보다는 바로 한국어로 의미를 파악하고자 한다.
③ 배경 지식을 이용하여 정교화하기: 들리는 내용을 세상에 대한 지식이나 이전에 알고 있던 내용에 비추어 이해하려 한다.
④ 요약하기: 들으면서 들은 부분에 대한 요약을 간단하게 하거나 들은 후

들은 내용을 마음속으로 정리한다.

⑤ 비언어적 단서를 통해 추론하기: 발화자, 발화자들의 관계, 발화의 상황을 통해 내용을 추론한다.

⑥ 언어적 단서를 듣고 추론하기: 조사, 담화 표지, 어조, 문맥 등을 이용하여 내용을 추론한다.

⑦ 담화적 특질을 통해 추론하기: 듣는 내용이 어떤 종류의 담화인지를 파악하고 그 담화의 특징을 이용하여 내용을 추론한다.

⑧ 다음 내용을 예측하며 듣기: 다음에 무슨 내용이 나올지를 추측하면서 듣는다.

⑨ 반복 어구나 강조하는 말을 듣기: 말의 속도가 갑자기 변화되고, 화자가 천천히 명확하게 강조하여 말하거나 반복하여 말하면 그것에 주의를 기울이며 듣는다.

정보 전달적 대화 [情報傳達的對話, transactional talk]

어떤 화제에 대해서 필요로 하는 정보를 얻거나 주기 위해 대화를 시작하는 과정에 대한 것.

정보 전달적 대화의 목적은 정보를 교환하는 것이고, 정보 전달적 기능은 무엇보다도 일이 되게 하는 정보의 교환과 관련되며, 거의 모든 교과서 자료에서 없어서는 안 되는 담화 행위와 같이 방향을 제시하는 대화에 주목하는 데에 유용하다.

정의적 전략 [情意的戰略, socioaffective strategies]

학습자가 다른 학습자나 원어민과 상호작용하기 위하여 사용하는 전략으로 동료들과 협동하여 정보를 공유하고 상호작용에 응하는 전략.

학습 과제에 대한 개인의 능동적 참여에 영향을 주고, 학습에 도움이 되는 심리적 태도를 유지하는, 스스로 동기를 유발하는 기법이다. 이는 사회적 관계가 언어 학습에 있어 언어 발달과 사고의 발달로 이어진다는 구성주의의 주체적 실현이라고 볼 수 있다. 교사와 학습자 간의 감정 이입 단계 확립을 통해 학습을 자극하는 것으로, 의미 협상이 가능한 상황의 듣기에서는 특히 중요하며, 의미를 이해하기 위해 협동하거나 명료하게 부연해 달라는 요구를 하는 것이 그 예이다.

O' Malley et al.(1990)의 분류에 기준한 한국어 듣기의 정의적 전략은 다음과 같다.

① 협동하기: 모르는 내용을 파악하기 위해 동료와 협동한다.

② 부연 설명, 반복을 요구하기: 이해하지 못한 내용에 대해 다시 설명해 줄 것을 요구한다.

중복성 [重複性, redundancy]

아이디어를 이해할 수 있는 데 필요한 것 이상으로 많은 정보가 사용되거나 반복 사용되는 어구의 구성.

잉여성이라고도 한다. 구어는 대개의 문어와 달리 중복성을 많이 갖는다. 발화를 구성하는 모든 문장이나 구가 반드시 새로운 정보를 담고 있는 것은 아니라는 것을 알고, 중복성을 예기함으로써 학습자는 스스로 중복성을 이용하는 연습을 할 수 있다. 중복성은 시간적인 여유와 부가적인 정보를 제공함으로써 청자가 의미를 처리하는 데 도움을 준다. 언어를 듣는다는 것은 중복성을 익혀 가는 과정이며, 교사는 학습자가 목적을 가지고 들을 수 있도록 지도해야 한다.

집중적 듣기 [intensive listening]

언어의 특정한 항목, 소리, 세부 사실과 같은 세부 사항을 다루는 듣기 활동.

집중적 듣기는 단순히 들은 내용을 이해하는 데 그치지 않고 들은 후 과제를 수행하는 능력까지 포함한 좀 더 적극적이고 수준 높은 능력까지 포함하는 언어 영역을 말한다. 듣고 반복하기, 듣고 대답하기, 듣고 수행하기, 듣고 상호작용하기의 네 가지 목표를 이루는 데 주력한다.

집중적 듣기의 예로는 '빈칸 채우기, 숫자나 글자를 듣고 식별하기, 세부 사실을 듣고 O/X 문제나 선택형 문제에 답하기, 격자틀 · 시간표 · 도표를 완성하기, 들은 어휘 표시하기' 등이 있다.

초인지 전략 [超認知戰略, metacognitive strategies]

학습할 내용을 학습자가 미리 점검하고 계획함으로써 언어 학습 과정을 스스로 관리하고 통제하는 전략.

상위 인지 전략이라고도 하며, 듣기 이해에 있어서 계획, 점검, 평가를 말한다. 과제의 요구와 흐름을 깨닫고, 적절한 전략을 적절한 시기에 적절한 방법으로 사용하는 것을 총괄하는 것은 초인지 전략의 몫이다.

O' Malley et al.(1990)의 분류에 기준한 한국어 듣기의 초인지 전략은 다음과 같다.

① 점검하기: 들으면서 내가 과연 잘 이해하고 있는지를 순간적으로 점검하고, 자신의 듣기 능력에 맞게 듣기 수행을 계획한다.

② 자기 관리하기: 듣기 전이나 듣는 중에 마음을 가다듬고 정신을 집중한다.

③ 목적을 가지고 선택적으로 듣기: 무엇을 들어야 할지를 간단하게 선택한 후 듣는다.

④ 못 들은 내용에 집착하지 않기: 못 들은 문장에 대해 너무 걱정하지 않고 빨리 다음 문장에 주의를 기울여 듣는다.

하향식 듣기[top-down listening]

청자가 듣기를 수행하기 이전에 가지고 있던 보편적 기대나 배경 지식의 역할을 강조하는 듣기 방법.

청자는 듣기를 수행하기 전에 이미 자신의 지식으로부터 의도적이든 의도적이지 않든 들을 내용에 대한 기대나 추측을 시작하며, 듣기를 수행하거나 듣기를 마친 후에도 청자의 적극적인 예측, 추론, 해석이 끊임없이 이루어진다는 것이다. 따라서 듣기 이해에 있어 청자의 능동적인 활동이 결정적인 역할을 한다고 강조한다. 내용과 담화 유형의 특징에 대한 지식을 포함한 배경 지식을 활성화하여 내용을 예측하고, 의미를 추론하고 해석하는 등의 활동에 초점을 두는 교육 내용이 중점적으로 제시될 수 있다.

확장적 듣기 [extensive listening]

전반적 이해를 촉진하고, 학습자들로 하여금 모든 단어의 의미를 파악하지 못해도 걱정하지 않도록 북돋는 것과 관련된 듣기 연습 활동.

광범위하게 오랜 시간에 걸쳐 들음으로써 언어에 노출되는 시간이나 양을 늘리는 것으로 영화 보기, 사용 설명서 등을 듣고 실행하기 등이 이에 속한다. 확장적 듣기의 예로는 '중심 생각 찾기, 그림을 순서에 맞게 배열하기, 알맞은 그림과 사진 찾기, 전체 내용에 대한 O/X 문제나 선택형 문제에 답하기, 다음에 나올 내용을 예측하기, 알맞은 짝 찾기, 전체 텍스트에 나타난 화자의 견해 추론하기, 화자의 태도를 이해하기, 듣고 요약하기, 들으며 메모하기' 등이 있다.

읽기

낭독 [朗讀, oral reading]

글을 소리를 내어 읽는 방식.

낭독은 텍스트의 글자를 음성화해 인식하는 과정을 거치는데, 이해하기까지 여러 단계를 거치기 때문에 독서의 속도와 효율성이 떨어진다. 낭독과 관련된 방식으로 음독(音讀)이 있다. 영어에서는 음독과 낭독을 별로 구별하지 않으나 굳이 구별한다면 음독은 vocal reading, 낭독은 oral reading이라고 하며, 대개 낭독은 문학 작품 같은 것을 소리 내어 읽는 것이고, 음독은 일반 문장을 소리 내서 읽는 것이라고 할 수 있다.

음독은 문자의 음성화라는 넓은 의미로 파악하여 이에 낭독을 포함시키는 경우도 있으나 대개는 묵독과 대립되는 좁은 의미로 쓰인다. 그러나 실용문이나 논설문과 같은 비문학적인 문장을 음성화하여 다른 사람에게 전달하거나 확인하는 등 표현이나 진단의 수단으로 쓰이는 경우도 많다.

다독 [多讀, extensive reading]

본문의 의미에 초점을 맞춘 읽기 방식.

다독은 일반적으로 정독과 다르게 언어 사용과 관련된 부가적인 내용을 거의 포함하지 않는다. 어휘의 관점에서는 어휘 발달을 목표로 한 다독과 유창성 발달을 목표로 한 다독으로 구별하는 것이 유용하다.

어휘 발달을 위한 다독의 본문은 5% 이하의 모르는 단어(고유명사 제외)를 포함해야 하고, 이해와 추측이 확실히 일어나게 하기 위해서는 모르는 단어가 2% 이하여야 하며, 학습할 새로운 어휘는 1~2% 정도여야 한다. 모르는 어휘가 반복되어 나타나는 읽기 텍스트는 어휘 학습에 유리한 조건을 제공해 준다. 만약 어휘가 통제된 읽기 자료를 사용한다면 학습자들은 그들의 현재 어휘 지식보다 바로 한 단계 높은 수준의 것을 읽어야 한다.

유창성 발달을 위한 다독에서는 학습자들이 모르는 어휘가 거의 없거나 전혀 없는 본문을 읽어야 한다. 모르는 어휘는 학습자의 읽기를 둔화시키고 즐거운 읽기를 위한 유창성과 흐름을 얻기 힘들게 한다. 어휘가 통제된 읽기 텍스트를 사용한다면 학습자의 현재 어휘 수준보다 최소한 한 단계 낮은 수준의 것을 사용해야 한다.

학습자들이 다독을 통해 어휘, 문법 등의 언어 지식을 발달시키는 것은 다음과 같은 이점을 가지고 있다. 우선 읽기는 필연적으로 개인적인 활동이므로 다른 수준의 학습자들이 고정된 반별 프로그램에 구속될 필요 없이 자신의 수준에서 배울 수 있다. 두 번째로 학습자들이 그들의 관심에 따라 읽을 책을 고르도록 허용함으로써 학습에 대한 그들의 동기를 높일 수 있다. 세 번째로 교실 밖에서 학습이 이루어질 수 있는 기회를 제공한다. 그러나 다독 프로그램에 시간과 비용을 투자하기 전에 다독을 통해 일어나는 학습이 읽기의 유창성을 향상시키는 데만 제한되지 않도록 주의할 필요가 있다.

독자 [讀者, reader]

글을 읽는 사람.

독자는 텍스트에서 객관적인 지식이나 정보를 읽어 내는 수용적 읽기(submissive reading)를 할 수도 있고, 텍스트의 자기의 인지 체계에 맞추어 읽어 내는 주관적 읽기(assertive reading)를 할 수도 있다. 수용적 읽기는 독서의 인지적 모델과 관계있는 것으로, 학습자들은 각각 그들의 인지적 능력에 따라 일정 용량의 객관적 정보들에서 일정량의 정보를 끌어낼 수 있는데, 많은 부분 교육 현장에서 주도적으로 사용되고 있는 것으로 선다형, 단답형 지식을 얻는 방법이다. 반면에 주관적 읽기는 독서의 표현적 모델과 관계있는 것으로, 어떤 텍스트든지 독자는 자신의 주관에 따라 그 텍스트가 갖는 의미를 이끌어낸다. 그리고 텍스트는 매우 복잡하고 다양하므로 어떤 것이 중요하고 본질적인 것인지를 판단하는 것은 독자의 능력이고, 이때 배경 지식이나 경험이 중요한 부분을 차지한다.

맥락 [脈絡, context]

읽기 교육에서 의미 구성을 가능하게 하는 핵심 기제.

맥락의 정의는 언어적인 것에서 점차 심리적인 것으로, 그리고 심리-사회적인 것으로 변화해 왔다. 이 과정에서 맥락을 하나의 언어적 단서로부터 기술할 수 있는 요소로 간주하다가 점차 언어 사용자의 심리적 표상으로, 텍스트와는 별개로 항존하는 비언어적인 지식과 상황으로까지 기술되었는데, 이는 인식론적 패러다임의 변화와 무관하지 않다.

읽기란 맥락 자체를 읽는 것이라고도 한다. 본질적으로 맥락에서 벗어난 발화나 텍스트는 존재하지 않는다는 점에서 맥락적 읽기는 하나의 선택적 전략이라기보다는 본질적으로 행위의 전제이다. 따라서 맥락은 세계를 인식하는 매우 중요한 통로이며, 학습자에게 자각되어야 할 매우 중요한 교육 내용이므로 전략화하여 지도해야 한다. 이런 점에서 맥락이 교육 과정의 한 범주로 설정된 것이다. 읽기의 상황과 사회 문화적 배경을 의미 구성에 적극적으로 반영하고, 자신의 사회 문화적 지식과 사회 문화에 대한 가치를 확대, 정립해 나가는 것이 읽기의 목적이기 때문이다.

묵독 [默讀, silent reading]

글을 읽는 한 방법으로, 소리 내지 않고 눈으로 읽어서 이해하는 방식.

정보 처리 속도가 빠르고 독서의 효율성이 높으며, 눈의 작용과 두뇌의 이해가 긴밀하게 작용하기 때문에 전략적인 독서가 가능하다. 소리를 내어서 읽는 음독(音讀)이 글자 단위의 읽기라면 묵독은 문장 단위, 의미 위주의 읽기라고 할 수 있다. 묵독은 생각하면서 읽을 수 있어서 글을 읽는 재미를 느낄 수 있으므로 글의 내용을 제대로 이해하기에는 묵독이 음독보다 낫다.

비판적 읽기 [critical reading]

읽기 자료에 표현된 글의 내용을 분석하고 평가하는 것.

'비판적' 이라는 말은 잘못된 것을 평가하는 개념이 아니라 능동적으로 감상하면서 읽는 가치 중립적인 개념이다. 그러므로 어떤 글을 비판적으로 읽을 때는 그 내용에 대하여 부정적이든 긍정적이든 일정한 논리를 바탕으로 해야 한다. 문학 작품의 경우는 감상과 이해의 측면이 강조되고, 그 외의 글에서는 그 글에 대한 냉정한 평가를 의미하게 된다.

주어진 글을 비판적으로 이해하기 위해서는 글을 이루는 다양한 요소들을 체계적이고 엄밀하게 분석할 수 있는 능력이 필요하므로 비판적 사고는 분석적 사고를 포함한다. 비판적 읽기는 언어를 통한 표현과 이해의 과정에서 일정한 준거를 바탕으로 글쓴이가 제시한 주제, 자료, 증거, 논증, 글의 가치,

정확성, 효용성, 적절성, 글쓴이의 의도와 글의 표현 방식 등을 타당한 것으로 수용할 것인가 아니면 불합리한 것으로 반박할 것인가에 대한 판단을 내리는 이해 과정이다. 사실과 의견의 구분, 정보의 적절성과 정확성의 판단, 필자의 편견이나 숨은 의도의 문제, 문제 해결을 위한 다양하고 공정한 시각 등이 비판적 읽기의 올바른 태도의 예라고 할 수 있다.

빈칸 채우기 절차 [cloze procedure]

일정한 규칙에 따라 연속적으로 빈칸을 삽입한 문단을 완성하게 하는 형태의 문항.

폐쇄(closure)에 관한 형태심리학적 개념에 기초하여 담화가 계속되는 단락에서 매 n번째에 해당하는 단어를 생략해 놓는 것이다. 단어의 생략은 보통 5~7번째 단어 사이에서 이루어지는 것이 일반적이다. 의미 있는 담화 맥락에서 통사적, 형태론적, 그리고 의미론적인 단어 등 언어의 다양한 양상에 관한 지식을 평가할 수 있다.

빈칸 채우기의 목적은 학생의 지식과 읽기 과정의 이해를 확인하기 위해서, 학생들이 읽으면서 의미를 관찰하게 하기 위해서, 그리고 텍스트와 내용에 대해 비판적이고 분석적으로 생각하도록 하기 위한 데에 있다.

빈칸 채우기 문항을 만들 때 임의로 생략된 단어가 문맥에 의해 추론이 불가능할 경우나 문맥상 중요한 의미를 지닌 핵심어일 경우에는 조정이 필요하며, 담화의 첫 문장과 마지막 문장은 생략하지 않고 완전한 형태로 제시해야 한다. 빈칸 채우기는 어느 특정 언어 요소를 지나치게 강조하는 교사의 주관적 요소를 배제할 수 있고, 언어 감각과 세부적인 지식을 통합적으로 평가하기에 적합하다는 장점이 있는 반면에 평가하려는 요소를 모두 포함시킬 수 있는 문단을 제작하기가 어렵다는 단점이 있다.

상향적 처리 과정 모형 [上向的處理過程模型, bottom-up processing model]

텍스트에 주어진 언어 정보를 문자 단위에서부터 출발하여 단어, 문장, 단락, 전체 담화로 이해해 나가는 선형적인 단계를 거쳐 정보가 이해되는 과정.

이 모형은 텍스트 중심의 이해 과정이며, 학습자는 주어진 언어 정보를 조합하여 이해하는 수동적인 역할을 하게 된다. 상향식 처리 과정은 초급 단계에서 주로 사용되며 '소리 내어 읽기' 를 통하여 의미를 이해하기 전에 절자를 인지하는 연습을 하게 된다. 즉 음의 구별을 통한 발음 연습으로 소리로 기억하고 있던 단어의 철자를 눈으로 확인하거나 철자와 달리 발음되는 발음 규칙을 자연스럽게 습득하게 되어 단어의 소리, 철자, 의미를 자연스럽게 하나로 인식하는 데 도움이 된다. 읽기에서는 낭독 방법, 문형을 분석한 지도, 모국어 번역을 통한 의미 이해 등이 해당한다.

상호적 처리 과정 모형 [相互的處理過程, interactive processing model]

독자와 글의 상호 작용을 이론화하고 있는 모형.

언어적 정보와 독자의 사전 지식, 배경 지식이 모두 읽기에 영향을 준다는 인식하에서 출발하며, 하향식 처리 과정 모형과 마찬가지로 학습자 중심으로 정보를 처리하는 것이나, 이해의 과정을 선형적인 것이 아닌 순환적인 것으로 본다.

하향식 과정을 통하여 텍스트에 관한 추측을 하고 이는 다시 상향식 과정을 통하여 언어 정보에 근거하여 확인하고, 다시 하향식 과정을 통하여 텍스트의 의미를 추측하는 데 도움을 주고, 이는 또다시 상향식 과정을 통하여 언어 정보를 확인하는 과정의 순환적인 반복을 통하여 텍스트의 정보를 처리한다.

제2언어 학습자나 외국어 학습자에게 많이 적용되는 방식이며, 학습자가 적극적으로 자기 질문을 통해 이해를 확인하는 과정들이 포함된다.

상호 텍스트성 [intertextuality]

과거나 미래의 모든 담론들과 상호 의존하는 텍스트의 성질.

1966년 Cristeva는 어떤 새로운 문학 텍스트들도 곧 텍스트들의 교차(intersection)라는 생각을 표현하기 위하여 이 용어를 사용하였다. 그것들은 변형된 과거의 텍스트들을 흡수하였고, 미래의 텍스트들에 의해 흡수되고 변형되리라는 것인데, 용어 자체가 폭넓은 차원의 개념 폭을 가지고 있으므로 하나의 의미로 정의한다는 것은 쉽지 않다.

Cristeva가 처음에 이 용어를 만들게 된 계기는 그동안 텍스트 비평의 주류에 놓여 있던 작가주의 분석에 치중한 역사주의에 대한 대안 모색에서 비롯되었다. 텍스트 비평에 대한 역사주의 접근 방식의 초점은 텍스트로부터 작가가 글을 쓰면서 추구한 목적, 작가의 세계관이나 가치관의 근원적 뿌리, 그리고 당시 사람들의 반응에 대한 고찰이었다. 이러한 작가의 개인적이고 심리적인 요소에 대한 강조와 작가가 삶을 꾸려 나간 사회적 상황에 대한 강박관념적 고려에서 파생되는 딜레마는 텍스트를 오직 작가의 생산물로만 귀결시키는 것이었다. 이것은 결국 텍스트와 그것을 읽고 보는 사람들과의 관계 그리고 텍스트와 다른 텍스트 간의 관계에 대한 고려를 차단하는 역할을 하게 만들었다. Cristeva는 이런 맹점을 지적하면서 상호 텍스트성의 의미를 주창하였다.

선행조직자 [先行組織者, advance organizer]

독자가 가지고 있는 배경 지식을 활성화하기 위하여 고안된 학습 책략으로, 독자의 배경 지식과 텍스트 사이에 있을 수 있는 간격(gap)을 연결시키는 구실을 해 주는 것.

유의미 학습이 일어나기 위해서는 현재의 인지 구조와 새로운 개념 사이의 마찰을 최대로 줄여야 하는데, Ausubel은 관련 정착 아이디어를 제공하기 위해서는 적절하고 포괄적인 자료를 제공해야 한다고 주장하면서, 이 자료를 '선행조직자' 라고 불렀다. 새로운 학습 과제를 소개하는 일반성, 추상성, 포괄성 등을 지닌 명제나 논의 또는 행위를 말하는데, 이는 새로 학습할 내용을 제시하기에 앞서 이 내용을 포함하는 포괄적 개념이나 원리 등이 지도되어야 함을 의미한다. 교과서에 전형적으로 나타나는 개관이나 요약 등은 학습 과제와 같은 수준의 일반성이나 추상성을 가진다는 점에서 Ausubel의 선행조직자 개념과 구분된다. 선행조직자는 학습 과제보다 높은 수준의 일반성과 추상성을 갖추어야 하며, 전체적으로 포섭의 개념을 제공해야 한다. 선행조직자의 사용 목표는 학습 과제를 학습자의 기존 인지 구조에 의미있게 관련을 짓는 것이므로 그 교육적 가치는 학습 과제와 학습자의 인지 구조의 조직에 달려 있다. 선행조직자의 주요 기능은 새로운 과제를 학습하기 전에 학습자가 이미 학습한 내용과 새로 학습할 내용 사이의 간격을 메우는 역할을 하는 것이다.

선행조직자는 제공 방식에 따라 설명조직자와 비교조직자로 나눌 수 있다. 설명조직자는 새로 학습될 자료의 안정된 통합과 파지를 위한 개념적 기초를 제공하는 역할을 하며, 새로 학습할 내용이 기존의 학습 내용에 비해 생소한 정보인 경우에 적절하고 근사한 포섭자를 제공하는 데 사용된다. 반면에 비교조직자는 새로 학습할 내용이 비교적 친숙한 자료인 경우에 이미 학습된 관련 자료와 비교하는 방법을 통하여 새로운 정보를 학습자의 기존 인지 구조에 존재하는 유사 개념과 통합시킬 뿐만 아니라, 유사한 기존 아이디어와 새로운 아이디어 사이의 분별력을 증진시키는 것이다.

스캐닝 [scanning]

글을 훑어 읽고 요점을 파악하는 것.

전체 글을 빨리 훑어 읽고 요점을 파악하는 연습을 할 수 있는 것으로, 읽어야 할 많은 정보 속에서 짧은 시간에 원하는 정보를 많이 얻을 수 있는 방법이다. 훑어 읽기는 책의 본문을 보기 전에 표지나 서문, 목차나 색인 등 본문 이외의 정보에서 책의 주제를 미리 파악함으로써 읽고자 하는 책이 자신의 독서 목적에 적합한지를 미리 판단할 수 있도록 도와주며 저자의 의도를 쉽게 파악할 수 있도록 도와준다.

훑어 읽기에는 단순 훑어 읽기와 목적 훑어 읽기의 두 가지 방법이 있다. 단순 훑어 읽기는 신문과 잡지 등을 읽을 때처럼 전체적으로 어떤 내용이 쓰여 있는지를 알아보는 방법이고, 목적 훑어 읽기는 조사나 연구 또는 보고서 작성을 위하여 사전이나 참고 도서를 읽을 때 적당한 방법이다.

스키마 [schema]

인간의 기억 속에 있는 정보를 연결해 주는 기억 구조로서, 학습자가 과거의 경험이나 학습으로부터 이미 가지고 있는 일종의 개념 구조나 틀.

스키마 이론은 대부분의 제2언어와 외국어 읽기 연구를 주도하는 중요한 이해 이론이다. 이는 인지 심리학에 기초한 이론으로 인간은 인지하는 과정에서 세상에 대해 가지고 있는 개념의 틀을 통해 이해한다는 것이다. 독자의 배경 지식이 텍스트를 이해하는 데에 중요한 역할을 한다는 것으로 독자의 배경 지식을 활성화하는 것이 읽기 이해에 중요한 영향을 미친다는 이론이다. 학습자의 기억 속에 이미 저장되어 있는 지식 구조인 스키마는 내용 스키마와 형식 스키마로 나뉜다.

내용 스키마는 일상 세계에 관한 지식으로 학습자가 직 · 간접적으로 얻는 사회적 관습, 문화에 대한 지식과 이해를 통틀어 일컫는 것으로, 텍스트의 주제나 내용에 대한 것이 포함된다. 텍스트에서 제시된 주제나 정보에 관한 배경 지식을 학습자가 갖고 있다면 훨씬 더 잘 이해할 수 있으므로 텍스트에 나타난 내용에 관한 배경 지식을 활성화하는 것이 중요하다. 그리고 형식 스키마는 텍스트가 어떻게 조직되어 있는가에 관한 지식으로 텍스트의 구조나 수사 구조에 대한 것이 포함된다. 학습자가 글의 구조에 관한 사전 지식을 갖고 있다면 더 많은 이해를 할 수 있다. 그리고 글의 유형, 구조적 패턴이나 담화 표지에 대한 정보를 사전에 제시하면 독자가 텍스트의 내용을 구조적으로 이해할 수 있다.

스키마를 활용한다는 것은 정보를 수동적으로 수용하는 것이 아니라 배경 지식에 기초하여 의미를 재구성하는 적극적인 이해 활동이다. 읽기에서 출발한 스키마 이론은 듣기를 포함하는 이해 영역에서 문어나 구어 텍스트를 이해하기 위해 배경 지식과 정보를 활용하도록 하는 중심적인 역할을 한다.

이해 교육 내에서 스키마를 활용할 수 있도록 하는 수업 구성과 상호작용은 성공적인 이해를 돕는 중요한 요소이다. 그러므로 교사는 글을 읽기 전에 학습자가 기존에 가지고 있던 사전 지식을 최대한 끌어내도록 유도해야 하고, 만약 학습자들이 충분한 지식을 가지고 있지 않다면 글을 해석하는 데 필요한 최소한의 배경 지식을 미리 주어야 한다.

스키밍 [skimming]

글을 빨리 꼼꼼하게 읽고 필요한 정보(이름, 날짜, 목록 등)를 찾는 것.

대강 읽기나 건너뛰기 읽기라고도 한다. 전체 글을 빨리 훑어 읽고, 예견하고, 단어를 읽고, 문장 읽기를 통하여 독자의 머릿속에 만들어진 글의 이미지를 따라 중요한 것과 중요하지 않은 것이 무엇인지 짐작하며 과감하게 건너뛰어 읽는 방법이다.

응결성 [凝結性, cohesion]

텍스트의 표층 구성 요소들이 하나의 연쇄 속에서 서로 연관 짓는 방식으로, 텍스트에서 통사 구조의 구성 요소들이 상호 관련성을 맺는 연결성.

추상 문법에서 통사 구조의 주요 단위들이 구, 절, 문장이라면, 텍스트의 응결성은 문장 이상의 단위들의 결합으로 이루어지는 경우가 대부분이다. 긴 텍스트의 경우 이미 사용된 구조와 패턴들이 어떻게 다시 사용되고 수정되며, 압축되고 생략될 수 있는가에 관심이 집중된다. 우리가 보고 듣는 실제 단어들이 언어 연쇄에서 상호 연결되어 있는 방식으로, 문법적 의존 관계를 기반으로 성립된다. 응결성의 장치로는 반복, 환언, 대칭 구조, 대용 표현, 접속 표현과 같은 응결적 연결 기제를 통해 언어적으로 실현된다.

응집성 [凝集性, coherence]

표면적 텍스트의 기저에 있는 개념이나 관계들의 상호 적합성.

응집성은 여러 개념과 그들 관계가 이루는 한 구성체 내부에서 갖는 상호적 접근과 적합성으로, 텍스트적 세계의 구성 요소들을 설명하는 것이다. 형태 · 통사적 수단을 제외한, 표층 텍스트의 기저에 깔려 있는 각 개념과 그들 관계의 구성체의 내용 · 인지적 결속 관계를 말한다. 응결성이 미시적인 개념이라면 응집성은 거시적인 개념이라고 할 수 있다.

읽기 [reading]

의사소통 활동 중 문자 언어를 통해 이루어지는 이해 활동.

우리의 언어 생활은 크게 음성 언어와 문자 언어로 구성되어 있으며, 읽기와 쓰기는 문자 언어 생활의 중요한 내용이 된다. 더욱 많은 정보의 이해와 습득을 위해서는 읽기 학습 과정이 필요하다. 한국어 학습 과정에서의 읽기는 어휘력과 독해력 신장의 원천이 되는 것으로, 학습자들은 읽기 학습 과정을 통하여 정확한 억양과 발음을 습득할 수 있는 기회를 갖기도 한다. 즉 문자 생활의 표현적인 측면인 쓰기와는 물론 음성 언어 생활로서의 말하기 및 듣기와도 밀접한 관계를 가지고 있다.

읽기는 기본적으로 시각적인 이해의 과정이라는 특성을 가진다. 음소 문자로서의 한글이 가지고 있는 맞춤법의 원리가 기본형을 고정시켜 적는 형태 음소적인 원리를 택하고 있으며, 그에 대한 충분한 이해가 있어야 한다. 아울러 학습자의 모국어 배경과 수준에 따라 교육 내용이 달라질 수 있는 것이기는 하나, 표의 문자인 한자에 대한 이해도 어느 정도 곁들여져야 한다는 점에서 말하기와 듣기로 이루어지는 음성 언어 학습과는 다른 특성을 가지고 있다.

사회적 의사소통 행위로서의 읽기의 기능과 특징을 이해할 때 읽기를 능동적으로 수행할 수 있게 된다. 이것은 읽기가 어떻게 의사소통 행위로 이해될 수 있는지, 의사소통 행위로서 이해할 때 읽기의 기능과 특징은 무엇인지 등에 대한 학습을 의도하고 있다.

책은 지역의 한계를 넘어 우리가 살고 있는 사회의 문제를 말하고 있으므로 독자 개인을 떠나 사회 구성원들의 공통적인 삶의 방식과 사고 체계에 진입하게 하는 구실을 한다. 사회의 모든 문제를 개인이 일일이 직접 경험할 수는 없기 때문에 사회의 문화와 관습의 습득은 읽기를 통해서 가장 많이 이루어진다. 그러므로 읽기는 개인이 사회에 통합되게 하는 통합적 기능을 수행한다. 이는 읽기가 고립적인 활동이 아니라 언어, 사고 및 문화와 필연적인 관계를 맺고 있음을 의미한다.

읽기 교육의 역사

언어 교육에서 읽기 교육은 문법을 가르치기 위한 보조 수단으로 인식되는 등 수동적인 이해의 측면으로 간주되어 다른 언어 기능에 비해 그 중요성이 간과되어 왔다. 그러나 근래에는 읽기 교육의 중요성이 강조되어 독자의 읽기 과정에 대한 연구와 이를 통해 읽기 능력을 향상시키기 위한 다양한 방법들이 모색되고 있다. 또한 읽기를 다른 기능과 분리해서 따로 교육하기보다는 다른 기능과의 연계를 통한 통합 교육이 지향되고 있다. 이는 읽기에 대한 인식의 변화를 보여 주는 것으로서 읽기가 외국인 학습자가 한국어를 통해 정보를 수용하는 데 가장 큰 비중을 차지하는 기능이며, 학습자의 의사소통 능력의 고른 신장을 위해서도 체계적인 교육이 필요하다는 인식에 기인하는 것이다.

① 문법 번역식 교수법

글을 읽는 사람이 주어진 텍스트를 통해 필자가 표현하고자 하는 내용을 그대로 수용하여 이해하도록 하는 과정에 초점을 두어 가르치는 방법이다. 이 교수법에서 읽기 수업은 문법 중심으로 이루어졌고, 글에 나타난 어휘나 문장을 모국어로 번역하는 데 초점을 둔 읽기 활동이 주를 이루었으며, 글의 내용을 '이해' 하는 것보다 모국어로 어떻게 번역되는지에 관심을 두었다.

② 청각 구두식 교수법

구조적인 정확성을 바탕으로 한 의사소통을 원활하게 하는 데 필요한 문법, 문형, 어휘 연습의 도구로 읽기 교육이 진행되었고, 텍스트가 갖는 메시지를 문법적으로 정확하고 반복적으로 학습하는 데에 치중했다. 1960년대 말까지만 해도 언어 숙달도(proficiency)는 형태적인 정확성으로 규정되어 언어 교육은 주로 문법이나 구조에 치중되어 이루어졌다. 전통적인 읽기 방법에서 이해의 가장 중요한 요소는 어휘, 문법, 구조와 같은 언어 기호에 대한 지식이었다. 즉, 읽기는 수동적인 기술로만 인식되어서 텍스트 전체의 이해와 생성이라는 담화 차원에서는 교육이 실시되지 않았다.

③ 심리 · 언어학적 접근법

1970년대에 들어 언어 숙달도는 언어를 잘 알고 사용하는 데 필요한 다양한 요소로 이루어져 있다고 이해되면서, 담화 능력이 언어 숙달도에서 중요한 위치를 차지하게 되었다. 전통적인 태도에서 벗어나서 독자를 능동적인 존재로 파악하였고, 독자는 이미 읽은 것을 바탕으로 하여 예측, 확인, 수정 과정을 통해 읽기 자료의 내용을 재구성한다는 것이다.

수동적으로 인지되었던 읽기 과정을 독자가 언어 구조에서 의미를 이끌어 내는 능동적인 과정으로 인지하였다. Goodman(1970)은 읽기를 '심리언어학적인 추측 게임(A Psycholinguistic Guessing Game)' 이라고 하였다. 즉 읽기는 독자가 텍스트에서 정보를 능동적으로 선택하는 과정이므로 훌륭한 독자는 자신의 스키마를 통해 가설을 세워 예측하고, 읽기 텍스트를 표본 수집하고, 자신의 예측을 확인하는 반복적인 과정을 통해 읽기 텍스트를 읽어 나간다는 것이다. 이는 이후 읽기 정보 처리 모형에서 '하향식 처리 모형' 의 토대가 된다. 여기서는 읽기를 이해의 과정으로 보고, 의사소통을 중시하여 정보 획득 및 이해의 도구로 여긴다.

④ 상호작용적 접근법

1970년대 후반부터 심리언어학적인 접근법을 재해석하여 상호작용적 접근법으로 체계화됐다. Coady(1979)에서 '읽기' 는 독자의 배경 지식, 개념 능력, 이해를 산출하는 과정 전략으로 구성되어 있고, 이들 간의 상호작용을 통해서 의미를 구성하는 과정이 읽기 과정이라고 하였다. 즉, 읽기란 일반적인 지적 능력인 개념 능력, 학습자의 배경 지식, 그리고 음운적, 통사적 정보, 어휘적 의미, 문맥적 의미와 같은 읽기의 하위 구성 요소인 과정 전략으로 구성되어 있으며, 이 세 구성 요소가 의미 구성을 위해 상호작용하는 것을 읽기 과정으로 보고 있다.

읽기 단계 [while-reading]

읽기 수업에서 '읽기 전 단계' 에 이어서 하는 단계.

설정된 과제를 수행하는 것을 목적으로 하고, 읽기 전략 연습과 담화의 이해가 활동의 핵심이 되며, 학습자가 스키마로부터 새로운 가설을 확인하고 검증하게 된다. 글의 전반적인 내용을 파악하는 것은 단어와 같은 작은 단위의 이해를 도와주므로 이 단계에서의 활동은 글의 전반적인 이해에서 시작하여 단락, 문장, 또는 단어와 같이 점차 작은 단위로 옮아간다.

읽기 단계에서는 훑어 읽기와 자세히 읽기 방법을 활용할 수 있다. 훑어 읽기는 텍스트를 빠른 속도로 읽으며 전체 텍스트를 이해하는 데 필요한 단서를 잡거나 필요한 정보를 포착하는 과정이다. 스캐닝이나 스키밍 등의 읽기 전략을 사용하여 필요한 정보를 알아내거나 전체적인 글의 요지를 파악하게 한다. 또 글의 구조를 발견하고, 주요 등장 인물을 찾아내고, 시대나 배경을 정의하고, 글쓴이의 어조나 견해를 정리하고 전개될 방향을 예측한다. 교사는 학습자가 알아내야 할 정보에 초점을 맞춰 읽도록 질문을 할 수 있고, 학습자는 이 질문에 대한 답을 예측하고 훑어 읽기 단계를 통해 얻은 정보를 이용해 가설을 세울 수 있다.

그리고 자세히 읽기는 텍스트를 차근차근 이해해 나가는 과정으로, 텍스트의 구조 · 논리 · 주제를 이해하고, 내용 파악, 문맥을 통한 의미 추측 등이 이루어진다. 자세히 읽기 단계에서 중요한 것은 각각의 언어 기호에 대한 자세한 해독이 아니라 모르는 단어나 구문이 포함된 텍스트를 유창하고 정확하게 이해하는 것이므로 텍스트의 전반적인 이해에서 출발하여 단락, 문장, 단어로 이해가 이루어진다.

읽기 자료 [reading material]

교실 내 읽기 수업에서 사용하는 자료.

효과적인 읽기 수업 구성을 위해서는 어떤 텍스트를 이용하고, 어떻게 자료를 구성하는지가 중요하다. 읽기 자료를 개발할 때는 글의 종류를 다양하게 하고 다양한 담화 유형에 노출되도록 해야 하는데, 특히 초급 단계에서는 설명문에 한정하여 읽게 하는 경우가 종종 있으나, 다양한 읽기 자료를 적절하게 배합하는 것이 실제 생활에서 적응력을 높이는 방법이 된다. 또한 읽기 자료는 교실 내 수업이 실생활로 전이될 수 있도록 실제적인 자료로 구성해야 한다. 외국인을 대상으로 한 교육에서 읽기 자료를 사용하기 위해서는 숙련도에 따라 어휘와 표현을 수정하는 것이 필수적이나, 담화의 유형은 그대로 유지되어야 학습자가 유사한 글을 접했을 때 동일한 전략을 사용해서 읽을 수 있다. 실제적인 글은 일차적인 의도가 의사소통에 있으므로 매우 중요한데, 이는 학습자의 동기를 유발할 수 있게 하고 목표어의 문화를 전달해 줄 뿐만 아니라 실질적인 내용을 전달해 줄 수 있으며 학습자들이 교실 밖 상황에서 읽기를 할 수 있도록 준비시켜 준다. 초급 학습자에게 쓸 수 있는 실제적인 자료로는 광고, 설문지, 편지, 식당의 메뉴 등이 있고, 중 · 고급 학습자에게는 문학 작품, 신문, 잡지, 인터넷 글 등 무궁무진한 자료를 활용할 수 있다.

초급 단계에서는 교육적 차원에서 자료를 단순화하는 작업이 필요하나 가능한 한 이를 최소화하여 실제성을 살려야 한다. 각 텍스트의 특성과 구조가 잘 드러날 수 있도록 제시되어야 하므로 난이도 조절은 텍스트의 성격과 구조, 내용적 실재성을 손상시키지 않는 범위에서 이루어져야 한다. 그리고 실제적 자료를 이용한다고 해서 실제적 읽기 활동이 되는 것은 아니므로 일반 의사소통 상황에서 하는 읽기처럼 의사소통을 위한 목적을 가지고 읽기 활동을 구성하는 것이 중요하다.

읽기 전 단계 [pre-reading]

학습자가 읽을 자료에 대해 흥미를 유발하고 읽는 목적을 동기화시키며 자료에 대한 예상과 예측을 할 수 있도록 도와주는 준비 단계.

읽기 학습은 학습자가 가지고 있는 사전 지식과 텍스트에 포함되어 있는 정보를 연결시키는 학습 활동으로부터 시작된다. 학습자의 사전 지식과 텍스트의 정보를 연결시켜 주는 학습이 효과적으로 이루어지도록 하기 위한 학습 활동에는 사전 지식 조성하기(building)와 사전 지식 활성하기(activating)가 있다.

사전 지식 조성하기는 학습자가 읽을 글의 내용에 관련된 지식이 부족하면 글을 이해하는 데에 지장을 받게 되므로 이를 보완하기 위한 학습 지도 방법 및 학습 활동으로 볼 수 있다. 학습자가 읽을 글에 대한 배경 지식이 부족할 때 학습자는 글을 이해할 수 없거나 이해하기 힘들므로 이때 교사는 학습자에게 읽을 글과 관련된 배경 지식을 보충해 줄 필요가 있다. 배경 지식을 보충해 주는 학습 활동에는 읽을 글의 중요 어휘 가르치기, 여러 관련 경험 제공하기, 글 내용의 얼개를 학습시키는 유추 활동 등이 있다.

사전 지식 활성하기는 학습자가 이미 가지고 있는 지식을 보다 잘 활용하도록 함으로써 글을 더 잘 이해할 수 있도록 도와주는 데 그 목적이 있다. 사전 지식이나 경험을 활성화시키는 것은 학습자가 이미 가지고 있는 것을 능동적으로 읽을 글의 내용과 관련시키도록 하는 활동을 말한다. 독서력이 부족한 독자는 자신이 이미 가지고 있는 지식이나 경험을 글 속의 내용과 연결시켜 이해하려는 노력을 기울이지 않으며, 그렇게 함으로써 글을 이해하지 못하거나 피상적으로 글을 이해하려고 한다. 따라서 학습자가 자신의 지식이나 경험을 능동적으로 새로운 정보와 연관시키도록 지도할 필요가 있다. 이와 같은 독서 전략은 독서 학습이 글 내용의 단순한 기억이나 재생산이라기보다는 글의 의미 구성이라는 이론에 기반을 두고 있다. 학습자는 글의 내용을 수동적으로 받아들이는 것이 아니라 글 속의 내용을 자기 나름대로 재구성하여 이해하는 것이다. 이러한 학습 전략에는 선행조직자에 의한 학습 활동, 학습 목표 인식하기, 질의 응답하기 등이 있다.

그러므로 교사는 읽기 전 활동을 위해 예비 질문을 준비해야 한다. 제목을 보고 학습자들이 유추할 수 있을 만한 내용에 대한 질문과 학습자들이 모르는 단어에 대해 미리 준비해야 하며, 글의 내용과 관련된 그림이나 일화 또는 동영상 자료 등을 먼저 제시하여 글에 대한 흥미를 유발시키는 것도 이 단계에서 해야 하는 중요한 과제이다.

읽기 전략 [reading strategies]

글의 내용을 이해하기 위해 어떻게 읽을 것인가와 관련된 이해 전략.

지적인 성인 학습자는 글의 유형과 특성에 따라 어떤 전략을 사용해서 읽어야 하는지를 이미 모국어 환경에서 습득하였다. 신문에서 방송 프로그램 안내에 대해 읽을 때는 훑어 읽기를 통해 필요한 정보를 찾을 것이고, 신문 기사에서는 머리기사를 중심으로 대강 읽기 방식을 통해 전체 내용을 파악하려 할 것이다. 한국어 교육 현장에서는 교사가 과제 지시를 함으로써 학습자들의 다양한 전략을 효과적으로 유도할 수 있다.

제목이나 자신의 배경 지식을 통해 텍스트의 내용을 예측하고, 자신의 예측이 맞는지 확인하거나 틀렸을 때 수정할 수 있고, 텍스트 내용 이해에 필요한 정보와 불필요한 정보를 구분할 수 있다. 모르는 어휘나 문법에 대해서는 맥락을 통해 그 의미와 기능을 유추하고, 주제어와 핵심어 또는 주제문이나 주제 단락을 찾는 등 적합한 읽기 방법을 선택하는 것이 모두 읽기 전략에 해당한다. 따라서 교사는 다양한 글에 맞는 전략을 선택하여 과제로 고안하는 것이 중요하다.

읽기 학습 목표

한국어 읽기 학습의 목적은 한국어 의사소통 능력의 일부인 학습자의 한국어 읽기 능력을 배양하는 데 있다. 한국어 읽기 학습의 목표는 한국어 학습자가 읽기 의사소통 상황에서 사전이나 다른 사람에게 의지하지 않고 제한된 시간 내에 정확하고도 유창하게 과제를 해결할 수 있도록 하는 것이 될 것이다. 그러나 한국어 읽기 학습의 목표는 교육이라는 측면과 교육의 대상이 외국어라는 측면에서 학습자의 숙달도 수준을 고려해야 한다. 교육의 목표와 평가 기준이 엄밀히 일치하는 것은 아니지만 표준화된 교육 과정이 마련되어 있지 못한 상황에서 TOPIK(한국어능력시험)의 수준별 평가 기준과 영역별 평가 기준은 참고할 만한 하나의 대안이 될 수 있다.

수준별 읽기 평가의 목표는 읽기 교육의 목표가 다음과 같은 측면에서 고찰되어야 할 것이다. 첫째, 학습자의 숙달도 수준이 올라갈수록 텍스트가 다루는 주제의 범위가 확대된다. 따라서 읽기 학습의 목표 역시 초급에서는 일상생활에서 자주 접하는 주제(개인 신상, 음식, 날씨, 쇼핑, 위치, 교통, 여행, 색, 모양, 건강 등)를, 중급에서는 비교적 친숙하고 구체적인 사회 · 문화에 관한 주제(직업, 성격, 습관, 연애와 결혼, 문화 차이, 유행, 사건과 사고, 스포츠 등)를, 고급에서는 정치 · 경제 · 문화 · 과학 등의 전문적인 영역 및 추상적인 주제(교육제도, 정치제도, 남북문제, 대중문화, 전통문화, 환경문제, 인류문명, 인간복제, 안락사, 낙태 등)를 다룬 텍스트를 읽고 이해하는 것이 될 것이다.

둘째, 학습자의 숙달도 수준이 올라갈수록 텍스트의 종류가 다양해지므로 초급에서는 간단한 생활문과 실용문을, 중급에서는 생활문과 실용문을 비롯해서 비교적 쉬운 주제의 설명문과 논설문, 신문 기사, 난이도가 낮은 문학 작품을, 고급에서는 중급에서 다루는 텍스트 이외에 한국의 대표적인 문학 작품을 포함한 다양한 종류의 텍스트를 읽고 이해하는 것이 읽기 학습의 목표가 된다.

셋째, 학습자의 숙달도 수준이 올라갈수록 텍스트를 읽고 수행하는 기능에 차이가 있다. 초급에서는 텍스트가 주는 정보를 통해 표면적인 의미를 파악하는 것이라면 중급을 거쳐 고급에 이르러서는 텍스트를 읽고 추론 · 비판하기와 함께 글쓴이의 의도를 파악하는 것까지도 목표가 될 것이다. 그리고 어휘력 향상과 유창성 신장도 읽기 학습 목표에 포함되어야 할 것이다.

읽기 후 단계 [post-reading]

글을 읽은 후 읽은 내용을 학습자의 지식, 흥미, 견해와 관련시켜 정리하거나 강화하는 단계.

전통적인 이해 확인은 일반적으로 수많은 세부 사항에 초점을 두고 있기 때문에 대부분 학생들은 글을 잘 이해하기 위해서가 아니라 글을 조금씩 검토해 가며 질문에 답하는 방법을 배우고 있다. 이야기나 기사를 다시 하나씩 차례로 말하도록 하는 이해 질문은 훌륭한 구두 연습을 제공할 수는 있지만 진정한 이해를 확인하는 데는 도움이 되지 않으므로 실질적인 목적을 지닌 읽은 후 단계가 되어야 한다.

읽은 후 단계는 확인 단계, 응용 단계, 통합 단계로 구성될 수 있다.

확인 단계에서는 여러 가지 질문을 통해 텍스트를 이해했는지 검증하는 것으로, 글과 일치하는 또는 일치하지 않는 문장 고르기, 진술의 진위 표시하기, 주제문이나 제목 찾기, 글과 일치하는 그림 고르기, 글의 순서 바로 잡기와 같은 방법이 있다.

응용 단계는 이미 이해한 텍스트를 다른 목적으로 읽거나, 관련된 새로운 자료를 읽는 것이다. 학습자가 이미 읽은 자료와 관련된 읽기 자료를 제시함으로써 학습자의 언어와 주제에 대한 이해 능력을 심화시키게 된다. 이 단계의 읽기 자료에는 이미 학습한 내용이 있기 때문에 읽기 단계 때보다는 증진된 내용이 들어 있어야 한다. 또한 텍스트에서 다른 내용 및 주제에 대해 토론함으로써 학습자끼리 피드백을 주고받을 수 있다. 토의 학습의 과정을 통하여 학습자는 학습 과정에 보다 적극적으로 참여할 수 있으며, 학습 내용을 보다 분명하고 철저하게 알 수 있게 된다.

통합 단계는 다른 언어 기술로 전이 또는 통합하는 단계이다. 하나의 주제에 대한 교육은 언어의 네 가지 기술 측면에서 실시되어야 한다. 대개 읽기 교육은 말하기 교육에 후속되고 쓰기 교육으로 이어지는 경우가 많지만, 중급 이상의 수준에서는 읽기가 말하기나 듣기, 쓰기 교육을 위한 도입 과정으로서의 역할을 하게 된다. 쓰기 과제를 통해서 앞서 배운 글의 구조를 응용하거나 같은 주제에 대한 자신의 생각을 밝히는 글을 쓰게 할 수도 있고, 학습자들의 적극적인 참여를 요하는 활동인 역할극을 함으로써 읽기 텍스트의 내용을 활용하여 다양한 형태를 유도할 수 있다. 예를 들어 우화를 읽기 텍스트로 사용한 경우 이것을 대화 형식으로 쓰고, 그 대본을 가지고 연극을 하면서 말하기, 듣기까지 연결해서 학습해 볼 수 있다.

장르 [genre]

예술에서 작품을 구분할 때 이용되는 분류 범위.

'종류' 라는 뜻을 가진 프랑스어 단어 'genre' 에서 나왔다. 문학과 수사학에서 주로 사용되었으나 그 외에도 영화와 음악, 만화, 컴퓨터 게임 등의 예술 분야에도 폭넓게 적용된다. 특히 문학에서는 서정, 서사, 극 또는 시, 소설, 희곡, 수필, 평론 등으로 나눈 기본형을 이른다. 예술 작품을 분류하는 기준은 여러 가지가 있으나, 그중에서 장르는 대체로 각 예술 분야에서 작품의 주제나 전개해 나가는 방식 또는 분위기 등을 기준으로 삼는다.

정독 [精讀, intensive reading]

100단어 이하로 이루어진 짧은 텍스트나 약 300~500단어 정도를 포함한 텍스트를 자세하게 읽는 방식.

정독의 목적은 본문을 이해하는 것이지만 그 과정 가운데에는 어휘, 문법, 본문의 담화에 대해 직접적인 주목이 포함되어 있다. 언어 특징에 대해 주목한다는 것은 정독이 언어 초점 학습의 부류에 포함된다는 것을 의미하며, 기존의 연구들은 우연한 어휘 학습보다 의도적으로 어휘에 초점을 맞춘 학습을 통해 어휘 학습이 더 잘 이루어짐을 보여 주고 있다.

대부분의 출판된 읽기 교재들은 읽기 자료와 아울러 대개 어휘, 문법, 이해와 담화에 초점을 둔 다양한 연습 활동을 포함하고 있는데, 이러한 활동들은 직접적인 어휘 교수를 위한 것이라고 할 수 있다.

정보 처리 모형 [情報處理模型, information processing model]

인간의 기억 체제를 정보의 부호화, 저장, 인출과 같은 능동적인 일련의 정보 처리 과정으로 보는 기억 이론.

기억은 일종의 정보 처리 체제인데, 인간의 기억 학습 과정은 감각 등록기, 감각 기억, 단기 기억, 장기 기억의 다단계를 거치게 되며, 각 단계로 넘어가면서 빠져나가는 정보가 생긴다.

오관(五官)을 통해 끊임없이 많은 양의 정보가 들어오면 첫 번째 기억 저장고인 감각 등록기에 기록되는데, 이것을 감각 기억이라고 한다. 감각 기억은 아주 짧은 시간 동안만 정보를 원형 그대로 보유하는 저장고로, 주어지는 정보를 처리하는 최초의 처리 단계이다. 정보가 머무르는 시간은 시각이나 청각의 감각계에 따라 차이는 있지만 대략 1~4초 이내이다(시각 정보는 약 1초, 청각 정보는 약 4초). 그 용량은 무제한이지만 보유된 정보에 주의 집중과 같은 즉각적인 처리가 이루어지지 않으면 그 정보는 곧바로 사라지거나 새로 유입될 정보와 대치되기 때문에 결과적으로 망각된다.

단기 기억(short-term memory)은 정보가 장기 기억되거나 반응을 위한 준비를 할 수 있도록 더 깊은 처리가 수행되는 단계로, 보유할 수 있는 정보의 양은 매우 제한되어 있고, 정보를 저장고에 보관할 수 있는 시간도 20초 내외이다. 이러한 문제는 반복(rehearsal)을 통해 해결할 수 있으며, 일차적 반복(primary rehearsal)과 정교화 반복(elaboration rehearsal)으로 구별할 수 있다. 일차적 반복은 기계적 반복이라고도 하며, 이는 즉각적인 사용을 위해 단기 기억 속에 정보를 유지하는 것을 목적으로 하는 것으로, 언어적 반복을 통해 기억하는 것이다. 전화번호를 외우는 것과 같이 단순 능력을 사용하므로 장기 기억에는 영향을 주지 못한다. 정교화 반복은 장기 기억에 이미 저장된 기존 지식에 새로운 정보를 연관시키는 것이다. 단기 기억의 용량은 평균적으로 7개의 항목인데, 이 항목의 크기는 다양할 수 있다. 자극들을 단기 기억으로 부호화하는 중에 들어오는 정보들을 의미 있는 단위로 묶는 군단위화 작업을 함으로써 단기 기억에 더 많이 저장할 수 있다. 이는 단기 기억의 제한된 용량을 효과적으로 극복할 수 있는 방안의 하나로, 개개 정보 항목을 더 유의미하고 큰 단위로 결합하는 과정이다. 1개의 덩어리로 취급되는 단위 개념을 '청크(chunk)' 라고 하고, 또 이렇게 청크 단위로 묶어서 이해하는 것을 '청킹(chunking)' 한다고 한다.

장기 기억은 정보의 영구적 저장고로서 무한한 양과 종류의 정보를 기억하는 것이다. 장기 기억 속에 저장되는 정보는 추상적인 대상을 드러내는 언어적 형태와 소리, 행동, 감각을 나타내는 비언어적 형태의 두 가지로 이루어져 있다.

텍스트 [text]

담화보다 큰 단위로서 결속성, 응집성, 의미성, 완결성, 정체성을 가지는 언어 단위이며, 언어 단위 중 가장 큰 단위.

텍스트를 구성하는 요소는 필수 요소와 수의 요소로 나뉠 수 있다. 필수 요소에는 담화를 구성하는 요소인 결속성, 응집성, 의미성 외에 완결성과 정체성이 있다. 완결성은 하나의 언어적 표현이 완결됨을 말하는 것으로, 일반적으로 완결성을 가진 텍스트는 서론, 본론, 결론에 해당하는 모든 내용이 해석되므로 더 이상 '모호함' 이나 '의문' 이 남지 않는다. 또한 정체성은 주어진 텍스트가 어떤 종류의 글이며, 어떤 주제를 담고 있으며, 어떤 구성인지와 같은 글의 전체적인 모습과 특징을 나타내 주는 원리를 말한다. 완결성을 갖고 있는 텍스트는 자연적으로 정체성을 갖게 되므로, 이들은 불가분의 관계에 있다고 볼 수 있다.

수의 요소로는 상황성과 상호 텍스트성이 있는데, 상황성은 어떤 텍스트가 발화되는 상황에 적합한 것으로 만드는 요인에 관한 기준이다. 그리고 상호 텍스트성은 텍스트들이 서로서로 직간접적으로 연관되어 있다는 말이다. 그러나 이 두 가지 요소는 수의적인 것으로, 텍스트성을 판별하는 데에는 결정적인 역할을 하지 않는다.

하향적 처리 과정 모형 [下向的處理過程模型, top-down processing model]

언어 정보가 텍스트로부터 주어지는 것이 아니라 상위적인 정신 단계에서 시작하여 텍스트 자체로 이동하는 과정.

학습자의 사전 지식이나 배경 지식을 바탕으로 텍스트를 읽어가면서 텍스트의 구체적인 의미를 능동적으로 재구성해 나가는 과정 모형으로, 심리·언어학적 접근법에서의 이해 과정과 일치한다. 학습자는 자신의 배경 지식에 의존하여 능동적으로 의미를 구성해 가는 역할을 맡으며, 이 과정에서 추측과 예측은 중요한 기능이 된다. 사전 지식이나 배경 지식을 이용하여 텍스트를 이해하며 모르는 단어나 내용을 추측하는 활동들이 해당한다. 따라서 텍스트의 핵심 단어 정도는 알고 있는 수준이어야 하며 그렇지 않을 경우에는 오히려 학습자에게 큰 부담으로 느껴질 수 있다.

고급 단계의 학습자도 이런 부담을 호소하는 경우가 종종 있으므로 학습자에게 알맞은 수준의 텍스트를 선정하는 것 외에도 텍스트에 대한 기본 정보를 알고 있는지의 여부와 학습자의 관심도도 염두에 둬야 한다. 읽기 방법으로 텍스트에서 모르는 내용을 독자의 사전 지식이나 배경 지식을 활용하여 추측하는 활동 등이 있다.

DRA [Directed Reading Activity]

읽기 능력을 향상, 강화시키는 데 가장 널리 오랫동안 사용되어 온 읽기 지도 방법.

이 방법은 소설, 전기 등 이야기 글이나 내용 교과적인 글 등의 지도를 위하여 사용될 수 있다. 이는 다음의 다섯 단계로 나뉜다.

① 동기 유발 및 배경 지식, 경험의 개발

교사는 학생들이 읽을 글의 내용에 대해 흥미를 유발할 수 있게 학생들이 글의 내용과 자신의 지식 및 경험을 관련시키도록 유도하며, 필요한 경우 시청각 자료를 이용하기도 한다. 교사는 이 단계에서 학생들이 글을 이해하기 위해 필요한 배경 지식이나 경험을 가졌는지를 확인하고, 어떤 경험이나 지식이 필요한지를 결정할 수 있어야 한다.

② 글 읽기(낭독 또는 묵독)

글을 읽게 하기 전에 학생들이 올바른 방향에서 읽도록 지도하기 위한 질문을 하고 몇 가지 질문을 제시한다. 읽기 전에 질문하는 대신 읽은 후에 내용을 요약하게 할 수도 있다. 글을 읽은 후에는 질문에 대한 답을 말하게 하고, 글의 중심 내용에 대해서는 밀도 있는 토론을 유도해야 한다. 이 단계는 DRA의 핵심 부분이라고 할 만하다.

③ 읽기 기능 학습

중요 어휘, 지시어, 중심 문장 찾기, 문단 나누기, 사실과 의견 구별하기, 예시 · 근거 찾기, 내용 요약하기 등의 읽기 기능들을 지도할 수 있는데, 이들은 집중적이고 체계적이며 단계적으로 지도되어야 한다.

④ 후속 학습 활동

교사의 주도하에 이루어진 전 단계 학습에서 익힌 읽기 기능들을 연습 문제를 통하여 학생들이 직접 해 보는 학습 활동이다. 전 단계에서 학습한 내용은 교사의 설명만을 들은 것이므로 이 단계에서는 학생들이 실제로 해 보는 것이다. 어떤 기능이든지 기능의 학습은 이론적 설명을 듣고 이해하는 것만으로는 완전히 학습되었다고 볼 수 없으므로 직접, 실제로 해 보는 것은 중요하다.

⑤ 강화 학습 활동

교과서 글의 형식 · 내용과 유사하거나 관련된 글을 찾아 더 읽어 보게 하기, 형식 · 내용과 관련된 글짓기, 연극 · 음악 · 미술 등 다른 교과와 관련된 활동하기 등의 활동을 할 수 있다.

DRTA [Directed Reading Thinking Activity]

학생이 글을 읽을 때 예측하고 그 예측이 맞는지를 확인하면서 학생 스스로 '생각하도록' 지도하는 방법.

DRA가 교사 주도형 혹은 교사 중심 수업 모형이라면 DRTA는 학생 중심 수업 모형에 가까우면서 DRA의 변형이라고 할 수 있다. DRA에서는 교사 중심의 지도하에서 학생들의 활동이 이루어지고 있는 반면에 DRTA에서는 학생 스스로 질문을 만들고, 예측하고, 글을 읽은 후 예측이 맞는지를 확인하며, 글을 읽는 목적을 스스로 정하고 거기에 맞춰 읽으면서 자신이 이해하고 있는지를 확인하는 등의 활동을 하므로 DRA보다 학생 중심의 수업 모형이 된다.

DRTA도 목적 설정이 학습 과정에서의 교사-학생 상호작용과 통합적으로 관련된다. 글을 읽는 사람이 스스로 목적을 설정하든 아니면 다른 사람이 대신 설정한 목적들을 채택하든 학생은 읽기 과정에서 왜 또는 어떻게 그렇게 해야 하는지를 명확히 해야 한다. 또한 학생은 자신의 경험이나 지식을 최대한 이용함으로써 답의 본질과 복잡성을 깊이 생각하고, 목적이나 가정을 검증하기 위해 능동적으로 글을 읽는다.

DRTA는 읽는 목적을 설정하거나 확인하기, 읽는 목적이나 자료의 성격에 맞게 조절하며 읽도록 지도하기, 읽는 상황을 관찰하기, 독해 지도하기, 중요한 읽기 기능 지도하기의 다섯 단계의 과정으로 구성된다.

GRP [Guided Reading Procedure]

글의 구조를 확인하는 기능을 익히고 개선하며, 독해와 회상하는 능력을 개선하는 데 도움을 주며, 내용 교과적 성격의 글을 지도하는 적절한 방법.

Manzo는 학생들이 글 속의 많은 주요 내용이나 사실들을 기억할 필요가 있을 때 교사가 GRP를 통하여 지도할 것을 권장한다. 그는 이 과정의 지도에서 학생들은 불분명하고 애매한 질문들을 인식하게 되고, 읽는 동안 집중력을 증가시키며 자기 수정 훈련을 할 수 있고 글 속의 새 정보들을 구조화할 수 있다고 한다.

GRP의 지도 과정은 다음과 같다.

① 읽기의 목적을 설정한다.

② 학생들이 글을 읽고 기억한 내용을 회상하도록 한다.

③ 학생들의 반응이 다 나왔을 때, 글을 다시 읽고 그들이 말한 내용이 맞는지를 확인하도록 한다.

④ 학생들이 글 내용에 대해 충분하게 이해하지 못했다고 판단되면, 이미 학습했거나 아는 내용과 새로운 글 속의 내용을 통합 또는 종합하는 질문을 한다. 즉 학생들이 배경 지식에 더하여 새로운 내용을 이해시키도록 한다.

⑤ 글 내용의 단기 기억 상태를 확인하기 위하여 객관식 선다형 평가, 주관식 논술 평가가 실시된다.

SQ3R 모형 [SQ3R 模型]

1941년 Robinson에 의해 대학생에게 처음으로 소개된 학습 방법으로, 읽기 수준을 향상시키기 위해 학생들의 학습 방법으로 제시한 방법.

현재까지도 대학에서 읽기 프로그램의 주요 지도 방법으로 사용될 뿐만 아니라 중등학교 단계의 많은 학생들에게도 효과적인 읽기 학습 방법이다.

1970년 Robinson에 의해 구안된 SQ3R의 방법과 단계는 다음과 같다.

① 1단계-훑어보기(Survey)

학생들은 먼저 논의된 모든 단원을 읽기 전에 훑어본다. 그 단원의 제목, 도표, 차트, 지도, 삽화, 교육적 도식, 머리말, 요약, 학습 문제를 검토해야 하며, 빠르게 검토하는 목적은 학생들에게 그 단원에 무엇이 나타나는지 주의 집중을 유도하는 것이다.

② 2단계-질문 만들기(Question)

머리말을 질문으로 만든다. 이 방법은 학생들의 호기심을 자극한다. 예를 들어, '석유 수송' 과 같은 머리말은 '어떻게 석유를 수송하는가?' 하는 질문으로 바꾼다.

③ 3단계-읽기(Read)

학생들은 마음속으로 질문하면서 단락을 읽는다. 질문에 답할 뿐만 아니라 다른 주요 내용을 찾고, 그들의 질문에 답을 쓴다. 그리고 노트의 왼쪽에 질문을 쓰고 오른쪽에 답을 씀으로써 자신의 학습 방법을 개발할 수 있다.

④ 4단계-암송하기(Recite)

학습을 끝낸 후에 학생들은 노트 한 쪽을 오른손으로 가리고 질문의 답을 구두로 암송하며, 글로 쓴 답과 암송한 답을 비교하면서 맞혔는지 검토한다.

⑤ 5단계-재검토하기(Review)

음미하기 단계는 확실히 시험 전이나 몇 시간 전에 재검토할 수 있다. 질문과 대답을 재검토함으로써 학생들은 다양한 질문과 대답 사이의 관계를 알 수 있다.

쓰기

결과 중심 글쓰기 지도

1960년대까지 유행을 했던 쓰기 교육의 한 방법으로 완성된 글, 즉 결과를 중시하고, 쓴 글을 평가하는 것에 중점을 둔 글쓰기 지도 방법.

결과 중심 글쓰기 지도는 모범이 되는 글(규정된 수사학적인 스타일, 정확한 문법, 상투적인 형식)을 흉내 내도록 유도한다. 형식주의 쓰기 지도라고 일컫기도 한다.

형식주의 쓰기 연구는 필자가 글을 쓰고 이것을 독자가 읽는다는 직선적인 과정으로 설명해 왔다. 즉, 글은 독자와는 상관없이 필자가 독립적으로 산출하는 것으로 보았다.

필자 → 텍스트 → 독자

교사의 쓰기 지도는 언어학적 지식과 수사학적 원리나 기법, 장르별 규범, 글의 구성 등에 초점을 맞추었다. 교사는 가장 좋은 모범 글을 제시해 주고,

그 모범이 되는 글을 모방할 것을 강조했다. 이와 같은 교사 중심의 통제식 수업은 학생들이 얻게 된 지식이나 기능, 책략 자체를 강조하였을 뿐, 어떤 과정을 거쳐서 그러한 지식이나 기능을 달성했는지에 대해서는 별 관심을 갖지 않았기 때문에 학습자의 생각을 잘 반영하지 못하였다.

평가 방법은 과제를 제시하여 글을 쓰게 한 다음, 그 글에 나타난 오류를 분석하는 데 초점을 두어 왔다. 이러한 식의 접근을 통해서는 학생들에게 글을 쓰는 방법을 구체적으로 가르쳐 주기 어려웠다. 단지 오류를 지적해 주고 다음에 쓸 때에는 이러한 오류를 범하지 않게 지도하였다. 이러한 평가 과정에서 학생들은 교사가 제시하는 평가 결과를 객관성 있게 인식할 수 없었다. 자기가 무엇이 부족한지보다는 단지 자신의 점수를 확인하고 다른 친구들의 점수와 비교해 보는 데 관심을 보였다.

글을 쓰는 과정을 인식한 단계 모형은 1960년대 중반에 이르러 논의되었다. Rohman & Weleck(1964)은 사고와 쓰기는 별개의 활동이고 사고가 쓰기에 선행한다는 인식 하에 교사들은 학생들의 사고 활동을 강조해야 하며, 학생들이 쓰기를 하기 전에 학생들의 사고를 자극할 수 있는 방법으로 예비쓰기, 쓰기, 다시 쓰기의 3단계 모형을 제시했다.

예비쓰기 → 쓰기 → 다시 쓰기

일명 '단계적 쓰기 모형' 이라고 불리는 이 모형은 작품 자체의 결과에만 초점을 두었던 전통적인 모형에 비해서 쓰기 과정을 인정하고 모형을 제시하였다는 점에서 과거의 연구 방법과 모형보다 진일보한 것이다. 그러나 쓰기 과정을 엄격히 선조직적으로 파악하여 쓰기가 문제 해결이나 사회적 상호작용이라는 점을 고려하지 못해 결과 중심의 쓰기 교육에서 크게 벗어나지 못하는 한계를 지닌다.

과정(문제 해결) 중심 글쓰기 지도

과정 중심 글쓰기 지도란 학생이 계획 단계부터 내용 생성이나 조직, 표현, 교정, 출판하기까지의 전 과정은 물론, 각각이 유기적으로 관련을 맺게 하는 상위인지 작용에 이르기까지를 교사가 관찰하면서 역동적으로 개입하여 지도하는 교육 방법.

교사가 학생들의 글쓰기 단계에 참여하여 구체적인 방법을 알려 주거나 함께 협의함으로써 쓰기 능력을 향상시키는 방법이다. 이러한 방법은 그동안 결과 중심 글쓰기 지도에서 수동적이고 주변적인 입장에 처해 있던 학생들을 학습의 장으로 인도하여 주도적인 입장에 서게 한다는 점에서 의의가 크다.

과정 중심 쓰기 지도를 위한 쓰기 모형에 관한 연구는 1970년대부터 시작되었다. 이 시기에 들어서면서 쓰기 연구가들은 쓰기에서 필자의 역동적 의미 구성 과정에 관심을 가졌다. 그 결과 Emig(1997)은 표현 결과로서의 글보다는 글을 쓰는 과정에 지도의 초점을 두어야 한다고 강조했다. 과정 중심 쓰기 연구의 시초라고 할 수 있는 Emig의 연구는 쓰기 연구의 일대 전기를 마련했다. 즉 다 써 놓은 글 분석에 초점을 두고 학생 글의 전후 평가에 의지하였던 전통적인 쓰기 연구에서 작가의 쓰기 과정을 관찰하고 그들이 사용하는 전략에 연구의 중점을 두는 과정 중심 쓰기 연구로 방향이 변한 것이다.

Emig의 연구 결과에 자극을 받은 연구자들은 1980년대에 들어오면서 전문 작가의 쓰기 방법에 대한 연구를 통해서 쓰기 과정의 모형이나 그 모형을 이루는 요소들을 연구하기 시작하였다. 그 결과 성인의 쓰기 모형은 다음의 두 가지 특징을 갖는다는 사실을 발견하였다.[1)]

첫째, 계획하기, 글쓰기, 교정하기 등 쓰기의 각 단계는 일련의 고정된 순서 속에서 발생하는 선조적인 것이 아니라 회귀적이라는 것이다. 둘째, 쓰기는 위계적으로 조직되어 있으며, 목표 지향적이고, 문제 해결적이라는 것이다. 이와 같이 쓰기를 문제 해결 과정으로 보는 이러한 관점들은 학교의 쓰기 교육에 커다란 영향을 주었다(노명완, 1992). 그동안의 결과 중심의 쓰기 교육에서 벗어나 계획 단계부터 내용 생성이나 조직, 표현, 교정, 출판하기까지의 전 과정은 물론, 각각이 유기적으로 관련을 맺게 하는 상위 인지 작용에 이르기까지를 통합적으로 지도해야 할 필요성이 제기된 것이다.

쓰기 과정에 대한 1980년대 이후의 연구들은 상호작용적 모형에 그 바탕을 두고 있다. 상호작용적 모형에서는 언어 표현의 여러 가지 하위 과정들이 동시적으로 또는 회귀적으로 작용할 수 있으며, 하위 과정 상호간에 영향을 주고받을 수 있다는 입장을 취한다. 그리고 상호작용적 모형에서는 음소 혹은 문자와 단어의 선조적 배열 등과 같은 연속적 행위가 복잡한 상호작용적 정보 처리의 결과로서 가능해지는 것으로 다루어진다. 언어의 표현 과정에 대한 상호작용적 모형은 언어의 이해 과정에 대한 상호작용적 모형의 영향을 받았다. 독서 과정에 대한 상호작용적 정보 처리 모형은 독서의 하위 과정에서의 정보 처리가 상향적인 방향과 하향적인 방향에서의 영향을 동시에 받으면서 이루어진다는 입장을 취한다. 이해 과정에서의 정보 처리가 상호작용적으로 이루어진다면 표현 과정에서의 정보 처리도 상호작용적으로 이루어질 것이라는 입장은 최근에 와서 더욱 많은 학자들로부터 지지를 받고 있다.

내용 지식 [內容 知識, content knowledge]

글의 내용을 구성하고 있는 지식.

쓰기 교육에서 글 쓰는 방법을 학습 대상으로 하는 것과 글의 내용을 학습 대상으로 하는 것으로 나눌 때 전자를 방법 지식이라 하고 후자를 내용 지식이라 한다.

이 외에도 지식을 명제적 지식, 절차적 지식, 조건적 지식으로 구분하여 사용하기도 한다. 선언적 지식이란 '무엇에 관한 지식' 을 의미하는 것으로 선언적 지식, 또는 개념적 지식이라고도 한다. 명제를 기본 단위로 가지며 사실에 관한 지식이다. 절차적 지식이란 '어떻게에 관한 지식' 으로 실제로 무엇을 어떻게 수행할 수 있는가에 관련된 지식을 일컫는다. 조건적 지식은 '왜, 그리고 언제에 관한 지식'으로 상황적 지식이라고도 한다. 예를 들면, 책을 읽은 후 요약하여 글을 쓴다고 할 때, 요약이란 무엇인가에 대한 지식은 명제적 지식에 속하며, 요약하는 전략에 대한 지식은 절차적 지식, 요약이 필요한 시기나 상황에 관한 지식은 조건적 지식에 속한다.

수학과나 과학과에서는 교수법적 내용 지식(pedagogical content knowledge)[PCK] (Shulman, 1986)이라는 용어를 사용하기도 한다. 다른 사람이 이해할 수 있도록 해당 교과목을 가르치는 방법에 대한 지식을 교수법적 내용 지식이라고 일컫는 것이다. PCK는 보다 구체적으로 해당 교과를 가르치기 위해 필요한 전반적인 관점, 특정한 학습주제를 가르치기 위한 교수적 전략과 표상에 대한 지식, 해당 교과에 대한 학생들의 이해 · 사고 · 학습에 대한 지식, 교육 과정과 교수 · 학습 자료에 대한 지식으로 나눠볼 수 있다(Grossman, 1990; Marks, 1990).

한편, 최근에는 기존의 PCK에 수업 상황이나 교실 환경에 대한 고려까지 포함하기도 하고, 학습자들이 이해할 수 있도록 교과를 표현하고 구성하는 방식에 관한 지식, 학습하는 학생의 사전 개념이나 오개념을 다루기 위한 전략 등을 보다 강조하기도 한다(Geddis & Wood, 1997; Li, 2001). 즉, PCK는 교사 개인이 이해한 정적인 수준의 지식을 넘어서서 아는 것을 효과적으로 표현할 줄 아는 능력이며, 교실 상황을 고려하여 학습자에 대한 이해뿐만 아니라 학습하는 과정에서 이루어지는 제반 요소들에 대한 지식까지도 포함한다.

단락 구성하기

단락이 이루어지는 방식.

소주제문이 단락 내에 드러나는 경우, 소주제문이 어디에 위치하느냐에 따라 두괄식, 미괄식, 양괄식으로 나뉜다. 소주제문이 단락 내에 드러나지 않는 경우는 소주제문이 정확하게 어떤 문장인지 꼬집어 말할 수 없거나 아예 숨어 버린 경우이다. 소주제문에 지나치게 상식적이거나 보편적인 내용이어서 소주제문을 밝히는 것이 독자들에게 오히려 식상함을 주게 되는 경우나, 뒷받침 문장들만으로도 단락의 소주제를 독자들이 쉽게 파악할 수 있는 경우에는 굳이 소주제를 밝힐 필요가 없다.

- 두괄식 단락: 단락의 중심적인 내용이 단락의 첫머리에 먼저 제시되기 때문에 글을 쓰는 초점이 뚜렷해져서 내용이 엉뚱한 방향으로 산만해질 우려가 적고, 독자들이 그 단락의 초점을 파악하고 내용을 이해하는 데 매우 유리하다는 장점이 있다. 그래서 가장 많이 사용하고 가장 권장하는 유형이기도 하다.
- 미괄식 단락: 소주제문이 단락의 끝부분에 오고 뒷받침 문장으로 단락이 시작되기 때문에 독자의 흥미를 지속적으로 유지할 수 있다는 장점이 있다. 뒷받침 문장들을 통해 독자의 생각을 정리해 나가다가 마지막에 가서 그 단락의 조정 혹은 소주제문을 통해 필자의 견해와 견주어 볼 수 있기 때문이다. 그러나 독자의 흥미를 유발할 수 있는 구체적인 내용을 전개해 나가다가 결론적으로 소주제문을 제시하기 때문에 자칫하면 글이 엉뚱한 내용으로 전개될 가능성도 있어서 주의가 필요한 방식이다.
- 양괄식 단락: 소주제문을 단락의 첫 부분과 끝 부분에 두는 방식이다. 이 경우 소주제문은 앞뒤에 두 번 나타나고 뒷받침 문장은 그 사이에 위치하게 된다. 이것은 뒷받침 문장이 많아서 논의가 초점에서 벗어날 우려가 있는 경우나, 소주제문을 강조하여 독자에게 보다 뚜렷하게 각인시키고 싶을 때 사용하는 방식이다. 그런데 앞뒤의 소주제문이 완전히 똑같으면 단조롭게 되기 때문에 그 의미를 훼손시키지 않는 범위 내에서 약간의 변형을 가하는 것이 일반적이다.

이 외에도 소주제문이 단락의 중간에 오는 중괄식 단락이 있을 수 있지만 이것은 글쓰기에 있어서 위험 부담이 많기 때문에 거의 사용하지 않는다. 구체적이고 가벼운 서술로 출발하여 중간에서 소주제문을 제시하고, 다시 뒷받침 문장을 이어서 쓰게 되면 내용의 조정이 명확해지기 어렵고 논리적 비약이라는 인상을 주기 쉽기 때문이다.

담화 공동체 [談論共同體, discourse community]

하나의 말을 쓰는 사회 안에서 남다른 목적을 갖고 독특한 말을 주고받는 공동체.

공동체 안에서 주고받는 말은 독특한 문화를 만들고 있어서, 다른 사람이 끼어들면 금방 그 모습을 감추어 버린다. 그만큼 담화 공동체는 다른 담화 공동체와 섞이지 않으려는 배타성을 지니고 있다. 담화 공동체는 그 안에 참여하는 개인에 따라 결정되기보다 공동체를 이루는 집단의 문화 풍토에 의해 결정된다. 같은 사람이라도 여러 가지 담화 공동체에 참여하면서 살게 마련이고, 담화 공동체가 바뀌면 그 공동체의 문화에 맞추어 말을 바꾸게 된다.

예를 들면, 한 사람의 중학생이 허물없는 몇 사람의 은밀한 벗들로 이루어진 담화 공동체에서 주고받는 말은, 그들의 학급 전체 학생들이 참여하는 담화 공동체에서 주고받는 말과 다르고, 부모와 형제들로 이루어진 가족의 담화 공동체에서 쓰는 말과 또 다르다.

같은 말을 쓰는 사회 안에 이처럼 온갖 담화 공동체가 섞여 있는 까닭에, 국어 생활을 제대로 하기 위해서는 담화 공동체의 문화와 그 목적을 올바로 알고 말을 거기에 잘 맞추어 써야 한다.

담화 완성하기

현실에 관한 설명을 산출하는 언표(statement)와 규칙의 자기 지시적인 집합체를 완성하는 것.

일반적으로 담화는 말로 하는 언어에서는 한 마디의 말보다 큰 일련의 말들을 가리키고, 글로 쓰는 언어에서는 한 문장보다 큰 일련의 문장들을 가리키는 언어학적 용어이다.

오늘날 담화라는 용어는 말하기나 글쓰기에서 정격(正格) 표현이라고 할 수 있는 전통적 의미와는 그 뜻이 다른 다양한 의미를 지니게 되었다. 이처럼 의미가 분화된 원인은 1960년대부터 1970년대 전반에 걸쳐 프랑스를 중심으로 구조주의가 대두하여, 사회구조와 시스템의 재구성, 그리고 의미론(意味論) 등을 재구성하려는 움직임이 일면서 이론과 비평에 '언어석 선회(linguistic turn)' 가 일어난 데서 찾을 수 있다.

언어학에서는 한 마디 말 또는 한 문장만을 분석하는데, 이러한 방법은 한 마디 말 또는 한 문장이 다른 말 또는 다른 문장과 어떤 방법으로 결합되어 하나의 통일체를 구성하는가를 보여줄 수 없다. 그것은 담론의 영역인 것이다. 그리하여 언어학자들에게 담화란 한 문장보다 긴 언어의 복합적 단위를 가리킨다. 언어학자들은 응집(cohesion), 전방 조응(anaphora), 문장 간의 연결성 같은 문법적 · 음운론적 · 의미론적 기준을 이용하여 담화의 언어적 규칙성을 발견하려는 담화 분석을 시도하였다. 담화 분석은 씌어지거나 말해진 언어에 들어 있는 단위들의 관계에 관한 연구이다. 이 분석 대상에는 하나의 문학 작품만이 아니라 대화, 농담, 설교, 면담 등도 포함된다. 서사학에서 담론은 서술(narration) 또는 텍스트의 언어를 가리킨다. 포스트구조주의자들에게 담론은 텍스트뿐만 아니라 언어의 의미 작용 일반도 가리킨다. 때로 담화는 텍스트를 실질적으로 대체하여, 포스트구조주의에서 말하는, 문학 작품과 비문학 작품의 자의적이고 작위적인 구별을 강조하거나 해체하는 데에 도움을 준다.

한편, 담화는 사용 중인 언어를 가리키기도 하는데, 이는 포스트구조주의 이론가인 Foucault의 영향에 따른 것이다. Foucault는 담화를 특정 대상이나 개념에 대한 지식을 생성시킴으로써 현실에 관한 설명을 산출하는 언표들의 응집력 있고 자기지시적인 집합체로 간주하였다. 따라서 '법률적 담론', '미학적 담론', '의학적 담론' 과 같은 말이 생겨나게 된다. 이러한 언표와 규칙의 집합체인 담화는 역사적으로 존재하며 물리적 조건에 따라 변화한다. Foucault는 이러한 의미에서의 담화는 개인들 간의 교환에 의해 규정되는 것이 아니라 익명성의 층위에 존재한다고 주장하였다. 즉, 담화는 사고하고 인식하는 주체의 표현이라기보다는 '-라고 말해진다'의 층위에 존재한다는 것이다.

대조 수사학 [對照修辭學, contrastive rhetoric]

일반적으로 두 가지 혹은 그 이상의 언어를 모국어로 사용하는 사회의 사람들의 표현에 있어서 유사한 표현법들을 분석하고 비교하는 것을 말한다(Conner, 1996).

마인드맵 [mind-map]

마음속에 지도를 그리듯이 줄거리를 이해하며 정리하는 방법.

여러 아이디어를 범주화하여 간략한 조직자로 나타내는 것으로 생각의 지도라고 일컫어진다. 마인드맵은 좌뇌의 지배를 받는 언어·숫자·기호를 이용하는 기록에 의지하게 되면 시야가 좁아지고, 이러한 기록하는 습관은 우뇌의 기능을 막아 인간 두뇌의 종합적 사고를 가로막는다는 이론에서 나왔다. 따라서 생각하고 분석하는 모든 것들을 마음속에 지도를 그리듯이 하여 양쪽 뇌의 기능을 통합적으로 사용함으로써 창의력·기억력·이해력을 극대화시킬 수 있다.

맥락 효과 [脈絡效果, contextual effect]

우리가 접하게 되는 정보에 관해서 사전적으로 노출되는 단서를 통해서 실제적으로 기억하려는 정보에 편향되는 효과.

한 예로 로샤 검사와 같은 애매한 그림을 제시하고, 사전적으로 동물이라는 단서를 주었다고 가정해 본다면, 우리는 사전 단서로 인해서 그 그림을 우리가 알고 있는 동물들의 형상과 대조하고 매칭되는 형상을 찾으려고 노력하게 된다. 그렇기 때문에 아주 평범할 수 있는 그림에 공포와 관련된 단서로서 제목을 설정하게 되면, 놀람과 두려움이라는 정서가 유발되는 맥락 속에서 위 그림을 입력하게 되는 것이다. 이를 사회적인 대인 지각에서 말하고자 할 때는 고정 관념으로 인한 효과로 볼 수 있다. 처음 보는 대상을 우리가 지각할 때 그 인물에 대한 정보가 없기 때문에 사전적으로 제시되는 고정관념을 가지고 그 대상을 파악하게 되는 것이다. 그때 사전 고정 관념이 부정적이 되면 그 사람의 행동들을 부정적인 것으로 평가하고, 긍정인 경우에는 긍정적인 사람으로 평가하는 것이 그 예라 할 수 있다.

지각 심리학의 주된 연구 대상과 방법에 따른 인지적 접근에서 사용되는 개념으로, 유기체의 사전 경험이나 주변 맥락에 따라 자극에 대한 지각이 달라지는 효과를 의미한다.

머릿속에 저장되어 있는 단어에 대한 지식(맥락)이 낱자를 재인하는 과정에 영향을 미치는 하향식 처리를 보여 주는 것이 형태 재인의 맥락 효과이다.

문법 받아쓰기 [grammar dictation, dictogloss]

학생들이 문법에 신경을 쓰면서 한 단락 이상 단위의 지문을 듣고 재구성하는 것.

dictogloss보다는 grammar dictation이라는 용어가 더욱더 활동의 의미를 잘 나타낸다. 문법에 신경을 쓰면서 받아쓰기를 재구성하는 과정에서 학습자들은 의미 있는 문법 연습을 하게 된다. 부족한 부분은 다른 학생과의 공동작업이나 전체 학생을 대상으로 하는 분석 및 정정 시간에 보충하게 된다. 무엇보다도 문법 받아쓰기(dictogloss) 활동은 다인수 학급에 적합한 활동이다. 학급 크기가 큰 경우 교사가 개개 학생의 필요와 수준에 제대로 대응할 수 없지만 문법 받아쓰기를 이용할 경우 재구성 과정에서 학생들은 각자의 언어 지식을 최대한 활용하고 수준 차이가 나는 학생들 간에 서로 도와주도록 유도되기 때문에 서로로부터 배울 수 있다.

전통적인 받아쓰기와 문법 받아쓰기는 차이가 있다. 전통적인 받아쓰기는 문장 단위의 받아쓰기와 단락 단위의 받아쓰기가 있다. 문장 단위의 받아쓰기에서는 단순히 문장을 정확히 들은 대로 받아쓰기 하는 데 주 목적이 있다. 단락 단위의 받아쓰기는 학습자 수준에 적합한 단어와 길이의 단락을 듣고 받아쓴다. 외국어 학습의 효용 면에 있어서는 단락 받아쓰기가 보다 유용할 것이다. 단락 받아쓰기에서 학생들은 들은 단락을 재구성하게 된다. 하지만 학생들은 들은 원문을 그대로 재구성하는 것이 거의 불가능하다. 우리가 듣기 활동에서 언어 정보를 처리할 때 의미 정보는 우리 머릿속에 남지만 실제 어떤 소리와 표현이 사용되었는지는 잘 기억되지 않기 때문이다. 학생들은 재구성 과정에서 의미 정보를 바탕으로 자신의 모든 언어 지식을 총동원하기 때문에 학생들이 스스로의 결점을 파악하고 학습하는 데 유용하다. 문법 받아쓰기는 문장이 아닌 단락 이상을 받아쓰기 한다는 점에서 단락 받아쓰기와 유사하다. 하지만 문법 받아쓰기가 단락 받아쓰기와 다른 점은 교사가 학습자에게 들려줄 단락의 준비부터 나타난다. 교사는 특정한 문법 사항을 염두에 두고 단락을 고른다. 예를 들면, 존대법의 쓰임을 잘 알 수 있도록 존대법이 많이 들어간 단락을 준비한다. 학생들은 조로 나눠어서 재구성 활동을 하는데 처음에는 각자가 재구성을 하도록 하고, 이를 바탕으로 같은 조의 동료들과 함께 단락을 완성시켜 나간다. 이 과정에서 학생들은 특정한 문법 사항에 대해서 동료들과 협력하고 동료들로부터 배우게 된다.

문법 받아쓰기는 준비, 받아쓰기, 재구성, 분석과 정정 등의 4가지 절차에 따라 진행되며 학습자들의 문법 체계의 부족한 점을 자극하고, 의미 있는 문맥에서 문법 연습을 하며, 협동 학습을 장려한다는 유용성을 가지고 있다.

민족지적 연구[民族誌的硏究, ethnography approach]

사회나 문화의 한 측면을 깊이 연구하는데 중점을 두는 연구 방법.

이 방법은 흔히 장기간에 걸쳐서 그 그룹과 함께 살고 융화됨으로써, 특정 그룹에 속한 사람에 대한 삶의 방식을 가능한 한 충실히 묘사하려고 애쓰는 것이다. 연구자는 참여자 또는 비참여 관찰자가 되기도 한다.

민족지적 연구법은 아주 다양한 연구자 및 연구 방법들과 함께 대단히 광범위한 분야이다. 그중 가장 잘 알려진 민족지적 연구 방법은 현지 조사의 한 분야로서 참여 관찰이다. 민족지적 연구가는 한 사람의 왕성한 참여자로서 그 문화에 몰입되면서 방대한 조사 노트를 기록한다.

민족지적 연구법의 본질은 '현장(현지)' 관찰에 있다. 관찰되고 있는 행사는 가능한 한 거의 방해 받지 않고 사실적이어야 한다. 정보의 원천은 자연적으로 발생하는 문서들, 음성 및 영상 녹음, 조사 기록지와 전사된 대화들이 될 것이다.

자료 수집 및 분석은 구별되는 단계가 아니며 동시에 발생한다. 심도 있는 묘사는 개인들이 속한 문화라는 개념 내에서 그들에 대한 명확한 그림을 제공한다. 가벼운 묘사가 단지 행사들을 열거한 것인 반면에 심도 있는 묘사는 관찰된 행동들을 해석하고 그러한 행동들의 의미들을 제공한다. 결과적으로 문자 그대로 인용이 그 민족과 가장 동일시되는 특징이 될 수 있고, 어떤 해석에 대해서 판단을 하기 위한 기록을 제공한다. 분석의 단계는 아주 다양할 수 있는데 이것은 하나의 대화에서부터 구체적인 상호작용에 대한 열거뿐만 아니라 연구를 위한 배경의 전후 관계 및 일반적 특징에 주안점을 둔 광의의 분석에 이른다.

브레인스토밍 [brainstorming]

창의적인 아이디어를 생산하기 위한 학습 도구이자 회의 기법인데 쓰기에서 아이디어를 내기 위해 사용하는 방법.

원래 브레인스토밍은 3인 이상의 사람이 모여서, 하나의 주제에 대해서 자유롭게 논의를 전개하는 데에서 유래하였다. 중요한 점은 어떤 사람이 제시한 의견에 대해서 다른 참가자가 비판을 하지 않고 아이디어를 많이 내도록 하는 기법이다. 특정 시간 동안 제시한 생각들을 모아서, 1차, 2차 검토를 통해서 그 주제에 가장 적합한 생각을 다듬어나가는 일련의 과정이다. 아이디어를 생산하기 위한 효율적이고 대중적인 기법이다. 1930년에 Osborn가 쓴 책을 통해 널리 알려졌다. 그 후 쓰기 교육에서 아이디어를 모으는 기법으로 활용되었다.

쓰기 [writing]

글 쓰는 사람의 생각이나 느낌을 글로 정확하게 표현하는 일.

쓰기는 특정한 구문을 이용하여 의도적으로 무언가를 적는 것을 말한다. 인류가 시작하면서 석판, 종이, 벽, 디스플레이에 이르기까지 여러 표면 위에 무언가를 적어 왔다. 강의, 연설 등을 할 때 그 말을 받아 적는 것을 필기라고 하며, 작품을 쓰는 것을 집필, 또 글을 지어 책을 만드는 것을 저술이라고 한다. 이는 정보 전달이 목적인 글짓기와는 다르다.

쓰기는 문자 언어의 표현 기능으로 '쓰기'라는 용어는 글쓰기와 글씨 쓰기를 포함하는 개념으로 사용한다. 쓰기는 어휘력, 구문력, 표현력, 맞춤법에 관한 지식, 그 언어 문화에 관한 지식 등을 고루 갖추어야 할 뿐 아니라, 음성 언어에 대한 명확한 이해와 표현 능력도 여기에 반영되기 때문에 사실상 언어의 종합 운영 능력이라고 할 수 있다. 또 쓰기에서는 다른 언어 기능과는 달리 조금의 오류나 부정확도 용납되지 않기 때문에 글자 획, 기호 하나 하나에까지 정확성이 요구된다. 따라서 쓰기 능력을 갖추기 위해서는 그만큼 많은 노력과 훈련을 필요로 한다. 사실 듣기, 말하기, 읽기에 상당한 능력을 갖추었다 하더라도, 쓰기 능력이 없다면 그 언어 능력을 갖추었다고 하기 어렵다.

쓰기 전 단계 [pre-writing]

글을 쓰기 전 계획하고 내용을 생성하고 조직하는 단계.

글을 쓰기 전의 과정은 계획하기, 아이디어 생성하기, 조직하기다. 계획하기는 말 그대로 글을 쓰기 전에 글을 쓸 준비를 하는 활동을 말한다. 글쓰기 과제를 분석하고, 글을 쓰는 목적이 무엇인지, 내가 쓴 글의 독자는 누구인지 등을 생각하는 활동이다. 이 단계에서는 화제를 선택하고, 아이디어를 수집 및 조직하며, 글을 쓰는 목적과 독자를 고려하고, 독자와 목적을 생각하면서 쓰기의 형태를 결정하며, 아이디어를 생성하기 위해 말하기, 그리기, 읽기, 쓰기 등의 활동을 할 필요가 있다. 내용 생성하기는 글을 쓰기 위해 아이디어를 떠올리고 수집하는 활동이다. 내용 생성을 잘하려면 여러 차례의 훈련이 필요하다. 우선 쉽고 재미있는 주제를 택해 내용을 생성하는 활동을 해 본다. 그런 다음 점차적으로 깊이와 폭을 넓혀 나가면서 글쓰기에서 아이디어를 생성하는 활동의 중요성을 일깨우고, 실제로 아이디어를 생성할 수 있는 능력을 기를 수 있도록 한다. 조직하기 활동은 아이디어들 간의 관계를 파악하는 능력을 기르는 데 초점이 있다. 그리고 조직하기는 글을 어떤 순서로 쓰는 것이 좋은지를 생각해 보게 하는 활동이다. 그리고 파악된 관계들을 고려하여 적절히 순서화하는 것이 중요하다. 이렇듯 조직하기 활동은 아이디어들 간의 관계를 파악하는 데 도움이 되고, 이들 아이디어를 적절히 배열하게 하는 데 도움이 된다.

쓰기 후 단계 [post-writing]

글을 쓴 후에 수정하고 조정하는 단계.

글을 쓰기 후의 과정은 수정하고 조정하기다. 수정하기는 주로 초고를 쓴 다음에 내용과 형식을 고치는 활동을 말한다. 사람에 따라서는 교정하기, 고쳐쓰기, 고치기, 퇴고 등으로 부른다. 여기에서 교정 대신 수정이란 말을 쓴 것은 아무래도 교정은 맞춤법이나 편집과 같은 세부적인 요소를 고치는 것으로 사용되는 경우가 많기 때문이다. 그만큼 수정하기 단계에서는 '내용(의미)'을 고치는 것이 중요하기 때문이다. 물론 수정은 아이디어를 조직하거나 표현하는 단계에서도 얼마든지 이루어질 수 있지만, 여기에서는 주로 초고를 쓴 다음에 일어나는 고치기 행위를 지칭한다. 종래에는 수정(또는 교정)의 중요성을 크게 인식하지 못했으나, 글을 쓰는 것은 어떤 의미에서 계속적인 수정 활동이라 말할 수 있다. 그만큼 글을 잘 쓰기 위해서는 초고를 적절히 수정할 수 있는 능력이 필요하다. 일반적으로 수정은 크게 다섯 가지 형태로 이루어진다. 첨가, 삭제, 대체, 이동, 재배열이 그것이다. 첨가는 덧붙이는 것이고 삭제는 특정한 내용을 빼는 활동이다. 그리고 대체는 그 위치에서 다른 내용으로 바꾸는 경우이고, 이동은 다른 곳으로 옮기는 것이며, 재배열은 앞뒤 순서를 바꾸거나 몇 부분을 하나로 줄이거나 늘이면서 재구성하는 활동을 말한다. 조정하기는 자기의 인지 행위를 점검하고 통제하는 초인지적 행위다. 글쓰기에서 조정하기 능력은 각 단계에서 개개의 전략을 제대로 활용할 수 있게 하기 위해서도 필요하지만, 글쓰기의 전체 과정을 점검하고 통제해 나가게 하는 데에도 필요하다. 조정하기란 말은 사람에 따라 점검하기, 통제하기, 모니터하기 등으로 쓴다.

어휘 밀집도 [語彙密集度, lexical density]

전산 언어학에서 사용하는 개념으로 어휘의 성향을 따져 장르나 레지스터의 다양성을 알 수 있게 하는 척도.

담화 분석에서 많이 사용되는 것으로 분석하고자 하는 문장 내에 명사, 형용사, 동사, 부사 등이 몇 개 있는지를 따지거나 어휘의 성향을 기술하여 텍스트의 성격을 알고자 하는 기준 척도이다. 예를 들면, 구어 텍스트의 평균 문장 당 사용된 어휘의 수는 문어 텍스트의 평균 문장 당 사용된 어휘의 수보다 적다. 그러므로 구어 텍스트가 문어 텍스트보다 어휘 밀집도가 낮다고 말할 수 있다.

어휘 밀집도는 다음과 같은 식으로 나타낼 수 있다.

Ld = (NLex / N)x100

Ld: 분석 대상 텍스트의 어휘 밀집도

NLex: 분석 대상 텍스트에 분석하려고 표시(예를 들면, 명사, 형용사, 동사, 부사 등 표시)된 어휘의 수

N: 분석 대상 텍스트에 있는 모든 어휘의 수

울타리 표현 [hedging]

화자의 진술 내용에 대한 타당성에 확신이 부족함을 나타내거나 혹은 직설적 언급을 회피하고자 하는 바람을 표시하는 데 쓰이는 표현.

Lakoff가 최초로 제안한 용어로 술어나 명사구의 언표내적 힘의 정도를 변화시키는 불변화사, 어휘 또는 구를 말한다. 예를 들면, "좀 문제가 있습니다."에서 '좀'은 부담이 가는 내용을 말할 때 미확정적인 태도를 표현하는 것으로 울타리어이다. Brown & Levinson 등은 이 개념을 대화의 공손 전략으로 발전시키고 있는데, 울타리어는 말하는 사람이 자기 특유의 형식으로 자신의 언어를 표현하고 단정적이고 강한 느낌의 표현을 부드럽게 만드는 기능을 한다. 이것은 목표 발화의 전후 제약 없이 앞뒤로 연속하여 나타나는 것을 대상으로 하고, 화자 스스로 자신의 발화를 조정하고 규정하는 것이다.

예를 들면, "솔직히 말하면, 나는 그가 무섭다."에서 '솔직히 말해'가 붙음으로써 화자는 자신의 발화에 대한 감정을 표시하고 문장의 단정적 느낌을 완화한다.

Lakoff는 여성이 울타리 표현을 자주 사용하는 것은 여성의 자기 주장의 결여(unassertiveness)를 나타내는 것이라고 하였다. 즉 여성의 언어에 이러한 울타리 표현이 더 많이 관찰되고 있다고 했는데 이는 여성이 "스스로를 강하게 주장하는 것은 숙녀답지(ladylike) 않거나 여성적인(feminine)것이 아니라고 믿도록 사회화되었기 때문"이라고 주장하였다(Lakoff 1975:54). 즉 여성들은 타인을 공경하고 타인과의 갈등을 피하도록 사회화되어 왔기 때문에 혹시 다른 견해를 갖고 있을지도 모르는 청자와의 마찰을 최소화하기 위하여 울타리 표현을 많이 사용한다는 것이다.

유도 작문하기 [guided writing]

통제의 정도가 많이 줄어들어 아이디어를 제시하거나 모델을 제시한 다음 이를 참고하여 자신의 생각으로 작문하도록 하는 것.

유도 작문은 통제 작문과 달리 학습자 스스로 어휘와 구문을 선택하여 주어진 내용에 관한 글을 쓰는 것을 말한다. 통제 작문과 달리 유도 작문은 교사의 통제를 받지만 학습자에게 선택권이 어느 정도 주어지게 되며 학습자가 스스로 생각해서 문장을 엮어갈 수 있다. 여기서는 학습자의 글 쓰는 결과물이 교사의 예상과 완전히 일치하지는 않는다. 즉 유도 작문은, 통제 작문에서처럼 반드시 똑같은 결과가 나타나는 것이 아니라 비슷한 결과가 여러 개 나타날 수 있으며, 학습자가 글 쓰는 결과물이 교사의 예상과 완전히 일치하지 않는다.

유도 작문의 구체적인 유형으로는 ① 완성 연습 ② 대치 연습 ③ 단문의 확장 ④ 치환, 대체 연습 ⑤ 주어진 어휘를 이용하여 이야기 만들기 ⑥ 읽고 들은 내용에 관한 질문의 답 쓰기 ⑦ 듣고 읽은 이야기 요약하여 쓰기 ⑧ 이야기를 대화문으로 고쳐 쓰기 ⑨ 이야기나 대화문의 주요 인물을 바꾸어 글의 분위기를 바꾸어 쓰기 ⑩ 이야기나 대화문의 골자를 글로 주거나 그림을 주어 이야기를 창작하기 등을 제시하고 있다.

유도 작문은 단조롭고 기계적인 통제 작문에 싫증난 학습자에게 학습 의욕을 높여줄 수 있으며 자유식 쓰기에 부담감을 느끼는 학습자들에게 쓰기 내용을 제한해 줌으로써 쓰기 능력 향상에 도움을 줄 수 있는 방법이다. 유도 작문은 통제 작문과 자유 작문의 중간 단계로 내용만 통제되고 언어는 통제되지 않은 쓰기 유형이다. 즉, 어휘와 구문을 선택하여 쓸 수 있는 것이다. 그러나 많은 사람들이 유도 작문이 초급 단계에서는 실시하기 어려운 유형이라고 생각한다. 그 이유는 유도 작문이라고 하면, 주어진 긴 문단의 모범문을 바탕으로 유사한 글을 쓰는 것만을 떠올려 어려운 쓰기 활동이라고 생각하기 때문이다. 유도 작문의 핵심은 언어의 통제 여부에 있는 것이지, 쓰기 수준에 있지 않다. 즉, 문장 수준의 쓰기 활동이라도 어휘, 문형 등을 학습자가 선택하여 쓸 수 있다면, 유도 작문에 해당한다. 유도 작문은 이와 같이 문단 수준뿐만 아니라 문장 수준에서도 이루어 질 수 있으며 초급 단계에서도 얼마든지 적용이 가능하다.

자유 작문하기 [free writing]

외부의 도움 없이 자기 의사를 비교적 자유롭게 표현하는 글쓰기.

자유 작문은 학습자 자신의 의도대로 글을 쓰도록 하는 것으로 쓰기 지도의 최종 목표라고 할 수 있다. 자유 작문은 통제나 지시 없이 자유롭게 써 나가되 주제에 맞는 문장들을 서로 연관성 있게 써 나가야 하므로 통제 작문과 달리 쓰고자 하는 내용과 언어를 결합하기 위한 생각이 있어야 한다. 자유 작문은 단독으로 일어나는 활동이 아니라 이전의 여러 활동과 관련이 있는 것으로 진행된 학습을 한 후에는 학습자 자신에게 있었던 하루의 일과에 관해서 적어 보게 할 수 있고, 가족에 대한 명칭을 학습한 후에는 자신의 가족에 대해 써 보게 할 수도 있다. 글의 양식도 일상생활에서 많이 접할 수 있는 엽서, 초청 카드, 광고문, 편지, 일기, 이야기 쓰기 등 다양하다.

자유 작문의 장점은 통제가 없는 상태에서 학생들 스스로 글의 내용을 결정하거나 교사에 의해 제시된 주제에 대해 자신의 의견을 표현함으로써 학습자들의 동기를 유발할 수 있다. 또한 문법적 제한을 두지 않고 학습자 스스로 언어와 내용을 구성하여 글을 전개하도록 함으로써 학습자의 창의력을 신장시킨다. 그러나 초급 단계의 학습자에게 자유 작문을 하게 되면 심한 오류를 범할 수 있으며, 이러한 심한 오류는 학습에 방해가 될 수 있고, 학습자가 쓰기 활동에서 좌절감을 느껴 쓰기 활동에 흥미를 잃게 할 수도 있다. 또한 채점 시, 시간이 많이 들고 통제가 없는 상황이 오히려 학습자들에게 부담이 될 수 있다는 단점을 가진다.

절충식 쓰기 교육

학습자에게 스스로 전략을 구성할 수 있는 바탕에 해당하는 기본적인 형식이나 핵심 단어들을 제시해 주면서 적절하게 쓰기의 과정을 담당하게 하는 글쓰기 지도.

글의 종류(설명, 논설, 서사, 묘사)와 글의 양식(신청서, 편지, 일기)에 따라 필수 단어 및 표현을 제시해 주어야 한다. 글의 종류에 맞추어 정해져 있는 표현법은 사전에 학습을 시켜야 한다. 논설문과 초대장을 예로 들어 설명하면 다음과 같다.

① 논설문에는 논리적인 전개를 위한 구성 방법이 있으며 자신의 주장을 나타내기 위한 일정한 형식의 표현들이 있다.

가. 일반적으로 서론, 본론, 결론으로 구성된다.
나. 주제문의 위치에 따라 두괄식, 미괄식, 양괄식 등의 형식을 취한다.

다. 논설문에 사용되는 표현: /우선, 다음으로 /첫째, 둘째, 셋째 /따라서, 그러므로, 다시 말하면, /~고자 한다, ~해야 한다, (주장하)는 바는~ /왜냐하면 ~기 때문이다

② 초대장에는 일정하게 들어가야 할 내용이 있으며 주로 사용하는 표현들이 있다

가. 들어가야 할 내용: 받는 사람, 초대의 이유와 인사, 초대의 말, 때, 장소, 시간, 보내는 사람(물론 순서는 다를 수 있다).

나. 초대장에 사용되는 표현: (결혼을 하)~게 되었습니다./ 꼭 오셔서(참석하셔서)~/ ~아 주십시오./ ~기를 바랍니다.

정교화 전략 [精巧化戰略, elaborate strategy]

새로운 교수 설계의 전략들을 새로 창조하여 제시하고 있다기보다 다양한 이론 및 연구에 바탕을 두고 교수 내용을 계열화시키고, 여러 전략들을 통하여 내적 일체성을 갖게 하여 체계적, 처방적으로 통합시켜 제시하는 학습 전략.

정교화 전략의 전략들이 추구하는 바는 학습자가 자신의 인지 구조를 의미 있고 서로 연결된 아이디어의 체계로 구성하도록 도와주는 것이다. 즉, 정교화 전략이 제시하는 교수 내용의 선택, 계열화, 종합, 요약에 관한 전략들은 교수 설계자들에게 구체적인 처방전을 제시하고 있다. 이와 아울러 정교화 전략은 학습자 스스로 학습 내용을 선택하고 계열화시킬 기회를 제공하고 있다. 정교화 전략은 거시적 수준에서 어떻게 교수 내용을 선택하고 계열화하여 요약, 종합할 것인가에 대한 전략과 과정들을 처방해 주고 있다. 정교화 전략은 교수 설계가 간단-복잡, 일반-세부적인 것으로 전개되어 조직되어야 하며, 우선 '대요(epitome)' 라고 하는 가장 기초적인 아이디어로 시작되어야 한다고 주장한다. 이러한 정교화 전략의 주장은 아직 체계적이

고 통합된 경험적 연구나 현장 연구를 통하여 완전히 검증된 바가 없기 때문에 계속적인 수정과 보완이 예상된다. 또한 새로운 교수, 학습에 대한 우리의 지식이 축적되고 확장됨에 따라 정교화 이론의 통합 범위나 깊이도 변화할 것으로 보인다.

통제 작문하기 [restricted writing]

학습자들이 사용해야 할 언어의 전부 또는 대부분을 제시하여 쓰기 활동을 하는 것.

통제 작문은 글의 내용이나 구성면뿐만 아니라 언어적 측면에서 통제가 되는 쓰기 형식이다. 즉, 쓰기 실력이 부족한 초급 학습자를 대상으로 문법적인 문장 구조에 초점을 맞추어 학습자들이 사용해야 할 언어의 전부 또는 대부분을 제시하여 주어진 지시대로 쓰도록 하는 쓰기 유형이다. 통제 작문은 학습자들이 교사의 완전한 통제 하에 오류를 범하지 않고 문장을 정확히 쓰도록 훈련하는 데 목적이 있다. 따라서 학습자가 행할 수 있는 범위는 아주 제한되어 있어서 교사의 지시대로 행동하면 오류를 범하지 않고 쓸 수 있다.

Raimes는 통제 작문이 작문 실력이 부족한 초급 학생들에게 구문을 익히기 위한 학습으로 자유 작문 단계 전에 글 전체 안에서 구문이나 어휘가 어떻게 사용되는가를 학습할 수 있고, 글의 내용이나 구성을 연습하는데 필요한 활동이 될 수 있다고 한다.

통제 작문은 언어의 형태를 연습하고 익히는 것으로 주된 관심이 글의 내용보다 언어 자체에 있다. 즉, 자유롭게 자신의 생각을 표현하기 이전에 쓰기의 기초를 다지는 쓰기 형태로 어휘, 문법, 구문, 문장 구조 등을 강조하는 정확성 중심의 지도법이다. 그렇기 때문에 자칫하면 내용을 고려하지 않는 의미 없는 기계적인 연습 활동이 되기 쉽다. 또한 논리적이고 연관성 있는 쓰기 활동을 어렵게 하며, 자유롭게 자신의 의사를 전달하는 능력을 길러 주기 어렵다는 단점을 갖는다.

협력적 쓰기 활동 [cooperative writing activity]

개별적 글쓰기의 어려움을 극복하기 위하여 학습자들 간의 상호작용을 이용하여 글쓰기를 지도하는 방법.

협력적 쓰기 활동은 모둠 활동을 통해 학습자들이 대화와 토론을 거쳐 서로의 의견을 나눠 보면서 쓸 거리를 구성하고 생산하도록 하는 쓰기 수업 방식이다. 학습자들이 발상과 계획하기 단계부터 동료들과 지속적으로 상호작용을 하게 하는 것이 바람직하다. 이 과정을 통해 학습자들은 자신의 입장에 맞게 지식을 구성하고 학습자들의 경험을 글쓰기에 연결시키게 된다.

발음 교육론

구강 모형 [口腔模型, oral cavity model]

발음 교육에서 교사가 조음 위치와 조음 방법을 설명할 때 유용하게 사용할 수 있는 모형.

교사가 조음 위치와 조음 방법을 설명할 때 유용하게 사용할 수 있는 모형이다. 밑에 제시한 그림처럼 구강 내부를 그린 카드를 이용해 /ㄱ/와 /ㅈ/ 조음시의 혀의 위치를 설명한 후 좀 더 자세한 설명을 위해 구강 모형을 사용할 수 있다.

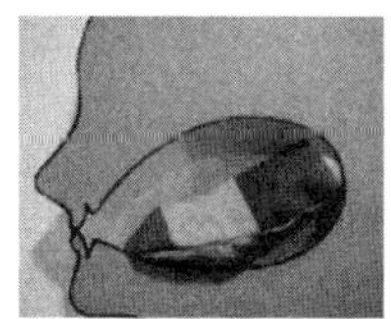
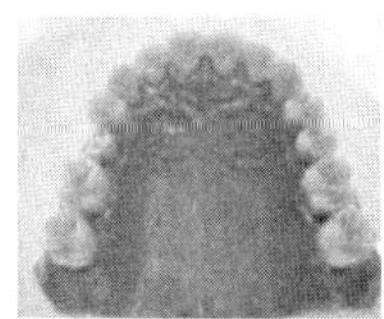

/ㄱ/

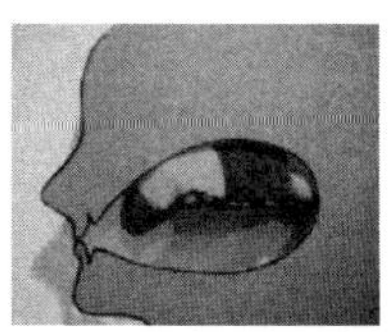
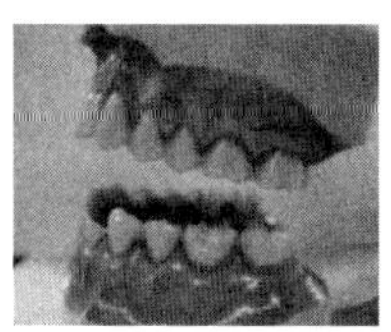

/ㅈ/

발음 교육의 역사 [history of pronunciation teaching]

발음 교육이 이루어져 온 역사.

언어에서 무엇을 가르칠 것인가는 당대의 주도적인 언어 교수법의 영향을 받는다. 즉 무엇을 가르칠 것인가가 어떻게 가르칠 것인가에 영향을 주기도 하지만, 어떻게 가르칠 것인가가 무엇을 가르칠 것인가에 큰 영향을 주기도 하는 것이다. 발음 교육의 경우도 비록 한국어 교육의 역사는 아니지만 시기별 주도적인 교수 학습법에 따라 조금씩 그 강조점이나 중요성이 달라지는 모습을 보였다.

19세기 문법 번역 교수법이 주도하던 시기에는 말 그대로 정확한 문법 지식을 바탕으로 목표어와 모국어의 상호 번역을 주된 목적으로 삼았기 때문에 읽기나 쓰기 기능에 강조하고 말하기나 듣기 기능과 관련한 발음 교육 분야는 거의 무시되었다.

19세기 중엽 의사소통 기회의 필요성이 많아져서 문법 번역식 교수법을 비판하고 직접 교수법이 등장하면서 발음 교육이 강조되기 시작하였다. 교육 목표 자체가 의사소통을 위한 언어 교육으로 초점이 바뀌었다. 의사소통을 위해 글이 아닌 말을 배운다. 그것은 일상생활에서 쓰이는 실제적인 말이 교육 대상이기 때문이다. 모국어 사용을 피하기 위해 불가피하게 그림이나 실물, 동작 등 시각적 보조 자료를 많이 활용한다.

이후 1940년, 50년대에 청각 구두식 교수법이 등장하였다. 학습을 기계적인 습관 형성의 과정으로 보기 때문에 수업 중에 주로 모방과 암시 반복이 주를 이룬다. 학습할 어휘와 구조들을 대화를 통해 제시한다(주로 테이프 듣기, 교사가 읽어 주기). 학습 초기부터 말하는 것이 요구되어 자연스러운 구어를 대화나 연습에 활용한다. 정확한 발음을 중시하기 때문에 초급 단계에서 어떤 표현이나 문형을 익히는 데는 효과적이다.

1970년대에는 침묵식 교수법과 전신 반응식 교수법을 주로 사용한다. 침묵식 교수법은 학생들이 주로 말을 하고 교수는 지켜보는 형태의 수업 방식이다. 조별 활동이나 과제를 통해 이루어진다. 이 교수법은 학습자들이 외국어를 듣고 이해하며 말을 유창하게 할 수 있도록 하는 데 목적을 둔다. 원어민에게 가까운 유창성을 기르도록 하며 이를 위해 올바른 발음을 익히도록 한다. 침묵식 교수법은 정확한 발음이라는 것이 모델을 따라서 반복 연습하고 익히는 것이 아니라 학습자 스스로 시각적인 자료 등을 활용하여 자신의 시행 착오, 시도, 판단, 결론의 수정들의 과정을 통해 이루어지는 것이다.

이러한 시기를 지나서 1980, 1990년대에 이르면 언어가 가지고 있는 의사소통적인 속성들을 강조하면서 학습 내용의 진정성, 실제성, 교실 밖 현실과의 근접성 등에 바탕을 둔 접근법들이 발달하였는데 의사소통 중심 교수법이 대표적인 예라 할 수 있다.

발음 교정 [發音矯正, pronunciation correction]

학습자가 만든 발음 오류의 문제점을 진단하고 오류의 원인을 찾아 과학적이고 효과적인 방법을 동원하여 고쳐주는 것.

발음 지도는 네 단계가 있다. 즉 청각적인 구분, 인지와 이해, 발성, 확인과 교정이다. 발음 교정에서 주로 모음의 교정(단모음, 이중모음), 자음 교정(파열음, 마찰음, 파찰음, 비음, 유음), 초분절 음소의 교정(강세, 억양), 음절 구조의 교정 등이 있다.

학습자의 발음이 표준어 즉 음성학과 음운론에 맞게 교정하는 것은 발음 교정이라고 한다. 학습자가 자주 틀리는 발음을 언어권별로 분류하여 비교 설명해 주는 것이다. 학습자가 부정확하게 조음한 발음에 대하여 하나하나 물리적으로 설명하는 것이다. 효율적인 발음 교정 방법이 목표어와 모국어의 음운 체세틀 비교하여 정리하고 유사점과 상이점을 파악하는 바탕에서 교정하는 것이다. 언어의 변별적 특성을 중점을 두고 교정하고 지도해 주는 것이 효율적인 발음 교정이 될 수 있다.

발음 교정에서 중요한 것은 학습자가 자주 틀리는 발음을 언어권별로 분류하여 비교 설명해 주는 것이다. 예를 들어 일본어권 학습자는 자음 중에서

'평음/격음/경음' 이 초성으로 올 때와 /ㄴ,ㅁ,ㅇ/이 받침으로 쓰일 때 정확하게 구별해서 듣거나 발음하는 것을 어려워하고 모음 중에서는 구별 못 하는 것이 있다.

중국어권 학습자가 한자음처럼 발음하는 데서 오는 잘못이 많다. 중국어 발음과 비슷한 자음, 모음을 골라 교육시킨다. 그리고 중국어에서 존재하지 않는 발음 예를 들어 /ㅡ/를 강조하여 교정한다. 또한 /ㅗ/와 /ㅓ/ 경우에 중국어 발음 /e/과 비슷한 발음을 중점으로 교육한다. 자음의 교정이 모음 교정 절차와 같다. 한국어의 파열음, 마찰음, 비음, 유음, 초분절 음소의 교정(강세, 억양), 음절 구조를 하나 빠짐없이 교정해 줘야 한다.

발음 발성 단계 [發音發聲段階, stage of articulation]

학습자가 실제로 발음해 보는 단계.

발음 오류 [發音誤謬, pronunciation error]

학습자들이 각종 원인으로 한국 표준 발음법대로 정확히 발음하지 못하여 의사소통을 원만하게 수행하지 못하게 되는 현상.

(1) 발음 오류의 원인

1) 학습자의 모국어의 영향

2) 정확하지 않은 발음 방법

3) 음운 변동 규칙을 숙지하지 못함

4) 발성 기관의 부족함(예: 혀가 짧음)

(2) 중국어권 학습자의 잦은 오류

1	무성 자음이 유성음화 환경에 있어도 무성음으로 발음함	"방법" 에서의 뒤의 유성"ㅂ"을 앞의 무성 "ㅂ" 처럼 발음함
2	받침 발음을 잘 못함	"먹었다"를 "머거다", "둥글다"를 "두그다"로 발음하기 쉬움
3	"ㅡ" 모음이 아닌 모음 앞에서 "ㅎ"을 "ㅡ" 모음 앞에서의 "ㅎ"처럼 발음함	"하나" 에서의 "ㅎ"을 "흙" 에서의 "ㅎ"처럼 발음함
4	"쟈 져 죠 쥬 챠 쳐 쵸 츄" 에서의 모음을 모두 이중 모음으로 발음함	"가져"를 "가저"로 발음하지 않고 "가져"로 발음함
5	파열음(또는 폐쇄음)의 세 계열인 평음, 경음, 격음을 구분하여 발음하기 어려움	"살"과 "쌀" "자"와 "차" "달" "딸" "탈"을 구분하여 발음하기 어려움
6	유음 "ㄹ"은 어중 모음과 모음 사이에 위치할 때는 탄설음 "ɾ"로 실현되고, 음절초와 음절말에서는 설측음 "l"로 실현되는 것인데 발음하기 어려움	"그런데"를 "글런데"로 발음하기 쉬움
7	모음 "ㅗ"와 "ㅓ"을 구분하여 발음하기 어려움	"고기", "거기"
8	"ㅐ"와 "ㅔ"를 구분하여 발음하기 어려움	"선생님", "은행"을 발음하기 어려움
9	"ㅗ"와 "ㅜ"을 구분하여 발음하기 어려움	"종국", "중국"
10	어두 "ㅅ"를 "ㅊ"로 발음	"사과"-"차과", "사랑"-"차랑"

발음 이해 단계 [發音理解段階, stage of pronunciation comprehension]

학습자가 목표어의 개별음 발음에 대한 정보를 얻어 이해하는 단계.

외국어로서의 한국어의 발음 교육의 목적은 한국어를 학습하려고 하는 외국인에게 표준 한국어의 단어와 문장을 정확하게, 자연스럽게, 그리고 자유롭게 발음할 수 있는 능력을 학습시키고 향상시키는 네에 있다. 일반적으로 모든 언어에 있어서 발음은 네 가지 능력(말하기, 듣기, 읽기, 쓰기 능력) 중에서 아주 중요한 위치를 차지하고 있다. 왜냐하면, 화자가 아무리 문법적으로 정확하고 유창하게 말을 하더라도, 또한 화자가 아무리 유창하게 글을 읽을지라도 그의 발음이 부정확하고 부자연스러우면 청자는 그의 말을 명확하게 듣고 이해하기가 어렵기 때문이다. 이와 같이 발음은 인간의 의사소통에 있어서 정확하고 충분한 의사 전달과 밀접한 관련이 있기 때문에, 특히 언어 교육에 있어서의 발음 교육은 대단히 중요한 것이다.

발음 교육을 위해서 정확한 발음을 할 수 있는 교사와 교육 내용이 있어야 할 뿐만 아니라 발음 교육 방법 및 단계도 중요한 부분이다. 일반적으로 발음 교육 단계는 4단계에 의하여 효과적으로 이루어질 수 있나. 즉, (1) 청각적인 구분 (2) 인지와 이해 (3) 발성 (4) 확인과 교정. 그중에서 이해 단계는 학습자가 대체로 정확한 발음을 듣고, 지도자의 조음 기관의 움직임을 보며, 스스로 발음을 연습하여 이를 반복하는 것을 기본 골격으로 이루어진다. 가능하면 지도자는 간결하고 명확하게 설명하는 것이 바람직하다. 또한 이 단계에서는 설명에 필요한 여러 가지 보조적 도구로써 조음 기관의 움직임을 표현하는 '그림' 이나 '동영상' 등을 활용하는 것이 효과적이다. 그리고 언어 학습자에게 한국어의 발음과 학습자의 모국어와의 발음의 유사점이나 차이점을 인식시키는 것도 필요하다. 마지막으로 학습자들이 자신의 발음을 녹음하여 들어 본 후 지도자의 발음 동작이나 입 모양과 대조하고 발음 기관의 움직임에 대하여 더 이해할 수 있다.

발음 인지 단계 [發音認知段階, stage of pronunciation recognition]

발음 지도에서 목표어의 개별음의 특징에 대해 아는 단계.

발음의 인지 단계에 따른 한국어 학습 단계는 다음과 같다.

1) 제1단계-청각적인 구분

① 개별 음소의 최소 대립 구분 훈련

예) 영어권 학습자 : /ㅅ, ㅆ/와 /s/, 일본어권 학습자 : /ㅓ, ㅗ/와 /オ/,

/ㅜ, ㅡ/와 /ゥ/

일반적으로, /ㄱ, ㅋ, ㄲ/ 등 '평음/격음/경음' 구별 훈련

② 어휘와 문장 단위의 청취 훈련

2) 제2단계-인지와 이해

음성 기관의 그림이나 모형 또는 교사의 발음 동작 등을 이용하여 한국어의 발음 체계를 설명한다. 또한 교사는 가장 자연스러운 입 모양으로 정확한 발음을 들려주어야 한다.

3) 제3단계-발성

학습자가 실제로 발음하고 연습하는 단계로 모음부터 교육을 시작하는 것이 편리하다.

4) 제4단계-확인과 교정

학습자의 발음 오류를 진단하고 교정하는 단계이다.

역행 구조 연습 [逆行構造練習, backward buildup]

긴 발화의 말에 대한 유창성을 신장시키고 연음과 억양을 효과적으로 연습할 수 있는 기법으로 문장의 맨 마지막 단어에서 시작하여 점차 앞으로 가면서 발음 연습을 시키는 기법.[1)]

역행 구조 연습은 듣기 유형에 따른 활동이다. 문장이 일반 구조보다 너무 길 때 학습자들이 말하거나 연습 중에 다소 부담이 될 수 있다. 이때 교사는 뒤로부터 단어를 하나 하나씩 추가하는 방법으로 문장을 만들어 보는 연습이다. 예를 들면 "동일본 대지진에 이은 크고 작은 여진이 계속되면서 후지산(富士山)화산의 분화 가능성이 제기됐다."

가능성이 제기됐다

분화 가능성이 제기됐다

후지산화산의 분화 가능성이 제기됐다

여진이 계속되면서 후지산화산의 분화 가능성이 제기됐다
크고 작은 여진이 계속되면서 후지지산화산의 분화 가능성이 제기됐다
대지진에 이은 크고 작은 여진이 계속되면서 후지산화산의 분화 가능성이 제기됐다
동일본 대지진에 이은 크고 작은 여진이 계속되면서 후지산화산의 분화 가능성이 제기됐다

역행 구조 연습은 제2차 세계 대전 때에 군인을 대상으로 한 언어 교육 프로그램에서 개발된 것이다.

제2차 세계 대전 당시 효과적인 전쟁의 수행에 꼭 필요한 정보의 수집 및 교환 등을 위해서 미국은 연합국은 물론이고 독일이나 일본 등의 적대국의 언어에 능통한 전문가가 필요하게 되었다. 미국 정부는 단기간에 걸쳐 외국어 전문가를 양성할 수 있는 프로그램을 그 당시 최고의 언어학자들이 모여 있었던 미시간 대학교에 의뢰하여 개발하였는데 그것이 바로 ASTP라고 불리는 외국어 집중 학습 프로그램이다.[2] 이 프로그램은 미국 군인들에게 외국어를 가르치기 위한 교수법이었으나 전쟁이 끝난 후, 세계 각국에서 미국으로 몰려든 이민자나 유학을 온 외국 학생들에게 영어를 가르치는 프로그램으로 바뀌게 되었는데, 그것이 바로 청화식 교수법인 것이다.

청화식 교수법의 이론적 기반은 언어학적으로는 구조주의 언어학을, 심리학적으로는 Skinner의 행동주의이다. 성공적인 언어 습득은 기계적인 훈련과 반복 연습에 달려 있다고 본다.

수업의 실제를 살펴보면,

(1) 먼저 교사는 학생들에게 대화문을 하나 제시한다. 물론 수업은 거의 외국어로 진행된다.

(2) 다음에 교사는 전체 학생들로 하여금 대화문을 한 줄씩 여러 번 따라하게 한다. 역행 구조 연습을 병행 실시한다.

유창성 중심의 발음 교육 [fluency-centered pronunciation teaching]

말을 거침없이 잘하도록 하는 유창성에 초점을 두어 지도하는 발음 교육.

언어 학습에서 발음 교육은 가장 기본이다. 문법 지식이나 어휘력 등 해당 언어 지식을 많이 가진 학습자라도 발음의 정확성과 유창성이 떨어지면 효과적인 의사소통을 하지 못할 가능성이 많다. 또한 발음이 좋지 않을 경우 실제 학습자의 언어 능력보다 더 낮게 평가받을 가능성이 있다.

최근에 언어 교육은 의사소통 중심 교수법을 채택하여 진행하고 있다. 의사소통 중심 교수법에서는 발음의 정확성보다는 유창성에 중점을 둔다. 따라서 학습자로 하여금 이해 가능한 발음을 구사하는 데 교육의 목적이 있다.

1980년대에 제기된 '의사소통 중심 교수법' 이 언어 학습에 도입된 이후 발음 지도에도 큰 변화가 생겼는데, 21세기 정보화 시대에 대비하여 실생활 언어 중심의 교육을 강조하고 또한 성공적인 의사소통을 위하여 발음의 정확성보다는 유창성을 강조하는 것이다. 이전의 발음 교육이 원어민과 같은 수준의 정확한 발음을 습득하는 것이 목표였던 반면에 의사소통 중심 교수법은 이해 가능한 수준의 발음과 정확성보다는 유창성을 요구한다.

유창성을 강조하는 발음 교육에서는 초분절음 교육이 중시된다. 학습자가 유창하면서도 자연스러운 발음을 구사하기 위해서는 먼저 교사의 모범적인 발음이 요구되며 특히 성조, 리듬 등과 같은 언어의 초분절음 체계에 대한 정확한 이해가 요구된다. 의사소통 능력을 향상시키기 위한 언어 교육에서 가장 이상적인 발음 교수법은 교사는 학습자의 보조자 및 안내자의 입장에서 학습자를 가르치는 것이다.

의사소통 언어 교수법의 궁극적 목표는 해당 언어로 실제 상황에서 의사소통 능력을 길러 주는 것이다. 원활한 의사소통을 위해서 발음에 있어서 정확성을 추구하기보다는 이해 가능한 수준의 발음과 함께 유창성을 강조하기 때문에 분절음의 습득에 중점을 두기보다는 의미를 전달하는 데 더욱 중요한 역할을 하는 것으로 판단되는 언어의 초분절음 즉 리드, 성조, 강세 등에 초점을 둔다. 반면, 분절음은 의사소통을 하는 데 있어 대화에 지장을 주지 않을 정도의 수준으로만 교육한다.

교사는 학습자 발음의 유창성을 기르기 위해서 관심을 가지고 세심한 관찰을 해야 한다. 발음은 단기간에 형성되는 것이 아니라 오랜 기간 동안 훈련되어야 하는 것이기 때문에 교사는 인내심을 가지고 지도해야 한다.

유창성을 기르기 위한 발음 교육에서는 반드시 초분절음에 관한 교육이 우선시 되어야 한다. 음소 개개의 발음이 정확하더라도, 성조, 리듬, 강세 등의 초분절 음소가 원어민의 그것과 비슷하지 않다면 아무리 문법과 어휘에 대한 지식이 풍부하더라도 청자로 하여금 서툰 외국인이 말하는 것처럼 들리게 할 뿐이다.

정확성 중심의 발음 교육 [correctness-centered pronunciation teaching]

발음의 정확성에 중점을 두는 교육 방법.

정확성은 전달되는 메시지의 수용 가능성, 질 등을 말하는데, 여기에는 유창성, 문법, 발음, 어휘, 화용적 능력, 사회 언어학적 능력 등이 포함된다. 숙달도가 높아질수록 외국인에게 익숙한 사람도 이해하기 힘든 단계로부터 외국인에게 익숙한 화자라면 반복을 통해 이해할 수 있는 단계 → 외국인에게 익숙지 않은 화자라도 반복을 통해 이해할 수 있는 단계 → 오류가 있기는 하나 의사소통을 방해하지는 않는 단계로 발전한다. 담화 형태는 담화의 구조에 대한 영역으로 담화의 양과 구성적인 측면에 관한 것을 말한다. 숙달도가 높아질수록 분절된 단어나 구로부터 분절된 문장이나 문장의 연쇄, 문단, 두 개 이상의 단락으로 구성된 확장된 담화로 발전한다. 언어 능력의 개념은 문법적인 문장 생성 능력에서 탈피하여 특정 발화 상황에서 적절한 언어 표현을 이용해 주어진 과제를 성공적으로 수행해 낼 수 있는 숙달도의 개념으로 발전하였다. 의사소통 능력에서 언어의 기능적 측면을 강조한 것이나 숙달도 평가에서 과제 수행 여부나 정도를 가장 주요한 평가 범주로 설정한 것

등은 언어 교육이 실생활에서의 과제를 도입한 언어 사용 중심으로 실시되어야 함을 의미한다. 이를 한국어 교육에 대입해 살펴볼 때 외국어로서의 한국어 교육도 문법이나 구조 중심의 교육에 그쳐서는 안 되고, 한국어 환경에서 접할 가능성이 높은 언어 맥락에서 한국어를 사용할 수 있는 과제 중심으로 실시되어야 한다는 것으로 풀이할 수 있다.

한국어의 모음 체계 [Korean vowel system]

한국어의 모음이 이루는 체계.

모음은 조음 시 특정한 장애가 발생하지 않고 구강을 어느 정도 넓게 벌린 상태에서 조음되는 소리로 다음과 같은 분류 체계를 구성하고 있다.

(1) 혀의 높이에 따른 분류

고모음(高母音, high vowel)/폐모음(閉母音, close vowel): ㅣ (ㅟ) ㅜ ㅡ

중고모음(中高母音, mid vowel)/반폐모음(半閉母音): ㅔ (ㅚ) ㅗ

중저모음(中低母音, mid vowel)/반개모음(半閉母音): ㅐ ㅓ

저모음(低母音, low vowel)/개모음(開母音, open vowel): ㅏ

(2) 혀의 앞뒤 위치에 따른 분류

전설모음(前舌母音, front vowel): ㅣ (ㅟ) ㅔ (ㅚ)

중설모음(中舌母音, central vowel): ㅏ

후설모음(後舌母音, back vowel): ㅜ ㅡ ㅗ ㅓ

(3) 입술 모양에 따른 분류

평순모음(平唇母音, 비원순모음 unrounded vowel): ㅣ ㅡ ㅔ ㅐ ㅏ ㅓ

원순모음(圓脣母音, rounded vowel): ㅜ (ㅟ) ㅗ (ㅚ)

한국어의 자음 체계 [Korean consonant system]

조음을 할 때 모음과 결합하여 소리를 내는 것으로 한국어에 있는 19개의 자음의 체계.

한국어에는 ㅂㅃㅍㄷㄸㅌㅅㅆㅈㅉㅊㄱㄲㅋㅎㅁㄴㅇㄹ의 자음이 있다. 이들 자음들은 다시 조음 위치와 조음 방식에 따라 달리 구분될 수 있다.

(1) 조음 위치(調音位置, place of articulation)에 따른 분류

1) 순음: 조음 시 입술에 의해 장애가 발생하는 소리로 두 입술을 맞대어 내는 양순음(兩唇音, bilabial)이 있다. 'ㅂㅃㅍㅁ'.
2) 치음(설단음/설첨음): 혀의 끝부분이 윗니 끝이나 윗니 뒷부분에 접촉하여 내는 자음이다. 'ㄷㄸㅌㄴㄹㅅㅆ'.
3) 경구개음(전설음): 혀의 앞부분 전설을 경구개에 접촉하여 내는 자음이다. 'ㅈㅉㅊ'.
4) 연구개음(후설음): 혀의 뒷부분 혀뿌리 설배 설근이 연구개에 닿아서 나는 자음이다. 'ㄱㄲㅋㅇ'.
5) 성문음(후두음): 성문에서 만들어지는 자음이다. 'ㅎ'.

(2) 조음 방식(調音方式, manner of articulation)에 따른 분류

1) 파열음(破裂音, plosive): 자음 중 가장 장애가 큰 소리로 허파로부터 성대를 통해 나오던 공기가 완전한 폐쇄를 당했다가 터져 나오며 나는 소리다. 'ㅂㅃㅍㄷㄸㅌㄱㄲㅋ'.
2) 마찰음(摩擦音, fricative): 스스로 움직일 수 없는 조음점과 스스로 움직일 수 있는 조음체가 공기의 흐름에 장애를 일으킬 때 좁은 틈을 남겨 놓아 공기가 그 사이를 통과시키면서 발생하는 마찰을 이용하여 내는 소리다. 'ㅅㅆㅎ'.

3) 파찰음(破擦音, affricates): 조음점과 조음체를 접촉시켜 폐쇄를 형성했다가 완전히 개방하지 않고 조금만 개방해서 두 조음 기관의 좁은 틈 사이로 공기를 통과시켜 조음하는 소리다. 'ㅈㅊㅉ'.

4) 비음(鼻音, nasals): 목젖이 구강으로의 공기의 흐름을 차단하고 비강을 통해 기류가 나오면서 울려 나는 소리다. 'ㅁㄴㅇ'.

5) 유음(流音, liquid): 조음 시 공기 흐름에 장애를 가장 적게 받는 자음이다. 'ㄹ'.

1) 김종훈(2000), 「의사소통중심 영어 발음 지도법」, 영어교육연구.

2) KICE교수학습개발센터.

어휘 교육론

관용 표현 교육 [慣用表現敎育, teaching idioms]

그 언어를 사용하는 사람들이 관용적으로 사용하는 표현을 효과적으로 교육하는 것.

관용 표현은 그 언어를 사용하는 사람들이 관용적으로 사용하는 것이므로 그것을 구성하고 있는 각 단어의 의미를 알고 있다고 해도 전체적인 의미를 파악하기는 어려우므로 외국어 학습자들에게는 어려운 대상이다. 관용 표현에는 언어 공유자의 생활과 문화 등이 반영되어 있으므로 배경 지식을 가지고 있을 때 비로소 제대로 구사할 수 있다. 관용 표현을 교육하는 목적은 일차적으로 일상의 대화 상황에서 관용 표현을 듣고 이해하고 말할 수 있도록 학습자의 의사소통 능력을 향상시키는 데 있고, 이에 덧붙여서 한국의 문화를 이해하게 해 주는 데에도 있다. 또한 관용 표현은 어휘의 결합으로 이루어져서 제3의 의미를 갖게 되므로 초급보다는 중급과 고급 단계에서 집중적으로 학습하게 된다. 관용 표현은 그 언어의 문화와 역사에 대한 인식도 함께 이루어져야 이해도가 높아질 수 있으므로 관용 표현을 이루고 있는 각 어휘의 순수한 뜻으로 해석하면 관용 표현이 가지고 있는 독특한 의미를 올바로 이해할 수 없으므로 결국 문장의 뜻을 정확하게 알 수 없게 된다.

관용 표현 교육이 어려운 점은 관용 표현 자체는 빈도수가 높지만 관용 표현을 구성하고 있는 어휘는 다른 곳에는 거의 사용되지 않는 경우가 있기 때문일 것이므로 관용 표현에서 주로 사용하는 어휘는 어휘 자체에 대한 설명에 중점을 두지 말고 관용 표현을 한 덩어리로 다뤄서 설명하는 것이 효율적이다. 그리고 이와는 달리 관용 표현을 접한 학습자들이 개별 어휘의 뜻은 알고 있지만 의미의 추정이 제대로 이루어지지 못해서 전체적인 의미를 잘못 추정하는 경우가 많다. 예를 들어 '돈을 물 쓰듯 하다'를 물이 귀한 국가에서 온 학생들은 문화의 차이에 의해서 '돈을 아껴 쓰다'의 뜻으로 완전히 잘못 해석하는 경우도 있으므로 이러한 관용 표현이 나오게 된 문화적인 배경을 설명해 주는 것이 필요할 것이다.

기본 어휘 [基本語彙, basic words]

개별 언어의 여러 사용 영역에서 공통되는 어휘로서 일상생활을 영위하는 데에 필수적이고 절대적인 어휘.

사용 빈도가 높고 사용 범위가 넓은 어휘의 집합으로 구체적인 자료(교과서, 잡지, 뉴스 방송 등)에서 뽑아 낸 구체적이고 객관적인 자료로, 정상적인 사회 생활에서 꼭 필요한 어휘들로 생각되고 있다. 어떤 방면에서 사용되는 문장이나 담화를 조사해서 얻어진 핵심이 되는 어휘의 집합으로, 단어의 사용 빈도나 범위를 고려하여 통계적으로 선정된 것, 전문가의 판단과 경험에 따라 주관적으로 선정된 것과 이 두 경우를 병용하여 선정된 것이 있다. 결국 기본 어휘는 표현이나 이해를 하기 위해 없어서는 안 될 어휘를 가능한 만큼 추출해서 선정한 어군이다.

일상생활에 필요한 기본 어휘를 교육적인 목적에 맞도록 재구성한 것을 '학습용(또는 교육용) 기본 어휘'라고 한다. 한국어의 학습용 기본 어휘를 선정하는 데에는 어휘 빈도의 통계 자료 외에도 외국인이 한국에서 생활하는 구체적인 영역, 장면 등이 감안된 교육 목표와 내용에 따라서 재구성될 필요가 있다. 그리고 실제로 한국어를 교육하는 기관의 전문 교사가 가진 경험에 의한 주관적인 판단 역시 배제되어서는 안 될 것이다. 이러한 학습용 어휘의 선정 기준으로서는 사용도가 높은 고빈도의 어휘, 사용 범위가 넓은 어휘, 조어력이 높은 어휘, 기초적인 어휘, 학습 단계에 적절한 어휘 등이 고려될 수 있다. 그리고 신생어 중에서도 빈도수가 높은 어휘는 포함되어야 하고, 문화적 요소를 지니는 어휘는 한국어 교육의 문화적 요소를 인정하여 포함하여야 하며, 외래어의 경우도 국제적 차용어는 포함시키는 것이 가능할 것이다.

기초 어휘 [基礎語彙, fundamental words]

학문적인 전망을 가지고 설정된 일상생활에 필요한 언어 표현 단위로서의 어휘 집합.

일상생활에서 필요를 충족할 수 있는 한정된 소수의 어휘로 인정되는 것으로, 어휘의 총수나 어휘의 범위가 사전에 결정되어 있어서 설정 방법이 주관적이고 연역적이라는 점에서 기본 어휘와 차이가 있다. 일상생활에서 필요를 충족할 수 있는 한정된 소수의 어휘로 인정되는 것들로 구성되는데, 이때에는 어휘의 사용 빈도보다는 수적으로 한정된 어휘들을 체계적인 관점에서 선정하는 것이 일반적이다.

단어의 돌출성 [word saliency]

어휘 정보를 부수적으로 습득할 때와 관련하여 단어가 가지는 중요도.

언어적 입력물(linguistic input)에서 단어의 돌출성에 영향을 주는 요소는 다양하다. 단어가 언어적 입력물에 나타나는 빈도도 돌출성에 영향을 주는데, 문맥 내에서 모르는 단어에 더 많이 노출될수록 단어의 돌출성에는 누적 효과가 나타날 수 있다. 학습자가 모르는 단어가 문맥에서 더 자주 나타날수록 그 단어에 축적된 어휘 정보의 양은 커지고, 그 단어를 더 익숙하게 하고 처리 과정에 도달하기 쉽게 만들므로 결국 학습자에게 더 돌출되게 만드는 것이다. 단어의 돌출성에 영향을 줄 수 있는 또 다른 요소는 문맥을 이해할 때 그 중요성을 인식하는 것이다. 단어가 주어진 텍스트에 노출되는 빈도가 낮을 경우에도 단어의 맥락 돌출성의 강도는 습득에 중요한 역할을 한다는 연구 결과가 있다. 특정 문맥에서 돌출된 단어들은 빈도와 관계없이, 학습자가 모르는 단어를 주변 문맥을 이해하는 데 필요하다고 인식한다면, 그 단어가 더 두드러지는 것으로 본다고 할 수 있다. 그리고 관련된 어휘 정보를 습득하려는 학습자의 동기도 증가하며, 입력물 내에서 어휘 항목의 돌출성이 증가함에 따라 그 어휘 항목이 습득될 가능성도 증가한다.

말뭉치 [corpus]

문자 또는 음성 텍스트 모듬을 가리키는 말로서, 좁은 의미로 언어 연구를 염두에 두고 구축된 텍스트를 가리키는 말.

말뭉치는 컴퓨터에 저장하고 컴퓨터에서 처리할 수 있는 형태의 전자화된 텍스트를 가리키며, 언어 정보화의 가장 기초적인 자료이므로 언어 정보화의 단계에서는 말뭉치의 구축이 가장 먼저 해야 할 일이다. 말뭉치 구축의 최종 목표는 컴퓨터에 인간의 언어 능력이 갖추어지게 하는 것이다. 오늘날에는 대규모의 말뭉치로부터 자료를 추출하고, 그 속에서 통계적인 방법에 의해서 일반 원리를 찾아 이것을 컴퓨터에 인식시킴으로써, 컴퓨터가 인간과 같은 언어 지식을 갖추도록 하는 방법을 사용하게 되었다. 말뭉치는 자연 언어 처리에 필요한 언어 정보를 제공하는 자료의 원천이기도 하고, 말뭉치를 수집, 정리 및 분석하는 작업 자체가 좁은 의미의 자연 언어 처리라고도

할 수 있다.

말뭉치는 모국어 화자의 직관이나 언어 능력만으로 설명하기 어려운 언어 현상에 대해서 설득력 있는 증거로 이용되거나 실제 언어 생활을 객관적으로 연구하는 데에 주로 이용된다. 컴퓨터 저장 장치와 프로그램의 발달로 대용량의 언어 자료를 저장하고 처리하는 것이 가능해졌다. 말뭉치는 자연적이고 실제적인 자료이기 때문에 언어의 긍정적 증거를 제시해 줄 수 있다. 말뭉치는 언어학 분야에서 가장 다양하게 이용될 수 있는데, 특히 언어적 특징을 통계화하고 계량적으로 기술하는 데 많이 이용되고 있으며, 사전 편찬에서도 어휘 수집 작업에서부터 각 어휘의 문법 특징과 의미 및 용례 기술 등 모든 과정에서 효율적으로 이용할 수 있다. 자연 언어 처리 분야에서는 형태소 분석과 같은 기반 기술에서부터 번역이나 맞춤법 검사와 같은 응용 분야까지 다양한 분야에서 이용하고 있으며, 언어 교육 분야에서는 말뭉치로부터 용례 추출기를 사용하여 적절한 용례를 찾아내고, 이것을 컴퓨터를 이용한 언어 학습(CALL: Computer-Assisted Language Learning)의 형태로 이용한다.

말뭉치 언어학의 성과

말뭉치 언어학은 특정 목적으로 수집된 대량의 언어 텍스트를 컴퓨터로 처리한 자료로 이를 언어 연구에 적용하는 분야이다. 최근 말뭉치 언어학의 성과로 언어 교육에 크게 영향을 준 부분으로 우선 모국어 화자의 언어 사용 빈도 데이터를 들 수 있다. 말뭉치 이용에 의해 모국어 화자의 문어, 구어의 어휘 사용 빈도에 관한 것을 많이 알 수 있는데, 그 예로 기초 어휘 사용 빈도가 압도적으로 높다는 사실을 얻을 수 있었다. 말뭉치에서 얻은 정보 가운데 또 다른 중요한 내용은 연어(collocation) 빈도에 대한 것이다. 단어와 단어의 공기 정보는 특히 '명사+명사' 의 복합어 패턴, '형용사+명사' , '부사+형용사' 등의 수식 관계 등의 패턴을 파악하는 데 매우 유용하다. 또한 말뭉치 언어학의 발전으로 어휘의 계열 관계와 결합 관계를 대량으로 검색, 처리, 저장하는 일이 일반화되고 있다. 따라서 하나의 의미장에 속할 수 있는 단어의 범위나 내부적 기준을 명확하게 설정하기 어렵고, 어휘부 전체의 구조에까지 이르는 전반적이고 포괄적인 관찰이 어렵다는 단점을 극복해 가면서 앞으로 의미장 이론은 더욱 정밀해질 것으로 예상된다. 실제로 말뭉치 기반의 21세기 세종계획 전자사전은 한 단어의 의미 부류를 체계적으로 제시함으로써 의미장 이론을 간접적으로 적용한 것이다. 그리고 말뭉치 언어학의 방법을 사용하여 학습자의 발화나 작문 데이터를 대량으로 수집 분석하는 데에도 유용하게 활용할 수 있게 되었다.

매개어 [媒介語, metalanguage]

서로 다른 언어를 사용하는 종족 사이에서 전달 수단이 되는 언어.

여러 종족이 서로 다른 언어를 쓰는 인도의 영어를 예로 들 수 있다. 인도와 같이 여러 종족으로 구성된 국가에서는 필연적으로 다언어 상황이 발생하게 되는데, 이러한 경우에는 단순히 개인 간의 의사소통에서뿐만 아니라 사회적으로도 소수 언어 사용자와 다수 언어 사용자 간에 보이지 않는 장벽이 생길 수 있으므로 이들을 서로 연결해 줄 수 있는 언어가 필요하게 된다.

외국어 학습에서도 하나의 목표 언어를 배울 때 학습자의 모국어가 통일되어 있을 경우에는 교사가 매개어를 사용하는 경우가 많이 있다. 매개어를 사용하면 익숙한 모어로 목표어의 뜻을 쉽게 간파할 수 있지만 목표어와 모어 사이에 번역이 개입한다는 점에서 한 단계를 거쳐 어휘의 뜻을 사고하고 어휘를 사용하도록 하는 단점이 있다. 또 어휘의 체계나 언어 문화가 달라 의미 해석을 모어로 정확하게 표현하기 어려운 어휘도 존재할 수 있다.

반면에 매개어를 사용하지 않으면 학습자가 목표 언어에 많이 노출되어 빠르게 적응한다는 면에서 장점이 있지만, 의미의 설명이 완곡하고, 정확하게 전달되지 않는 경우도 있다는 점은 단점이 될 수도 있다. 외국어 학습에서 매개어를 적게 사용하는 것이 좋겠으나 매개어 사용 자체를 금기시하는 것보다는 상황에 따라 사용하는 것이 오히려 효과적일 수 있다. 목표 언어로 아무리 설명해 줘도 학습자가 이해하지 못할 때는 그 학생이 이해할 수 있는 언어로 한마디 해 줌으로써 이해하지 못했던 답답함을 해소시킬 수도 있다.

범위 [範圍, range]

특정 화제나 주제에 대해 가지고 있는 어휘 지식.

한 단어가 등장하는 텍스트 종류의 수를 통해서 단어의 범위를 살펴볼 수 있다. 한 사람이 알고 있는 어휘의 양(size)과 범위(range)에는 차이가 있다. 예를 들어 학습자가 알고 있는 단어의 전체 수가 많다고 해도 스포츠 관련 어휘 또는 경제 관련 어휘의 범위는 부족할 수 있다. 이와 같은 불균형은 어떤 상황에서는 부정적인 결과를 가져올 수 있으므로 교사는 어휘의 양과 범위 사이에 균형이 잘 잡히도록 학습자를 지도해야 한다.

수용 능력 [收容能力, coverage]

다른 단어를 대체할 수 있는 어휘의 적용 능력.

구어나 문어 텍스트에서 적은 수의 단어들이 매우 자주 나오고 있는데, 학습자들이 이 단어들을 알고 있다면 학습자는 그 텍스트에서 상당히 많은 양의 단어를 알게 된다. 적은 수의 고빈도 단어들은 매우 함축성이 있고, 어휘의 양이 증가할 때 새로운 어휘를 가르치는 의미는 줄어들게 된다. 따라서 저급 학습자에게는 새로운 어휘 항목의 습득이 우선적이지만 고급 학습자에게는 덜 우선적이라는 것이 성립된다. 어휘 목록의 설정을 위해서는 빈도와 범위 외에도 요구, 가용성 및 친숙성, 규칙성, 어휘 학습량의 부담과 함께 수용 능력도 들 수 있을 것이다.

어휘 [語彙, vocabulary]

어떤 일정한 범위 안에서 쓰이는 낱말의 수효 또는 낱말의 전체.

언어 교육에서 어휘는 단순한 단어의 목록이 아니다. 기능 어휘나 관용구 등도 중요한 의미를 갖고 있으므로 단어의 단위와 동일하지는 않아서 단어를 이루는 접사와 단어, 연어구, 관용구 등이 모두 어휘 교육의 대상이 된다. 어휘구나 상투적 문형 표현 등은 어휘와 문법 요소 중간에 서게 된다. 어휘를 확장할 경우 문법(또는 문형) 단위와 변별하기 어렵기 때문에 기존의 한국어 교재에서 문형으로 제시되는 많은 것들은 특정 어휘의 제한적인 쓰임을 문형으로 다루고 있는 것도 많다. 예를 들어 '을/를 위하여, 임에도 불구하고, -을 정도이다' 등과 같이 용언의 활용형이 제약되면서 특정 조사와 어울리거나 의존명사가 특정 관형형과 어울려 나타나는 덩어리로 굳어진 구들, 그리고 '-겠군요, -더군요' 등과 같은 어미 결합형과 '에서든지, 에게마저' 등과 같은 조사 결합형들도 어휘 교육에서 다루는 것이 바람직할 것이며, 효과적인 한국어 교육에서도 이들의 역할이 매우 중요하다.

어휘의 단위 중 단어의 유형을 살펴보면 단어를 만드는 방법에 따라 단일어와 복합어가 있는데, 복합어는 다시 실질 형태소에 형식 형태소가 붙는 파생어와 실질 형태소끼리 모여 새 단어를 만드는 합성어로 나뉜다. 또 어휘 의미 관계의 기준으로 분류해 보면 유의어, 반의어, 상위어, 하위어, 다의어 등으로 나눌 수 있다.

어휘 게임 [vocabulary game]

어휘를 자연스럽게 익힐 수 있도록 게임의 형식으로 활용할 수 있는 수업 활동.

어휘의 양이 점점 많아질수록 학습자들의 어휘 암기에 대한 부담이 커지고, 연어 관계를 파악해야 한다든지 어려 의미를 구별할 필요가 있는 어휘들도 있기 때문에 이를 효과적으로 전달할 수 있는 방법을 생각해야 한다. 단순히 어휘의 뜻이나 함께 사용하는 동사 등을 직접 제시할 수도 있겠으나 어휘 게임을 통해서 자연스럽게 어휘를 익힐 수 있도록 하면 훨씬 수업을 재미있게 할 수 있고 관심을 집중시킬 수 있으므로 교사나 학습자 모두에게 즐거운 시간이 될 것이다. 어휘 게임은 교수의 목표를 어휘에 집중시킴으로써 어휘 학습의 효율성을 높이고, 교사와 학습자 간 또는 학습자와 학습자 간의 활동을 증대시킨다는 이점이 있다.

게임 수업을 성공적으로 하기 위해서는 게임에서 생길 수 있는 여러 변수를 최대한 고려하여 준비해야 한다. 학습자의 수준과 성향을 잘 파악해야 하고, 게임 방법 설명, 팀의 구성, 자리 배치, 예상 시간, 게임 횟수, 상이나 벌의 여부 등 게임의 구성에 대해 많은 고민을 해야 한다. 또한 게임에 필요한 시각적인 교구들을 만들고 여유 있게 준비하며, 가능한 변수를 미리 예측하여 제2, 제3의 규칙을 철저하게 생각해 두는 것도 중요하다. 그리고 분명한 학습 목표를 가지고 함으로써 어휘 게임이 단지 게임으로 끝나지 않도록 교사가 적절하게 조절해야 하며, 흥미를 돕기 위해 가벼운 벌칙이나 상을 준비하되 학습자들의 성향을 잘 고려해서 결정해야 한다.

학습 단계별로 하기에 적절한 어휘 게임도 있겠지만, 같은 게임이라고 해도 난이도와 게임 운영 방법을 조금씩 조절하면 다양한 수준의 학습자들에게 활용할 수 있다.

어휘 교육 방법 [語彙教育方法]

어휘 교육의 방법론에 대해서는 여러 견해가 있는데 그중의 한 가지를 예로 들어 보면 다음과 같다.

첫째, 어휘의 구조 관계에 따라 교육한다. 파생어, 합성어, 관용 표현, 속담 표현, 음성 상징어 등으로 분류할 수 있는데, 이는 학습자로 하여금 목표어의 어휘 형성 방법을 알 수 있게 하고, 학습자 스스로 이를 응용할 수 있는 능력을 가질 수 있게 하며, 어휘 해석 능력을 키울 수 있도록 도움을 줄 수 있다.

둘째, 연어 관계에 따라 교육한다. 한국어를 모국어로 사용하는 화자는 말을 하거나 글을 쓸 때 그 어휘와 어울리는 다른 어휘들을 자연스럽게 선택할 뿐만 아니라 듣기나 읽기를 할 때도 어떤 어휘 다음에 어떤 어휘가 이어서 나올지를 어느 정도 추측할 수 있다. 이와 같은 언어 능력은 모국어를 사용하는 화자에게는 자연스럽게 습득되는 것이지만 외국인 화자가 한국어로 표현하거나 이해하려고 할 때 어휘 간의 어울림을 잘 알지 못하여 겪는 어려움은 대단히 크다. 따라서 외국인 학습자에게 이와 같은 어휘의 연어 관계에 대한 교육을 함께 해 나갈 때 훨씬 효과적인 결과를 얻을 수 있을 것이다.

셋째, 의미 관계에 따라 교육한다. 이는 유의어, 반의어, 다의어, 동음이의어, 이철자 동음이의어 등으로 분류할 수 있다.

넷째, 문화 관계에 따라 교육한다. 어휘의 의미 체계에 대한 이해는 해당 언어를 사용하는 사람들의 의식과 문화 체계에 대한 이해와 직접 연결되는 측면이 있다. 어느 민족의 사고 방식이나 관습, 문화 등이 언어의 특이한 표현 구조나 의미를 형성해 가므로 언어의 기본이라고 할 수 있는 어휘에도 많은 영향을 미치게 된다.

다섯째, 사회 언어학적 특징에 따라 교육한다. 이는 경어 체계, 완곡어, 비속어, 유행어, 방언, 외래어 등으로 분류할 수 있다. 한국어를 다른 언어와 비교할 때 높임말과 같은 사회 언어학적인 차이가 매우 뚜렷하게 나타나는데, 어휘는 사회 언어학적 특징을 매우 잘 반영하는 요소이므로 의사소통을 위해서는 대상어의 사회 언어학적 특징을 반드시 알아야 한다.

그리고 다양한 어휘 교육 방법론을 종합해서 공통적인 부분을 정리해 보면 다음과 같다.

첫째, 어휘의 구조적 특징을 이용해 가르친다.

둘째, 어휘들 사이의 의미 관계를 이용해 가르친다.

셋째, 어휘의 의미는 사전적 의미보다는 문맥적 의미에 중점을 두고 가르친다.

넷째, 어휘는 언어의 표현 기능 및 이해 기능과 연계해 가르치면 더 효과적이다.

어휘 교육의 역사

언어 교육에서 어휘 교수의 필요성에 대한 문제는 교수법에 따라 변화해 왔는데, 먼저 청각 구두식 교수법(Audio-Lingual Method)과 구조주의 접근법에서는 어휘 교육이 무용하다고 보았다. Fries(1945)는 외국어를 배우는 데 있어서 제일 중요한 것은 소리 체계와 문법 구조를 배우는 것이지 어휘를 배우는 것은 아니라고 보고, 통사적 구조를 연습하는 데 필요한 어휘만 알고 있으면 충분하다고 보았다. 즉 기능어, 대용어, 부정어와 긍정어 등은 완전히 알아야 하지만 내용어는 조금만 알아도 된다는 입장이었다. 어휘 교육에 부정적인 학자들은 학습자가 필요로 하는 단어를 예측할 수 없으며, 어휘 학습은 어휘의 축적일 뿐이라고 보았다. 1960년대에 등장한 변형 문법 역시 어휘는 주변적인 것이며 질서 있는 문법의 불규칙한 부분으로 여겼다.

1970년대 중반부터 다시 어휘에 대한 관심이 되살아나고 어휘 의미론적인 관점이 도입되었으며, 어휘가 언어 기술 중의 하나라는 입장이 나타나기 시작했다. 어휘 의미론은 번역의 과정을 이해하게 도와주고, 어휘 목록을 조직화할 수 있게 하였다. 그리고 의사소통 중심 접근법(Communicative Approach)에서는 어휘 교육의 필요성을 인식하였고, 제2언어를 성공적으로 사용하기 위해서는 적당량의 어휘 습득은 필수적이며, 문법이 없이는 의미가 거의 전달되지 않지만 어휘가 없으면 의미는 전혀 전달되지 않는다는 지적에서처럼 어휘 교육의 중요성이 부각되었다.

어휘 교육의 필요성

어휘력은 말하기, 듣기, 읽기, 쓰기 능력을 형성하는 데 기본이 되며, 어휘는 의사소통의 기본이 되는 요소이므로 어휘 교육은 한국어 교육에서 기본적으로 교육해야 할 분야이다. 말을 하고자 할 때 어휘의 습득은 그 출발점이 되고, 습득한 어휘를 바탕으로 두 어휘 문장, 세 어휘 문장으로 확장하여 말하게 된다는 점에서 어휘는 언어 습득의 시작이라고 할 수 있다. 인간의 언어 구사 능력이 습득한 낱말 하나로부터 시작된다는 사실은 어휘가 효과적으로 언어를 구사하는 데 꼭 필요한 요소라는 것을 의미한다. 이는 다른 이들의 말을 들어 이해하는 과정에서도 크게 다르지 않다. 상대방의 이야기 내용을 충분히 이해하기 위해서는 이야기 내용에 담긴 어휘의 의미를 정확하게 알고 있어야 하기 때문이다. 어휘력이 중요한 양상은 언어 사용의 장면이 실제적인 경우에 더욱 확연해진다.

어휘의 의미와 용법에 대한 정확한 이해 없이는 한 언어의 올바른 수용(듣기, 읽기)과 생산(말하기, 쓰기)이 이루어질 수 없다. 이해 영역인 듣기와 읽기는 어휘력을 갖춰야 가능하고, 표현 영역인 말하기와 쓰기도 충분한 어휘력을 갖추고 있어야 의사 전달 효과가 높다. 문법 지식이 다소 부족하더라도 어휘력이 풍부한 경우가 그 반대의 경우보다 문장 이해력이나 표현력을 높게 만든다. 그리고 작문에 나타난 어휘상의 오류가 문법상의 오류보다 훨씬 더 의미 파악을 어렵게 한다는 지적이나 어휘만으로도 간단한 의사소통이 가능하다는 것은 어휘 교육의 필요성을 단적으로 보여 주는 것이다.

어휘 선정 기준[語彙選定基準]

어휘 교육에 필요한 어휘를 선정할 때는 기본 어휘, 기초 어휘, 학습용 기본 어휘 등의 개념을 가지고 접근하는 것이 일반적이다. 기본 어휘는 일상생활에서 가장 일반적으로 사용하는 것으로 인정된 어휘들의 무리를 뜻하고,

대체로 사용 빈도가 높은 어휘들로 구성되며, 정상적인 사회 생활에서 꼭 필요한 어휘들을 가리킨다. 기초 어휘는 일상생활에서 필요를 충족할 수 있는 한정된 소수의 어휘로 인정되는 것들로 구성되는데, 이때는 어휘의 사용 빈도보다는 수적으로 한정된 어휘들을 체계적인 관점에서 선정하는 것이 일반적이다. 학습용 기본 어휘는 일상생활에 필요한 기본 어휘를 교육적인 목적에 맞도록 재구성한 것을 뜻한다.

한국어 학습용 기본 어휘를 선정하는 데에는 몇 가지 선정 기준이 필요하다. 한국어 어휘 가운데 학습 현장에서 적절하고도 필요한 어휘를 선정하는 작업은 효율적인 교육을 위해서도 필요한 작업이다. 적절한 수준과 분량의 어휘를 선정하기 위해서는 학습에 제약이 되는 여러 변인들을 염두에 두어야 한다. 먼저 고려해야 할 것은 학습 시간과 목표로 정한 한국어 수준이다. 그러나 한국어 학습 시간은 한국어 교육이 이루어지고 있는 기관에 따라 차이가 있으며, 한국어 교육이 이루어지는 환경에 따라서도 동일한 시간에 거두는 효과에는 차이가 있을 수밖에 없다. 초급과 중급, 고급의 세 단계로 구성된 과정이거나 1급에서 6급까지의 여섯 단계로 구성된 과정 또는 외국에서의 대학 과정과 같이 다양한 모습을 보이는 한국어 과정을 통하여 습득하게 되는 어휘는 대략 6,000어휘에서 12,000~14,000어휘 정도에 이르는 것으로 파악되고 있다. 이 정도가 한국어 교육 현장에서 다루어지는 어휘라고 할 때 그것들을 선택하는 일정한 기준으로 먼저 생각할 수 있는 것으로 사용 빈도가 있다. 한국인이 많이 사용하는 어휘를 먼저 습득하는 것이 필요할 것이기 때문이다. 그러나 사용도가 높은 고빈도의 어휘여서 사용 범위가 넓은 어휘만이 한국어 학습을 위한 어휘 선정의 기준이 되는 것은 아니다. 특히 상황 중심 또는 장면 중심으로 한국어 교육이 이루어질 경우 빈도는 낮으나 해당 장면에 필요한 어휘의 경우에는 선정이 되어야 하기 때문이다.

어휘 선정의 다른 기준으로는 학습자의 한국어 학습 동기와 그에 따른 전문성과 관심 영역 등을 들 수 있다. 이주 여성들의 경우와 대학의 전공 과정에 진학하는 경우, 그리고 자신의 나라에서 한국 기업에 취직하는 경우 또는 한국 관광객을 상대로 일하는 경우 등에 따라 알아야 할 어휘는 다를 것이다. 또 다른 기준으로는 사용 범위가 넓은 어휘와 조어력이 높은 어휘를 들 수 있다. 궁극적으로는 모두 익히게 된다고 하더라도, '길' 과 '도로' , '책' 과 '서적' 등의 예에서 우선 학습할 어휘를 선택하라면 '길' 과 '책' 을 선택해야 한다는 의미이다.

그리고 학습 어휘의 수는 단계별로 차이를 두어야 한다. 특히 초급에서는 지나치게 많은 양의 어휘를 제시하기보다는 교재 중심으로 어휘의 수를 조절해 가는 것이 바람직한 것이며, 중급에서는 교재에 나오는 어휘를 중심으로 하되, 선행 학습 어휘와 관련된 어휘로 확장해 나가고, 고급으로 가면서 그 확장의 폭을 넓혀 나가도록 하는 것이 좋다.

학습 어휘의 수를 정할 때 이해 어휘와 표현 어휘의 수를 달리해야 한다. 이해 어휘는 문자로 보거나 음성으로 듣고 그 의미나 뉘앙스를 이해할 수 있는 어휘를 의미하고, 표현 어휘는 실제로 말이나 글로 표현할 때 사용할 수 있는 어휘를 뜻한다.

어휘 제시 [語彙提示]

학습자가 교과서 본문이나 예문에서 새 어휘를 접하게 될 때 교사가 새로 나오는 어휘를 제시하는 방법은 다음과 같다.

① 실물, 그림, 동작 등을 통한 구체화 방법

그림, 사진, 모형, 실물, 어휘 카드, 판서 등의 시각 자료를 사용하여 어휘가 학습자의 기억에 자리 잡을 수 있도록 한다. 어휘 카드의 앞면에는 한국어 단어를 쓰고 뒷면에는 그 단어를 나타내는 그림이나 사진을 붙여서 그것만 보고도 한국어 단어를 연상해서 기억할 수 있게 하는 방법이 바람직하다. 색종이나 학생들이 입고 있는 옷을 이용해 색을 나타내는 어휘를 배우고, 일기예보의 그림 표시를 이용하여 날씨와 관련된 어휘를 배울 수도 있다. 또한 생활 주변의 구체적인 사물을 가지고 위, 아래, 앞, 뒤 등의 공간 지시어를 배운다거나 몸짓으로 쉬운 동작 동사나 의태어를 쉽게 배울 수 있다.

② 분석적 정의를 활용하는 방법

학습자가 이미 배워서 알고 있는 더 쉬운 어휘와 문법 사항을 사용하여 설명할 수 있고, 학습자의 어휘 수준이 높을 경우에는 정의, 설명, 예시 등의 방법을 사용할 수도 있다.

③ 어휘장이나 어휘 목록 활용 방법

이미 설정된 범주에 맞춰 어휘를 분류해서 뜻을 설명하는 방법으로 학습자에게 어휘를 체계적으로 익히게 한다는 장점이 있다. 친족어의 경우, 도표로 만들어 제시하면 도움이 되며 언어 학습 단계마다 표현 어휘와 이해 어휘의 수준을 달리해서 제시하면 단계 간의 연관성을 높일 수도 있다.

④ 문맥 활용 방법

어휘를 제시할 때는 그 어휘의 의미 자체도 중요하나 문장 안에서의 용법에 중점을 두어 학습자가 실제로 사용하는 데에 도움이 되도록 해야 한다. 새 어휘를 상황에 넣어 문장을 만들어 설명하는 방법은 어휘 교수법 중에서 매우 효과적이다. 이미 알고 있는 어휘에 대한 정보를 적극적으로 활용하도록 돕는 방법으로, 고급 단계의 학습자들이 문맥 속에서 새로운 어휘를 추론하게 함으로써 스스로 학습할 수 있도록 동기 부여를 한다는 점에서 의의가 있다. 문장 속에서 새 어휘의 뜻을 유추해 낼 수 있도록 제시하는 방법도 있고, 학습할 내용의 주제와 관련된 이야기를 하면서 자연스럽게 어휘를 제시하는 방법도 있다.

⑤ 모국어 및 매개어 활용 방법

한국어 학습에서 외국어를 사용하지 않는 것이 좋은 점이 많으나 외국어로 설명하는 것을 금기시하는 것보다는 상황에 따라 사용할 수도 있다는 생각을 갖는 것이 오히려 효과적일 수 있다. 한국어로 아무리 열심히 설명해도 학습자가 이해하지 못할 때는 그 학생의 모국어나 이해할 수 있는 매개어로 한마디 해 줌으로써 이해하지 못했던 답답함을 해소시킬 수도 있다.

어휘 확장 [語彙擴張, vocabulary extension]

다양한 어휘 학습 방법을 통하여 학습자가 어휘의 양을 늘려 가는 것.

어휘의 확장은 학습자의 수준과 능력에 맞춰서 해야 하므로 초급보다는 중급 이상의 학습자에게 실제적으로 이용할 수 있다. 어휘 확장의 대상이 되는 것은 교재의 내용과 관련 있는 어휘가 될 것이고, 본 어휘가 내포하고 있는 담화의 영역과 관련 있는 어휘를 중심으로 확장시켜 나간다. 그러나 교실 수업에서 지나치게 어휘 확장을 할 경우, 본래의 학습 목표를 상실하기 쉬우므로 교사가 적절하게 조절해 나가야 한다.

어휘를 확장하는 방법으로는 같은 한자가 들어가는 단어를 모아서 학습하는 방법이나 접사를 이용하는 방법 및 규칙을 제시하는 방법 등이 있다. 새로운 단어를 만들어 내는 가장 일반적인 형성 방식은 접사를 붙이는 것인데, 이는 다양하게 어휘를 구성할 수 있는 능력을 제공한다는 점에서 의미가 있다. 그러나 문법적인 설명이 필요한 접사의 분류는 외국 학생들에게 어렵고 지나친 문법 지식을 강요한다는 측면에서 피해야 하며, 어휘력 확장을 목표로 하는 어휘 교육에서는 접두사, 접미사의 의미를 아는 것으로 충분하다.

여러 가지 의미를 가지고 있는 어휘가 나왔을 때 여러 가지 의미를 모두 가르치는 것이 아니라 초급에서는 기초적인 뜻을 가르치고 급이 올라갈수록 주변적인 의미로 확장해 간다. 그리고 고급에서는 이미 구축된 어휘를 이용하여 어휘를 확장시키는 방법을 택하므로 어휘 형성 원리에 대한 진전된 교육 및 의미 관계에 따른 다의어, 동음이의어 등에 관한 교육이 이루어져야 한다.

어휘의 등급화 [classification of vocabulary]

선정된 기본 어휘를 대상으로 학습 목적과 학습 수준에 따라 급별 어휘를 등급화하는 것.

등급화에 있어서 이해 어휘와 표현 어휘에 대한 구분이 고려되어야 하고, 학습자의 수준을 고려할 때 수업당 혹은 시간당 습득되어야 할 생산적 어휘의 양과 수용적 어휘의 양에 대한 고려를 해야 한다. 또한 어휘 등급화의 결과는 교재 편찬 및 교수 활동, 평가 등에 고루 이용되어야 하며, 어휘의 등급을 설정하기 위한 기준은 다음과 같은 것을 들 수 있다.

① 고빈도성의 기초 어휘 순으로 우선 학습 어휘를 선정한다.
② 중복도가 높은 단어순으로 우선 학습 어휘를 선정한다.
③ 편찬될 교재의 단원별 주제와 관련된 기본 어휘를 우선적으로 학습해야 하며, 어휘 자체의 상관 관계(의미망)도 고려한다.
④ 기본 의미를 가진 어휘, 파생력이 있는 어휘를 우선 학습 어휘로 선정한다.
⑤ 단원의 문법 교수 요목과 연계를 가진 어휘를 우선적으로 학습해야 하며, 문법 이해를 위한 필수적인 기능어를 우선 학습 어휘로 삼는다.
⑥ 교수 현장과의 연계로 교수 현장에서 필수적인 단어는 저빈도 어휘라도 우선 학습 어휘의 대상에 넣을 수 있다.

어휘의 크기 [vocabulary size]

학습자가 알고 있는 단어의 전체 숫자.

어휘의 크기를 측정하는 방법에는 사전을 이용하는 방법과 빈도를 이용하는 방법이 있다. 먼저 사전을 이용하여 어휘의 크기를 계산하는 공식은 '사전의 총 표제어 수×맞힌 답의 개수'를 '문제의 총수'로 나누면 되는데, 가능한 한 큰 사전을 사용하는 것이 좋다. 빈도를 이용하는 방법은 상위 빈도 단위별로 단어를 나누어 각 부분의 어휘 능력을 파악하는 것이다. 서로 다른 빈도 집단에서 같은 수의 단어를 무작위 추출하여 측정하는 방법으로 첫 번째 다 맞고, 두 번째 1,000개에서 반을, 세 번째 1,000개에서 4분의 1을 맞혔고, 다음 1,000개에서 하나도 맞히지 못했다면 이 학습자의 어휘 크기는 $1{,}000+1{,}000\times\frac{1}{2}+1{,}000\times\frac{1}{4}=1{,}750$개로 보는 것이다.

의미장 [意味場, semantic field]

어휘들이 각각 개념적으로 또는 연상 관계에 의해서 다른 어휘소들과 함께 하나의 구조를 이루고 있다고 보는 어휘 구조.

어휘장(語彙場, lexical field)이라고도 하는데, 일반적으로 어휘들은 형태적 관련성에서가 아닌 의미적 관련성에 의해서 함께 파악되기 때문이다. 예를 들어 '개꿈'과 '개인(個人)'에서 '개'라는 말소리 형태가 동일해도 한국어 화자는 그 둘을 관련성 있는 단어로 생각하지 않는다. 의미장에는 유의어, 반의어, 상 · 하위어로 구성된 것도 있을 수 있고, 연어 관계와 같은 결합 관계에 따라 형성되는 것도 있다. 특정 어휘는 다른 관점에 의해서도 다른 어휘들을 자신의 의미장 안에 소속시킬 수 있다. 예를 들어 '죽음'을 중심으로 하는 의미장에서 유의어를 기준으로 하면 '사망, 별세, 타계, 작고' 등이 포함되지만, 반의어를 기준으로 하면 '삶, 출생, 탄생' 등이 포함될 수 있고, 상 · 하위어 관계에서는 '개죽음, 동사, 압사, 돌연사' 등과 같은 단어가 포함될 수 있다. 결합 관계를 기준으로 하면 '죽음에 이르다, 죽음을 당하다/맞이하다/면하다' 등에서의 '이르다, 당하다, 맞이하다, 면하다' 등이 포함될 수 있다.

단어와 단어가 어떤 사소한 고리에 의해서든지 관련을 맺고 있다고 생각만 되면 무엇이든 의미장이라는 이름 아래 다루어질 수 있다는 포괄성/주관성/모호성이 있다. 따라서 의미장의 설정 기준을 뚜렷이 제시하기가 어렵고, 하나의 의미장에 속할 수 있는 단어의 범위나 내부적 기준을 명확하게 설정하는 일이 매우 어렵다고 할 수 있다. 또한 어휘부 전체의 구조에까지 이르는 전반적이고 포괄적인 관찰이 어렵다는 점도 의미장 이론의 한계이다.

같은 의미장에 속한 어휘를 함께 학습하면 어휘 학습의 효과가 크게 높아지므로 교사는 수업 중의 어휘 활동이나 어휘 조사 및 짧은 글짓기 과제 부여 들을 통해 관련 어휘의 폭넓은 학습을 유도해야 한다.

의성어, 의태어 교육 [擬聲語, 擬態語敎育]

음성 상징어는 국어의 대표적인 특성 중의 하나로, 의성어와 의태어로 나눌 수 있다. 외국인이 다양한 의성어와 의태어를 자연스럽게 구사한다면, 그 언어의 구사 수준이 고급이라고 판단해도 좋을 정도로 외국인 학습자에게는 어려운 부분이다. 의성어와 의태어는 말의 의미를 이해하거나 전달하는 데 직접적인 작용을 하지 않으므로 초급에서는 학습의 필요성이 비교적 적으나 수업 중에 흥미 유발이나 학습 분위기를 바꿀 때 좋은 자료가 될 수 있다. 그리고 중 · 고급으로 올라가면 그 언어의 감각을 익히고 표현력을 풍부하게 하는 데 필요하다.

의성어는 음과 의미 사이에 필연성이 있는 항목이다. 그러나 대다수의 의성어는 여러 언어들에서 음이 비슷하기는 하지만 각 언어의 음운 체계나 문화에 따라 다르게 발달해 왔으므로 각 언어 사이에서 이해 가능성이 적으므로 인어권별로 각국의 의성어를 조사하게 하는 과제를 제시한다면 학습에 흥미를 더하게 될 것이다.

의태어는 모양을 흉내 낸 말이기 때문에 언어 간의 유사성이 없다. 의태어 교육은 우선 문맥을 통해 교육하는 방법이 있다. 대부분의 경우 의태어는 문맥 속에서 사용되며, 의태어를 제외시키더라도 문맥을 이해하는 데는 별 어려움을 느끼지 못한다. 그리고 의태어를 어원이 되는 명사와 연결시켜 기억하게 하는 방법도 있다. 의미의 유사성이 있는 어휘와 함께 교육한다면 암기에도 효과적인 방법이 될 수 있을 것이다.

이해 어휘 [理解語彙, passive vocabulary]

문자로 보거나 음성으로 듣고 그 의미나 뉘앙스를 이해할 수 있는 어휘.

어휘의 습득 순서를 보면 먼저 '이해'를 하고 그 다음에 '표현'할 수 있게 되나, 모든 이해 어휘가 표현 어휘가 될 수 있는 것은 아니다. 표현할 때는 사용하지 못해도 듣거나 보았을 때 이해할 수 있는 어휘이므로 이해 어휘 안에 표현 어휘가 포함될 수 있다.

전문 어휘 [專門語彙, specialized vocabulary]

특수한 전문 분야에서 해당 분야의 작업을 능률적, 경제적으로 전개하기 위한 도구로 사용되는 어휘.

전문가들이 전문적 작업의 원만한 수행을 위하여 여러 가지 도구를 사용함과 동시에 전문적인 용어들도 전문적 작업의 도구로 사용한다. 따라서 전문 어휘는 의미의 폭이 현저히 정밀하므로 다의성이 적다. 전문 어휘는 일반인들이 이해하기 어려운 개념을 담고 있기 때문에 전문 영역에 따라서는 전문 어휘가 은어와 동일한 은비 기능을 담당하게 되는 경우도 있다. 그 외에 전문 어휘의 성격을 보면 의미가 문맥의 영향을 적게 받고, 일반 사회의 기본 어휘로 사용되는 경향이 적으며 의미에 의도적인 규제가 가해져 있는 경우가 많다.

표현 어휘 [表現語彙, speaking vocabulary]

실제로 말이나 글로 표현할 때 사용할 수 있는 어휘.

표현 어휘는 화자가 이해하는 것은 물론이고 의지에 따라 자유롭게 표현할 수도 있는 어휘를 말하며, 자기가 이해하고 있는 어휘 중에서도 많이 접하여 친근해진 어휘나 사용에 자신 있는 어휘 또는 자기가 좋아하는 어휘가 되는 것이다.

학술 어휘 [學術語彙, academic words]

학교에서 가르치는 내용의 개념을 이해하는 데 반드시 필요한 어휘.

학문 어휘라고도 한다. 유치원생부터 대학생에 이르기까지 일상적으로 생소한 어휘를 접하게 되는데, 저학년에서는 책에 있는 단어들을 인지하거나 일상 어휘를 배우는 것이 단어 학습 과제에 포함되며, 학년이 올라가면서 점차로 복잡한 용어를 접하게 된다. 학생과 교사가 교과 과정에서 어휘가 어떻게 학습되고 사용되는지를 이해할 수 있도록 하는 다양한 방법이 고안돼 왔다.

어휘를 세 단계로 나누는 학술 어휘 모델인 Tier System이 있다(Beck, McKeown & Kucan, 2002). 1단계 어휘는 교육이 거의 필요하지 않은 기본적인 단어들이고, 2단계 어휘는 과학, 사회, 문학, 수학 등과 같은 내용 교과 영역에서 나오는 매우 유용한 용어들로서, 그 언어를 능숙하게 사용하는 사람들이 자주 쓰는 것이며, 3단계 어휘는 훨씬 덜 사용되고, 특정 내용 영역에 한정돼 있는 것이다.

문법 교육론

결과 중심 문법 [結果中心文法, result-centered grammar]

언어의 형식과 의미에 초점을 두고 문법을 인식하고, 구조화하게 하는 문법 교육 방법.

결과 중심 문법 교육에서는 문법 항목을 정확히 익히고 문법적으로 정확한 문장을 생성하도록 하는 데에 목표를 둔다.

이 교수 방법의 주요 장점으로 ① 문법적인 설명을 제공하고 구조적 접근을 통해 학습자에게 뚜렷한 방향을 제시하며, 동기 부여 효과가 강하고 ② 신속하고 명백하게 문법 형식들을 학습하도록 하며 ③ 특정한 형식과 의미에 중점을 두어서 학습자가 이에 주목하고 구조화하도록 도움을 준다는 점을 들 수 있다. 그러나 실생활 의사소통 상황에서 문법을 처리하고 사용하는 능력이 전이될지 알 수 없다는 점이 단점으로 지적된다.

고쳐 말하기[recast] ☞ 형태 초점 교수

과정 중심 문법 [過程中心文法, process-centered grammar]

문법을 실제 담화 상황 속에서 사용하는 과정을 통해 효율적으로 의사소통을 하도록 하는 문법 교육 방법.

결과 중심 문법에 대비되는 개념이다. 이 교수법의 장점으로는 실제적 의사소통 과정에서 문법을 처리하고 사용하는 능력이 생기며 학습자가 스스로 능동적으로 자신의 문법을 정교화하고 문법 지식을 절차화할 수 있는 기회를 제공할 수 있다는 점 등을 들 수 있다. 문법적인 설명을 제공하는 구조적 접근을 하지 못한다는 점은 단점이다.

과제-교수-과제 모형 [Task → Teach → Task / TTT]

과제(Task)를 기반으로 하며 과제 해결을 통해 언어의 학습을 이루도록 하는 문법 교수 모형.

유창성을 익힌 후 정확성을 높이도록 하는 하향식 문법 교수 모형이다.

귀납적 방식으로 문법을 제시하고 연습하는 모형이다. 일반적으로 '과제 1(Task 1)-교수(Teach)-과제 2(Task 2)' 의 순서로 진행되는데, 과제 1은 의사소통적 과제로 학습자를 준비시키는 단계이고, 과제 2는 과제 1을 심화 반복하거나 유사 과제를 제시하여 정확하게 산출하도록 유도하는 단계이다. 그러니까 이 모형은 과제를 기반으로 하는데, 이 모형에서 학습자들은 언어를 사용하여 의사소통 과제를 수행하면서 유창성을 익힌 후 목표 문법 항목을 정확하게 배우고, 다시 유사한 다른 과제를 수행하면서 목표 문법을 내재화하게 된다.

관찰-가설-경험 모형[Observation-Hypothesis-Experiment / OHE]

문법 항목을 위계화하지 않고 어휘적 접근법으로 교수 학습하도록 하는 모형.

교체 연습[substitution drills] ☞ 형태 초점 교수

귀납식 교수[歸納式敎授, deductive teaching]

학습자에게 실제적인 언어 자료를 제시하고 이를 통해 그 언어 자료 속에 내재되어 있는 문법 규칙들을 추출하게 하는 방법.

문법 제시 방법에는 연역식 교수 방법과 귀납식 교수 방식이 있는데, 귀납식 교수 방식은 학습자가 규칙을 접하지 않고, 언어 자료를 탐구하고, 해당 자료를 통하여 규칙을 이해하게 하는 것이다.

아래의 내용은 중급 숙달도의 학습자에게 사물을 가리키는 말로 부정문에 쓰이는 '아무 N도' 를 도입하기 위하여 문법을 귀납적으로 도입한 예이다.

〈아무것도 (없다)〉

1. 교사가 볼펜 등이 담긴 필통을 보여 주며 학생들에게 묻는다.

   T: 필통 속에 무엇이 있어요?

   S: 볼펜, 연필, 지우개가 있어요.

2. 교사가 필통 속의 물건을 치우고 말한다.

   T: 필통 속에는 아무것도 없어요.

3. 학생 한 명을 지명하여 가방 속에 무슨 물건이 있는지 말하게 한다.

   S: 책과 우산이 있어요.

4. 가방 속의 물건을 비우고 교사가 묻고, 학생들이 '아무것' 을 사용하도록 유도

한다.

T: 가방 속에 무엇이 있어요?

S: 가방 속에는 아무것도 없어요.

귀납적인 제시의 장점으로 규칙에 대하여 의식적으로 집중하지 않고, 자연스럽게 습득하여 해당 규칙이 잘 보존되며, 문법 설명에 대한 중압감을 덜 느끼게 되고, 학습자들이 규칙을 빌견함으로써 내적 동기를 유발하게 한다는 점을 들 수 있다. 단점으로는 규칙을 찾는 데에 시간과 노력이 필요하고, 학습자들이 잘못된 규칙을 세울 수 있으며, 문법 항목에 따라서 규칙 형성이 쉽지 않다는 점을 들 수 있다.

기계적 연습 [機械的練習, mechanical drills]

특정 발음이나 문형을 연습하도록 하기 위해 맥락을 제시하지 않고 자동화된 발화를 하도록 하는 문법 연습 방법의 하나.

기계적인 연습은 정확성에 초점이 맞춰진 연습으로, 유의미한 상황이나 맥락을 고려하지 않는다는 점에서 유의미한 연습과 구분된다.

기계적인 연습은 문법 문형이나 표현 문형의 형태를 익히도록 할 때 사용한다. 예를 들어 초급에서는 다음의 표를 사용하여 종결어미 혹은 용언의 활용을 연습한다.

기계적인 연습은 주로 청각 구두식 교수법에서 많이 이루어졌다. 청각 구두식 교수법에서 쓰인 문형 연습으로, 대치 연습, 변형 연습, 확장 연습, 연

	V-았/었어요	V-았/었습니다
가다		
오다		
하다		
먹다		

결 연습, 응답 연습 등이 있다. 다음은 각각의 예들이다.

대치 연습	T. 우체국에 갑니다. 학교.
	S. 학교에 갑니다.
변형 연습	T. 우체국에 갑니다.
	S. 우체국에 갑니까?
확장 연습	T. 철수 씨, 우체국
	S. 철수 씨는 우체국에 갑니다.
연결 연습	T. 철수 씨, 우체국/ 영희 씨, 학교
	S. 철수 씨는 우체국에 가고 영희 씨는 학교에 갑니다.
응답 연습	T. 우체국에 갑니까?
	S. 네, 우체국에 갑니다.

기능 중심의 문법 교육 [function-centered grammar teaching]

학습자로 하여금 실제적 의사소통 기능을 수행하기 위해 문법 항목을 활용하도록 하는 문법 교육 방법.

최근의 한국어 교수 현장에서는 기능에 문법 항목들을 연계시키는 경향이 있는데 이런 움직임이 기능 중심의 문법 교육 방식을 보여 준다.

기능은 언어 표현이 담화에서 쓰이는 역할이다. 주요 기능 논의를 정리하

〈표 1〉

van Ek(1975)	-사실에 입각한 정보를 찾고 전하기 -지적인 태도의 표현과 발견 -감성적인 태도의 표현과 발견 -도덕적인 태도의 표현과 발견 -일의 수행 -사회화

Wilkins(1976)	- 신념과 확신 - 합리적인 탐구와 설명 - 설득 - 논쟁 - 개인적 감정 - 감정적인 관계
Finocchiaro (Finocchiaro and Bumfit[1983])	- 개인적인 기능 - 지시적인 기능 - 상호작용적인 기능 - 상상적인 기능 - 명령적 기능
ALL Project	- 재미있는 화제에 관한 논의와 관계를 유지하고 만들기 - 문제 해결 - 주어진 목적에 대한 일정 정보의 탐구, 처리, 이용 - 정보의 청취, 읽기, 처리 그리고 이용 - 개인적인 경험에 의거한 구어 또는 문어로 된 정보의 전달 - 자극에 대한 반응, 관찰, 청취, 읽기 - 상상의 내용 만들기

면 〈표 1〉과 같다.

1990년대 한국어 교육 분야에서 의사소통식 교수법이 도입된 이래로 대부분의 수업에서 문법은 기능과 연계되어 교수되고 있다. 〈표 2〉는 1990년대 초반에 출간된 교재의 교재 구성표인데 이같은 흐름을 보여 주고 있다.

〈표 2〉 기능과 문법의 연계

단원	주제 및 상황	기능	문법 및 표현	활동	어휘
3과	자기 소개	· 자기 소개하기 · 격식체로 써서 인사 나누기	· 보조사(은/는) N-입니다 · 목적격 조사(을/를) N은/는 N을/를 V-ㅂ이다/습니다 · 제 N	· 자기 소개하는 글 쓰기 · 자기 물건에 대해 말하기	· 인사/소개와 관련된 어휘 · 나라 이름

단원	주제 및 상황	기능	문법 및 표현	활 동	어 휘
4과	교실	· 장소에 대해 표현하기 · 경어법으로 표현하기	· 여기는 N-입니다 · 여기는 N-입니까? · 처격 조사(에서) N은/는 N에서 N을/를 V-ㅂ니다/습니다	· 선생님께 질문해 보기 · 특정 장소에서 하는 활동에 대해 말하기	· 장소와 관련된 어휘

서울대학교 언어교육원(1993), 한국어 1, 문진미디어.

담화 [談話, discourse]

문장 단위를 넘는 언어 단위로서, 유의미하고 통일되어 있으며 목적이 있는 것으로 지각된 언어 확장 연결체.

텍스트가 맥락이 배제된 문장 단위 이상의 언어 단위인 반면 담화란 텍스트 층위와 아울러 텍스트 외적 자질인 상황과 언어 형태 사이의 언어 사용자 간 상호작용 둘 다를 포함한다.

담화는 동사 형태, 병렬 방식, 지시 표현, 반복, 어휘 연쇄, 생략, 접속사 등에서 형식적인 통일성인 응집성(cohesion)을 보이며, 기능의 연결, 대화 원리의 적용, 화행의 구현 방식에서 의미의 통일성인 응결성(coherence)을 보인다.

응집성은 언어 맥락을 이루는 문장 간에 존재하는 언어 형태에 의한 연관이나 연결을 뜻한다. 문장들은 서로 독립적인 언어 단위로 나열된 것이 아니라 문장 단위를 넘어선 언어 맥락에서 서로 결합하도록 작용하는 형식적인 연결로써 이어진다.

(1) He is officially my boss. There is a dry cleaner' s around here. We are a worldwide US corporation which lead the international field in

the business machines. I turned the corner and almost stepped on it.

(2) Almost toothless <u>*Khan Kaka*</u> lives in a mud house. But to <u>*his*</u> neighbors, <u>*the tobacco-chewing old man*</u> is one of the most respected figures in the River valley. IT' S ALL ABOUT connections: <u>*Kaka*</u>' s son has been a bodyguard to the man <u>*Kaka*</u> calls "big chief".

(1)에서 각각의 문장은 개별적인 의미를 전달하지만 전체로서는 연결이 되지 않아서 전체적으로 이 지문이 무슨 내용을 전달하려고 하는지 드러나지 않는다. 반면에 (2)에서는 동일한 인물이 'Khan Kaka – his – the tobacco – chewing old man – Kaka' 와 같이 고유명사, 대명사, 명사구 등으로 반복되며 이들 어휘 연쇄는 문장들을 구조적으로 연결한다. 이렇게 문장 단위를 넘어서까지 작용하는 형식적 연결이 응집성이다.

이러한 문장들 사이에 존재하는 언어 형식들의 연결은 일반적으로 문장 내에 존재하는 구조적인 연결과는 상당히 다른 구조를 갖고 있다.

(3) *I would.

(4) Would you like some coffee?

–Yes, I would.

(5) I want to study here.

(6) *Two years ago, I applied to some universities in the U.S. because I want to study here(Hinkel, 2002; 189).

(3)의 'Yes, I would.' 는 문장 단위로만 보면 완전한 문장은 아니지만 (4)과 같은 대화를 고려하면 동일한 어구를 반복한 완전한 문장인 'Yes, I would like some coffee.' 보다 훨씬 더 자연스럽다. (5)는 문장 단위로는 문법적인 문장이다. 그러나 동일한 문장이 담화 속에 있을 때는 (6)과 같이 비문이 된다. 이는 공부하고 싶다는 점이 현재에도 계속 유효하고 객관적인 시간의 관점에서 그 점이 완료되지 않았다고 해도, 고급 수준의 영어 텍스트에서는 담

화의 전체적인 시간적 틀을 일관되게 하여야 하기 때문이다. 위의 예들은 생략과 시제를 통한 문장들의 형식적인 연결을 보여 준다.

전통적인 언어학이나 문법에서는 문장 내에서만 작용하는 형식적 연결에 관심을 두었지만 담화분석에서는 문장 단위를 넘어서 작용하는 형식적 연결인 응집성과 의미의 연결인 응결성을 다룬다.

담화 문법 [談話文法, discourse grammar]

의사소통적 맥락에서 담화를 구성하는 문장들의 연결과 상호 관련성을 지배하는 관계와 규칙의 문법.

주로 담화의 용법, 기능, 의미 구조에 대해 연구하는 분야이다. 언어 구조와 문맥적 사용을 중시하고 다양한 장르의 구어 및 문어 자료의 담화 구조, 담화 구성 요소, 사용역, 변이 등을 연구한다.

담화 분석의 연구 성과가 언어 교육에 반영된 부분으로는 Halliday & Hasan(1976), De Beaugrande & Dressler(1981) 등의 응결장치 논의를 받아들여서 동사 형태, 병렬 방식, 지시 표현, 반복, 어휘 연쇄, 생략, 접속사 등을 교육 현장에서 다루는 점을 들 수 있다.

그 외에도 한국어 교육에서 다루어야 할 담화 분석의 성과로 구정보/신정

〈표 1〉 담화의 응결성 관련 교수 항목

유형	세부 항목	예시
문법적 응결 장치	대용, 생략	'그러하다, 이러하다' 의 교수
어휘적 응결 장치	동일어 반복, 동의어(반의어), 상위어(하위어), 연어	'연어, 유의 표현' 의 반복 교수
논리적 응결 장치	어미, 접속부사, 관용적 연결 표현	'인과, 조건, 시간, 부연(접속부사)' , '나열, 조건, 시간 배경, 인과(어미)' 의 교수

(안경화, 2009)

보의 정보 구조, 구어/문어 문법 등의 담화 양태(mode), 일상 대화/학문 영역/직장 영역 등의 담화 영역(field), 격식체, 친밀체 등의 담화 화체(tenor, style)에 따른 언어 사용역(register) 등이 있다. 장르별 텍스트 문법에 대한 논의는 이미 영어 교육에서는 활발하게 이루어졌으나 한국어 교육에서는 학문 목적의 논문 텍스트나 실용문을 중심으로 일부 논의되고 있고 고급 한국어 수업에서 교수되고 있다.

대화 분석에서 다루는 선호하는 대화쌍에 대한 논의나 대화 순서 교대와 같은 연구 역시 담화 문법에서 어떻게 반영할지 깊이 있는 논의가 필요할 것이다.

딕토글로스[dictogloss] ☞ 형태 초점 교수

명시적 지식 [明示的知識, explicit knowledge]

문법 규칙이나 어휘 항목에 대한 의식적, 분석적, 설명적 지식.

명시적 지식은 학습자들이 자신이 아는 지식을 분석하여 전달할 수 있는 문법 규칙이나 어휘 항목을 가리킨다. 명시적 지식을 갖고 있느냐 여부는 문법 규칙에 대해 학습자가 말로 혹은 글로 설명할 수 있느냐 여부와 거의 일치하는 것으로 보고되고 있다. 명시적 지식은 언어를 기술하는 데에 필요한 기술적인 언어를 안다는 점에서 매개 언어 지식과 밀접한 관련이 있다.

명시적 지식은 모국어의 문법 지식과 같이 무의식적으로 발달된 직관적이고 자동화된 절차적 지식인 암시적 지식(implicit knowledge)과 대비된다. 암시적 지식의 습득 여부는 특정 문법 항목을 학습자가 사용할 수 있느냐 여부를 기준으로 판단된다.

명시적 지식과 암시적 지식의 관계에 대한 습득론자들의 연구는 연습을 통해서 명시적 지식이 암시적 지식으로 이어진다고 보는 입장에서 명시적 지식이 암시적 지식에 의해 촉진된다고 보는 입장 등의 주장이 있다.

문법 교육의 역사

문법 교육의 실시 여부, 문법 교수·학습 방법 면에서 문법 교육은 교수법에 따라 다르게 운영되어 왔다. 문법 번역식 교수법(Grammar-Translation Method)에서는 언어의 형태적인 측면에 초점을 맞추고, 문법에 대한 명시적인 설명을 하고 규칙을 연역적으로 가르친다. 직접 교수법(Direct Method)에서는 명시적인 문법 교수를 지양하여 문법은 교사의 직접적인 설명 없이 귀납적으로 학습된다. 청각 구두식 교수법(Audio-Lingual Method)에서 문법은 목표 언어의 구조를 반영하는 문형 연습을 주요한 문법 교육 방법으로 삼았고 직접적 설명 없이 귀납적인 유추를 통해 학습된다. 문법은 규칙 자체가 중요한 것이 아니고 하나의 문형으로 제시되고 습관을 형성하는 반복 연습이 중시되었다. 인지주의 교수법에서는 문장 유형을 기계적으로 암기하기보다는 문법 체계의 작동에 대한 이해에 초점을 두어서 문법 규칙을 설명함으로써 학습자로 하여금 문법 과정을 이해하도록 하였다. 초기 의사소통식 접근법(Communicative Approach)에서 문법은 상황의 제시와 의사소통적 상호작용 속에서 자연스럽게 학습되고, 후기 의사소통적 접근법에서는 문법에 대하여 의식적인 학습을 시키는 것이 일반적이다. 자연주의적 접근법에서는 문법 규칙을 설명하기보다는 이해 가능한 자료를 제시함으로써 학습자 스스로 외국어의 문법을 습득한다는 것으로 보았다. 따라서 교실에서 이루어지는 명시적인 문법 교육은 불필요하다는 입장이다.

그동안 이루어진 문법 교육에 대한 논의는 문법 요목을 중심으로 문법 용어나 규칙을 사용하여 외현적으로 가르칠 것이냐, 경험적 학습과 의사소통에 중점을 두고 내재적으로 가르칠 것이냐라는 방법론이 쟁점이었지 문법의 필요성 자체를 부인하는 것은 아니었다. 최근에는 의사소통 상황에서 언어의 형태와 구조에 관심이 모아지는 형태 초점 교수가 주목을 받고 있다.

문법 문형 [文法文型, grammar pattern]

문장 종결법, 존대법, 시제 표현, 부정 표현 등과 같은 문법 범주의 문형 항목.

문법 항목은 크게 어휘적 관점과 범주적 관점에서 선정되는데, 표현 문형이 기능적인 표현들에 대해 고정구로 제시되는 데에 비해 문법 문형은 문법 범주별로 나누어 제시된다. 표현 문형이 '-(으)ㄴ/는 데다가, -(으)ㄴ 대로'와 같이 복합 형태의 형식을 취하는 데에 비해 문법 문형은 범주별로 분석적인 형태로 나타난다.

한국어 교육에서는 격조사(예: 이/가)와 특수조사(예: 은/는)와 같은 조사, 연결어미(예: -으려고, -으니까)와 종결어미(예: -ㅂ/습니다, -아/어요), 전성어미(예: -(으)ㄴ, -는) 등의 어미, 불규칙활용(예: ㅂ불규칙 활용, 으불규칙 활용)이나 부정법(예: 안, 못) 그리고 시제(예: -았/었-)와 상(예: -더-), 경어법, 피동법과 사동법 등을 문법 범주별로 분석하여 목표 문법 항목으로 제시한다.

이들 문법 문형은 문법의 일반적 규칙을 교수할 때 사용되는 문법 항목이다. 문법 문형이 교육 과정에서 제시될 때는 핵심성, 사용역, 난이도, 빈도수, 학습 가능성 등이 고려된다. 예를 들어 어말 어미의 경우 너무 구어적이거나 문어적인 문법 항목, 사용이 한정적인 것(예: -으므로)과 학습이 어려운 표현(예: -다니, -더니)은 대개 초급을 마친 뒤 도입된다.

문법 용어 [文法用語, grammatical term]

문법 범주를 나타내는 용어.

한국어 교육 현장에서 흔히 사용하는 문법 용어로는 동사, 형용사 등의 품사 정보가 있고 그 외 주어, 목적어 등의 문장 성분이나 명령문, 청유문 등의 문장 종결법, 사동법, 피동법 등의 문법 범주 용어도 학습자의 숙달도 단계에 따라 도입한다.

문법 교육에서 문법 용어를 도입하는 방법에 대해서는 세 가지 의견이 있다. 우선 반대하는 입장에서는 언어에 대한 명시적 지식이 의사소통 능력을 증진시키지 못하며 언어에 대한 지식만 갖도록 하며 또한 학습자에게 또 다른 부담이 된다고 주장한다. 찬성하는 입장에서는 언어의 기능에 대하여 말할 때 문법 용어가 경제적이고 정확한 방법을 제공하고 문법 용어가 문법 현상을 쉽게 기억하게 함을 지적한다. 학습자에 따라 도입을 결정해야 한다는 입장에서는 학습자의 지식, 성숙도에 따라 적합하게 문법 요소를 형식화하라고 권하는데, 특히 Ur(1996)는 분석적인 성향이 있는 나이 든 학습자가 문법 용어가 도입된 교수 현장에서 더 많은 것을 얻을 것이라고 했다.

상호작용 강화[interaction enhancement] ☞ 형태 초점 교수

순차 제시[garden path] ☞ 형태 초점 교수

암시적 지식[implicit knowledge] ☞ 명시적 지식

어휘 문법[語彙文法, lexical grammar]

어휘들의 형태론적 규칙성과 통사론적 규칙성을 연구하는 분야.

어휘 문법은 언어가 어휘화한 문법이 아니라 문법화된 어휘로 구성되어 있고(Lewis, 1993), 단어의 의미와 구조는 개별적인 성질이 아니라 유기적 관계임(Hunston 외, 1997: 정영국, 2008 재인용)을 들어서 이미 그 중요성이 강조된 바 있는데 한국어 교육 현장에서는 경험적으로 표현 문형이란 이름

〈표 2〉 표현 문형

	1급	2급	3급	4급
명사류		-기 때문에 -기 전에 -(으)ㄴ/는 데다가	-았/었을 때, 내가 -기에는 -(으)ㄴ 후에, -는 대신 -(으)ㄴ 대로	-는 한, -(으)ㄴ 채 -(으)ㄴ/는 반면에 -는 바람에
명사-서술적 조사류			-(으)ㄹ지(가) 걱정이다, -(으)ㄴ/는 편이다, -(으)ㄴ/는/(으)ㄹ 모양이다, -는 중이다, -(으)ㄹ 생각이다	-(으)ㄴ 셈이다 -(으)려던 참이다
동사류		-(으)ㄹ지 모른다 -았/었을지 모르겠다 -(으)ㄹ 줄 알다[모르다] -(으)로 하다, -(으)면 되다 -(으)면 안 되다 -(으)려고만 들다	-(으)ㄴ/는/(으)ㄹ 줄 몰랐다[알았다], -는 법을 알다[모르다], -아/어야겠다, -기를 바라다, (이)라고 해서 -(으)ㄴ 것은 아니다, -(으)ㄹ까 하다, -(으)ㄹ 생각도 못하다, -기는 틀렸다, -(으)ㄴ/는 척하다	-아/어서는 안 되다
형용사류		-(으)ㄴ 적이 있다 -아/어서 그래요 -아/어도 괜찮다 -(으)ㄹ 게 뻔하다		-(으)ㄹ 수조차 없다 -(으)ㄹ 리가 없다 -(으)려야 -(으)ㄹ 수 없다
부사류			-기 위해서 이/가 이렇게[그렇게, 저렇게]	-기가 무섭게 (이)나 (이)나 할 것 없이 을/를 무릅쓰고 을/를 막론하고 -(으)ㅁ에 따라
보조 용언류		-아/어 버리다 -게 되다 -아/어야 되다	-나 보다, -(으)ㄴ가 보다 -고 있다(상태) -아/어 오다[가다] -고 말다, -아/어 놓다[두다] -(으)ㄴ 뻔하나, -(으)ㄹ 만하다	-(으)ㄴ/는/(으)ㄹ 듯하다 -아/어 대다

	1급	2급	3급	4급
연결 어미류			-아/어 보니까, -아/어야 할 텐데, 아무리 -아/어도, 하도 -아/어서, -았/었어야 하는데, -기는 -지만, -(으)ㄹ까 봐, 얼마나 -(으)ㄴ/는데, 만약에 -다면, -(으)ㄹ 뿐만 아니라, -는데도 불구하고, -고 보니	-다 보면, -다 보니, -냐든지 -냐든지, 비록 -지만, 일단 -(으)면, -다 하더라도, -ㄴ 데 반해, -아/어 봤자, (으)로 인해(서) 어찌나 -(으)ㄴ/는지 만 해도, -다고 하더니

최은규 외

으로 다루어져 왔다.

역할극 [役割劇, role play]

실제 의사소통 상황과 유사한 상황을 가정하여 역할을 맡아 대화를 하도록 하는 활동.

주문하기, 물건 사기, 길 찾기, 위치 묻기 등의 상황에서 대화에 참여하는 인물을 가장하여 말하세 함으로써 실제 상황에서 일어날 상황을 미리 연습하도록 한다. 모범 대화문, 어휘, 기능과 연계된 문법을 제시한다. 역할극은 구체적인 의사소통 기능을 목표로 하여 대화를 구성하는 방식으로 학습자 사이의 상호 활동을 활발하게 하는 교육적인 효과가 있다.

다음은 문구점에서 점원과 손님의 역할을 하며 수사와 단위 명사를 익히고, 물건 사기 기능을 수행하는 역할극의 예이다.

〈목표 문법〉 수사, 단위 명사

〈목표 기능〉 물건 사기

〈예시 대화〉

점원: 어서 오세요.

손님: 공책 있어요?

점원: 네, 있어요.

손님: 한 권에 얼마예요?

점원: 1,000원이에요.

손님: 2권 주세요.

점원: 모두 2,000원이에요. 감사합니다.

위와 같은 역할극은 학습자 언어의 유창성을 높이는 데에 효과적이어서 한국어 교육 현장에서 많이 활용되는 학습 활동이다.

연역식 교수 [演繹式教授, inductive teaching]

문법 규칙에 대한 설명을 제시한 후 그 문법이 적용된 예를 보여 주는 방법.

문법 제시 방법에는 연역식 교수 방식과 귀납식 교수 방식이 있는데, 연역식 교수 방식은 문법 규칙이나 설명을 제공한 후에 예문을 통해 해당 문법을 익히도록 하는 방식이다.

초급 학습자에게 조사 '-지 마세요'를 설명하고 예문을 만들도록 하는 연역적 교수법의 예는 다음과 같다.

〈-지 마세요〉

교사: 우리 '하세요'를 배웠어요. 오늘은 '하지 마세요'를 배워요.

(손으로 X 모양을 만들며) 이런 뜻이에요.

(핸드폰 금지 표지판을 보여 주면서)

핸드폰을 쓰지 마세요. 이렇게 말해요.

(카메라 금지 표지판을 보여 주면서)

사진을 찍지 마세요.

'-지 마세요' 는 (손 모양 X를 만들며) 이런 뜻이에요.

자, 같이 문장을 만들어요.

수업에 늦으면 안 돼요.

학생: 수업에 늦지 마세요.

교사: 수업 시간에 친구와 얘기해요.

학생: 수업 시간에 얘기하지 마세요. (중략)

연역적인 제시 방법의 장점으로는 문법의 요점을 바로 제시하여 시간을 절약할 수 있으며, 성인 학습자들의 문법적 능력이나 지식을 활용할 수 있고, 분석적인 학습 방식을 선호하는 학습자들을 만족시킬 수 있다는 점을 들 수 있다. 단점으로는 수업이 교사 중심의 설명으로 흐를 수 있고, 단순히 문법에 대한 지식만 기르게 하며, 메타 언어에 익숙하지 않은 어린 학생을 당황하게 할 수 있다는 점을 들 수 있다.

유의미한 연습 [meaningful drills]

문법 교수 항목을 창의적으로 생성하도록 하는 문법 연습 방법의 하나.

맥락화된 상황이 설정되고 의사소통되는 의미가 중시된다는 점에서 문법적인 정확성에 초점이 있는 기계적인 연습과 구분된다. 한편 긴 흐름의 담화를 구성하지는 않는다는 점에서 유의미한 생성 혹은 사용과 구분된다.

유의미한 연습 단계에서는 사진 자료나 그림 자료 등이 활용되는데, 예를 들어 '-아/어 주세요' 를 연습할 때 '사진을 길 가는 사람에게 주는 그림' 을 사용 상황으로 제시하며 학습자들이 '사진을 찍어 주세요.' 와 같은 문장을 만들도록 하거나 '문이 꼭 닫혀 안 열리는 상황' 을 보여 준 뒤에 '문을 열어 주세요.' 와 같은 문장을 만들도록 유도하는 방식이다. 또한 극장 안에서 사람들이 나오는 그림을 보여 준 뒤 교사가 '사람들이 나오고 있네요.' 라고 말한 뒤에 학습자들로 하여금 '영화가 끝났나 봐요.' 를 이끌어 내도록 할 수도 있다.

유의미한 연습은 의미를 고려한다는 점에서 유창성을 신장하도록 고안되지만 목표 문법이 쓰인다는 점에서 정확성 배양도 함께 이루어지는 연습 유형이다. 학습자들은 유의미한 연습 단계를 거치며 목표 문법의 사용 맥락을 정확하게 이해하게 되고 문법적인 지식을 실제적인 사용으로 연결하도록 유도된다.

의미 협상 과제[negotiation tasks] ☞ 형태 초점 교수

의식 상향[consciousness raising] ☞ 형태 초점 교수

입력 강화[input enhancement] ☞ 형태 초점 교수

입력 처리[input processing] ☞ 형태 초점 교수

입력 홍수[input flood] ☞ 형태 초점 교수

정확성[正確性, accuracy]

문법적으로 정확한 문장을 생산하는 능력.

발화와 속도와 발화자의 긴장성을 기반으로 하는 유창성과는 대비되는 개념이다. 정확성에 초점을 맞추어 이루어지는 활동으로 어휘 및 문법의 설명, 반복하거나 언어 게임, 추측 게임 등의 활동, 기계적인 연습 등이 있다.

다음은 정확성을 높이는 게임의 예이다.

친구와 게임을 하세요.

시작 ➜	빵 1	커피 5	꽃 3	6,500원	콜라 1	물 2
주사위를 던져 나오는 숫자대로 이동하세요. 그리고 〈보기〉 와 같이 말하세요.						뒤로 3칸 가세요.
						오렌지 4
앞으로 3칸 가세요.	라면 5	볼펜 5, 자 1	맥주 4	47,800원	쉬세요.	공책 10
콜라 1, 수박 3	〈보기〉 사과 1 ⇨ 사과 한 개 주세요. 1000원 ⇨ 1,000원이에요.					
과자 5						
사이다 24	뒤로 한 칸 가세요.	의자 2, 우산 1	3,900원	지우개 1, 연필 3	사탕 10	끝

문법 번역식 교수법 이래로 문법적인 정확성에 대한 교수법의 강조는 다음과 같이 다양하게 나타난다.

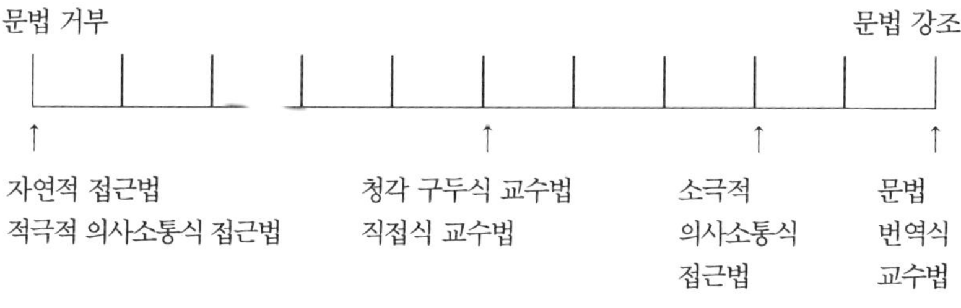

Thornbury(1999, 이관규 외 역: 47)

오늘날에는 형태의 중요성이나 정확성을 무시하는 교수법을 지지하는 교육 전문가는 그리 많지 않다. 문법 교육을 지지하지 않는 것처럼 보이는 학자들도 '문법' 의 유용성을 부인한다기보다는 특정 '문법 교육 방법' 을 부인하는 것으로 보인다. 즉 문법 교육을 지나치게 강조하면 '언어' 자체가 아니라 '언어 지식' 인 문법을 가르치게 된다는 문법 교육에 대한 비판은 문법 교육 자체에 대한 거부라기보다는 특정 문법 교육 방법에 대한 거부로 보는 것이 옳을 것이다. 대부분의 외국어 교육 전문가들은 문법을 명시적으로 다루든지 암시적으로 다루든지 의사소통 중심의 교육 틀에서 형태 지도가 중요하다는 점에 동의하고 있다. 특히 현장의 교사들은 문법 형태에 대한 교육이 제대로 이루어지지 않을 때에는 학습자의 의사소통 능력이 기초적인 수준에서 더 향상되기 어렵다는 경험적인 보고를 하고 있다.

제시-연습-생산 모형 [Presentation-Practice-Pruduction / PPP]

문법 교수 항목에 대한 지식적인 부분만을 제시한 뒤에 연습을 통해 정확성을 높이고 생성 과정을 통해 유창성을 향상시키려는 상향식 문법 교수 방법.

연역적 방식으로 문법을 제시하고 연습하는 모형이다. 이 모형은 문법 사용의 정확성을 통해 유창성을 높이는 기법으로 언어가 이러한 점진적인 단계를 거칠 때 문법이 가장 잘 학습된다고 가정한다.

제시 단계에서는 학습자에게 목표 문법 표현의 형태와 의미를 인식할 수 있도록 그 형태를 제시하고, 본격적인 연습 단계로 가기 전에 그 문법 항목의 의미와 기능, 활용 정보와 문형 정보와 같은 형태, 제약 등에 대해 설명을 한다. 다음은 제시 단계에서 '-(으)ㄹ 테니까'를 어떻게 교수하는지 보여 주는 예이다.

〈목표 문법〉 -(으)ㄹ 테니까

〈목표 기능〉 조건을 제시하며 제안하거나 요청하기

1. 의미 제시

선행 학습된 'V-(으)ㄹ게요(의지)', 'A/V-(으)ㄹ 거예요(추측)'와 '그러니까'의 결합으로 의미를 제시한다.

① 의지 표현 -선행절의 주어는 '나(1인칭)' 이며 '의지' 를 나타낸다.

예) 내가 점심을 살게요. + 그러니까 ○○ 씨는 커피를 사세요.

→ 내가 점심을 살 테니까 ○○ 씨는 커피를 사세요.

② 추측 표현 -선행절의 주어는 보통 '3인칭' 이며 '추측' 을 나타낸다.

예) 비가 올 거예요 + 그러니까 우산을 준비하세요.

→ 비가 올 테니까 우산을 준비하세요.

2. 형태 제시

-받침의 유무, 불규칙 용언을 고려하여 형태 제시한다.

① 받침이 없는 경우: A/V-ㄹ 테니까

가다 → 갈 테니까 보다 → 볼 테니까

비싸다 → 비쌀 테니까 피곤하다 → 피곤할 테니까

② 받침이 있는 경우: A/V-을 테니까

먹다 → 먹을 테니까 좋다 → 좋을 테니까

③ 불규칙 용언의 경우

만들다 → 만들 테니까 멀다 → 멀 테니까

돕다 → 도울 테니까 맵다 → 매울 테니까

듣다 → 들을 테니까 걷다 → 걸을 테니까

제약으로 후행절에는 'V-(으)세요(명령형), V-(으)ㅂ시다(청유형)' 등을 쓰고 '-았/었어요' 는 안 됨을 알려 준다.

연습 단계에서는 기계적인 연습과 유의미한 연습을 통하여 제시 단계에서 얻은 문법에 대한 지식에 대해 연습한다. 이 단계를 구성할 때 교사는 학습자들이 정확성과 유창성을 함께 기르도록 고려하며 ① 구조적 연습과 유의미한 연습이 함께 이루어지고 ② 다양한 연습 유형이 개발되며 ③ 문법 항목이 가진 형태 · 의미 · 기능의 특성에 따른 연습이 되도록 구성되어야 한다.

1. 기계적인 연습: 문장 연습

단어 카드에 제시된 단어로 문장 만들기 연습을 한다.

예: 저, 책을 읽다, 듣다 → 제가 책을 읽을 테니까 들으세요.

날씨, 따뜻하다, 산에 가다 → 날씨가 따뜻할 테니까 산에 갑시다.

2. 유의미한 연습: 목표 문법이 자연스럽게 나올 수 있는 상황으로 질문-대답하기

예: A: 지하철을 탈까요? 버스를 탈까요?

B: 지하철이 빠를 테니까 지하철을 탑시다.

사용 단계에서는 유창성에 초점을 맞춰 앞에서 연습한 것들을 과제로 통합해서 실제로 사용해 본다. 교사는 연습 단계에서 제한적으로 길러진 숙달도를 교육적인 맥락이나 실제적인 맥락에서 사용하도록 이끌어야 한다. 다음은 파티 계획하기 과제에서 '-(으)ㄹ 테니까' 를 사용하는 예이다.

〈파티 계획하기〉

조별로 파티 준비에 필요한 일들을 누가 할지 정해 보세요.

예시 문장: 저는 청소를 할 테니까 철수 씨는 쓰레기를 버리세요.

저는 과일을 사 올 테니까 철수 씨는 주스를 사 오세요.

저는 음악을 준비할 테니까, 철수 씨는 접시를 준비해 주세요.

출력 강화 [output enhancement] ☞ 형태 초점 교수

표현 문형 [表現文型]

동일한 형태로 자주 쓰이는 고정적인 구.

문법 항목은 크게 어휘적 관점과 범주적 관점에서 선정되는데, 표현 문형은 기능적인 표현들에 대해 문법적인 범주를 강조하지 않고 고정구로서 제시하는 방식이다. 문법 문형은 문법 범주별로 문법의 일반적 규칙을 교수할 때 사용되는 문법 항목이다.

표현 문형은 문법 문형과 대비되는 용어로 통어적 성분, 표현, 표현 항목, 절차적 지식(procedural knowledge) 등으로 다양하게 불리고 있다. 표현 문형은 문법 형태의 복합적인 표현으로 어휘에 가까워서 변이형을 가지기도 하고 한 문형 내에 다른 요소가 삽입되기도 한다.

표현 문형의 예로는 -(으)ㄴ/는 데다가, -(으)ㄴ 대로, -(으)ㄴ/는 반면에 등의 명사류 표현 항목, -(으)ㄹ지(가) 걱정이다, -(으)려던 참이다 등의 명사-서술격 조사 표현 항목, -(으)ㄴ/는/(으)ㄹ 줄 몰랐다, -아/어서는 안 되다 등의 동사류 표현 문형, -(으)ㄹ 게 뻔하다, -(으)려야 -(으)ㄹ 수 없다 등의 형용사류 표현 문형, 을/를 무릅쓰고, 을/를 막론하고 등의 부사류 표현 문형 등을 들 수 있다.

이들 표현 문형들은 기능과 연계되어 교수되어 의사소통 상황에서의 활용도가 매우 높다. 예를 들어 '금지하기' 기능과는 '-아/어서는 안 되다'와 연계되고 있다. 특히 고정적인 구로서 학습자에게 제공되기 때문에 개별 문법 범주의 합으로 교수할 때보다 학습자의 오류 발생을 현저하게 낮추고 있다.

한국어 문법 [韓國語文法, Korean grammar]

제2언어로서 한국어 학습자에게 한국어의 구조를 이해하고 한국어로 의사소통할 수 있도록 돕는 규칙 체계.

국어 문법의 목적이 국어의 규칙과 체계를 찾는 것이라면 한국어 교육의 목적은 국어 문법에 기술된 규칙과 체계를 바탕으로 하여 한국어를 생성해 내는 것을 목적으로 한다는 점에서 국어 문법과 구분된다.

국어 문법과 한국어 문법은 내용 분류와 체계는 동일하지만 문법을 교육

할 때 일부 항목의 제시 순서와 방법은 다르다. 문법 항목은 문법 범주 항목과 표현 항목으로 나눌 수 있는데 특히 표현 항목의 경우 국어 문법과 한국어 문법은 교수 방법에서 차이가 난다. 예를 들어 국어 문법에서는 조사나 어미에 대하여 기술할 때 해당 조사나 어미를 중심으로 그 기능과 의미를 분석적으로 교육하지만, 한국어 문법에서는 조사나 어미를 흔히 문형 속에서 통합적이고 계열적인 방식으로 도입하여 학습자들이 오류를 만들지 않고 정확하고도 유창하게 문장을 생성하도록 교육한다.

(1) -었더니

동사에 붙어서, 과거의 사실에 뒤이어 어떤 사실을 말할 때 쓰는 표현.

과거의 사실이나 상황과 다른 새로운 사실이나 상황이 있음을 나타내거나 과거의 사실이나 상황이 뒤 문장의 결과를 낳는 원인이나 이유가 됨을 나타낸다.

(2) '-었-': 과거시제, 어떤 행동이 과거에 완결됨.

'-더-': '과거회상', 1인칭 제약

'-니': '앞의 사실이나 행동이 진행된 결과 뒤의 사실이 그러함을 나타내는' 연결어미

(3) 가. *내가 많이 먹더니 배탈이 났어요.

나. (내가) 감기약을 먹었더니 다 나았어요.

'-었더니'는 한국어 문법에서는 (1)과 같이 복합 형태로 가르치지만 국어 문법에서는 (2)와 같이 '-었-', '-더-', '-니'로 분석하여 다룬다. 외국인 학습자에게 국어 문법처럼 분석적으로 가르칠 경우는 '-더니'와 '-었더니'의 제약 차이와 같이 모국어 화자에게는 별 문제가 되지 않을 내용도 외국인 학습자들은 (3)과 같은 오류문을 만들며 어려워할 수 있다.

형태 초점 교수 [形態焦點敎授, form-focused instruction]

의미 중심의 의사소통적인 상호작용 상황에서 언어의 형태와 구조에 관심을 집중하도록 하는 교수 방법.

주요 방법으로 교체 연습, 입력 홍수, 입력 강화, 의미 협상, 고쳐 말하기, 출력 강화, 상호작용 강화, 딕토글로스, 의식 고양 과제, 입력 처리, 가든 패스 등의 교수 방법이 있다.

교체 연습은 교사가 단어나 문장을 교체하여 제시하면 학습자가 이를 해당 문법 항목에 맞게 바꾸는 연습이다. 보통 활용형을 익히기 위해 활용하는 가장 전통적인 구조 연습 방식이다.

입력 홍수는 가르치려는 언어 형식을 학습자가 스스로 알아차릴 수 있도록 많은 기회를 제공하는 형태 초점 교수의 한 방법이다. 일반적으로, 어떠한 중요 문법 항목을 빈도수를 높여서, 문맥 속에서 제공하는 방식이다.

입력 강화는 시각적(글자 크기, 색 조정), 청각적 방법으로 언어 자질을 강조함으로써 명시적 설명 없이 입력되는 문법 항목을 스스로 알아차리도록 하는 방법이다.

의미 협상 과제는 언어 출력에 대해 동료의 피드백을 제공하도록 하여, 언어 형식에 대한 직접적인 설명은 안 하지만 의미 협상 과정을 통해 언어 자질을 알게 되는 형태 초점 교수의 한 방법이다.

고쳐 말하기는 잘못되거나 미완성된 발화를 다시 고쳐 말해 주거나 확장하는 교정적인 피드백을 말한다. 형태 초점 교수의 한 방법으로 수정이 암시적으로 이루어져 학습자의 발화를 방해하지 않는다.

출력 강화는 단순히 확인 점검 차원이 아니라 의사소통 과정에서 명료화 요구나 확인 점검 등의 방법으로 학습자로 하여금 언어 출력상의 오류를 스스로 수정할 기회를 주는 형태 초점 교수의 한 방법이다.

상호작용 강화는 실제적 담화로 목표 형태를 사용하도록 하는 상호작용적 문제 해결식 과제이다.

딕토글로스는 들은 내용을 단순히 받아 적도록 하는 것이 아니라 텍스트의 문법이나 어휘에 주의를 기울이며 들은 내용을 메모했다가 그것을 토대로 다시 텍스트를 재구성하며 쓰도록 하는 형태 초점 교수 방법이다. 어느 정도 창의적인 쓰기를 요구하며 마지막 단계에서 원본과 대조하여 학습자는 자신이 사용한 언어 형태에 대해 반성의 시간을 갖는다.

의식 상향은 문법 체계의 자질을 지적하여 학습자가 언어 항목에 주의하도록 하는 형태 초점 교수 방법이다. 의식 고양 과제라고도 한다. 직접적이고 즉각적인 습득이 아닐지라도 때가 되면 정확하고 적절한 산출물을 내놓을 일련의 정신적 과정을 자극하도록 기대한다. 반드시 산출물을 수반하지 않는다는 점에서 종래의 제시-연습 교수와 다르다.

입력 처리는 확실한 사례와 설명을 통해 학습자들이 문법 형태를 인지하고 이해하도록 하는 형태 초점 교수 방법이다.

순차 제시는 학습자로 하여금 과도 일반화 오류를 범하게 한 뒤에 오류를 지적하며 이루어지는 형태 초점 교수의 방법이다. 정원 길을 따라가듯이 그 길을 따라가다 보면 목표 교수 항목의 오류를 범하게 된다는 의미에서 붙여진 이름으로 가든 패스라고 한다.

참고문헌

강승혜 외(2005), 『한국어 평가론』, 태학사.

강현화(2007), 「한국어 문법 교수학습 방법의 새로운 방향」, 『국어교육연구』, 서울대학교 국어교육연구소..

강혜진(2009), 「한국어 교육을 위한 교사용 지침서 개발 연구」, 경희대학교 석사학위논문.

고영근(1999), 『텍스트 이론-언어문학통합론의 이론과 실제』, 아르케.

곽미희(2009), 「고등학교 『중국어 I · II』 분석을 통한 유도작문 지도방안 연구」, 한국외국어대학교 석사학위논문.

교육인적자원부(1995), 『교사용 지침서에 관한 규정』, 교육인적자원부.

국립국어원(2005), 『외국인을 위한 한국어 문법 1(체계편)』, 커뮤니케이션북스.

국립국어원(2005), 『외국인을 위한 한국어 문법 2(용법편)』, 커뮤니케이션북스.

국립국어원(2009), 『한국어 교육의 이해』, 한국문화사.

권대훈(2008), 『교육평가(Educational Evaluation)』, 학지사.

권오량(2004), 「언어교육 방법론」, 『일본인을 위한 한국어교육 연구』, 서울대 언어교육원, 서울대학교 사범대학 외국인을 위한 한국어 지도자과정.

권오연(2000), 『외국어로서의 한국어 읽기 지도 방법 연구』, 한국외국어대학교.

김광해(1993), 『국어 어휘론 개설』, 집문당.

김광해(1995), 『어휘 연구의 실제와 응용』, 집문당.

김덕주(1998), 「「노인과 바다」에 나타난 극기정신 연구」, 순천대학교 교육대학원 석사학위논문.

김미경(2009), 「여성결혼이민자용 한국어 교재의 교사용 지침서 개발 연구」, 배재대학교 석사학위논문.

김민성(2001), 「과정 중심적 웹기반 한국어 쓰기 교육- 'hanclass' 의 운영 사례를 중심으로」, 『한국어교육』 7, 국제한국어교육학회.

김석우(2009), 『교육평가의 이해』, 학지사.

김선정 · 허용(1999), 「한국어 교재 선택법 및 학습지도안 작성법」, 『이중언어학』 16, 이중언어학회.

김영의(2010), 「우즈베키스탄 한국어 학습자를 위한 내용중심 교수요목 연구」, 한국외국어대학교 석사학위논문.

김영희(2010), 「준접사와 조어 특성에 관하여」, 『언어와 언어학』 48, 한국외국어대학교 언어연구소.

김원중(2005), 「중국문학사 서술의 이념성 개입여부와 서술방향의 관련양상-1949년 전후 주요 문학사의 사관(史觀)을 중심으로」, 『中國學報』 51, 한국중국학회.

김윤정 역(1998), 『외국어 습득론』, 한국문화사.

김정숙(2002), 「한국어 교수요목설계와 교재구성」, 『21세기 한국어교육학의 현황과 과제』, 한국문화사.

김정숙(2005), 『한국어능력시험의 등급별 합격 점수 및 채점 기준 설정 방안 연구』, 한국교육과정평가원.

김종훈(2000), 「'바뀐꼴 마디되풀이표현' 에 대하여」, 『국어화법과 대화분석』, 한국화법학회.

김지현(2007), 「의사소통전략을 활용한 한국어 말하기 교수법 연구」, 영남대학교 석사학위논문.

김태옥 · 이현호 공역(1991), 『담화텍스트언어학 입문』, 양영각.

김해동(2006), 「통합형 기능 교재의 개발 방향-영어교재를 중심으로」, 『외국어로서의 한국어교육』 31, 연세대학교 한국어학당.

남기심 외(1999), 『한국어 교육의 방법과 실제』, 한국방송대학교출판부.

노대규(2007), 『외국어로서의 한국어 교육』, 푸른사상.

문금현(1999), 『국어의 관용표현 연구』, 태학사.

민병곤(2005), 「한국어능력시험의 운영 현황 및 과제」, 『한국어교육』 16-3, 국제한국어교육학회.

민현식 외(2005), 『한국어교육론』 1, 한국문화사.

민현식 외(2005), 『한국어교육론』 2, 한국문화사.
민현식 외(2005), 『한국어교육론』 3, 한국문화사.
민현식(2000), 「제2 언어로서의 한국어 문법 교육의 현황과 과제」, 『새국어생활』 10-2, 국립국어연구원.
민현식(2000), 「한국어 교재의 실태 및 대안」, 『국어교육연구』 7, 서울대학교 국어교육연구소.
민현식(2005), 「한국어 문법교육의 이론과 실제: 문법교육의 표준화와 다양화의 과제」, 『국어교육연구』 16, 서울대학교 국어교육연구소.
민현식(2008), 「한국어교육을 위한 문법 기반 언어 기능의 통합 교육과정 구조화 방법론 연구」, 『국어교육연구』 22, 서울대학교 국어교육연구소.
박갑수(2005), 『국어교육과 한국어교육의 성찰』, 서울대학교출판부.
박갑수(2006), 「한국어교육의 현황과 과제」, 『한국어교육 1』, 서울대학교 사범대학 외국인을 위한 한국어 지도자과정.
박도순(2008), 『교육과정과 교육평가』, 문음사.
박숙희 외(1997), 『교육방법 및 교육공학』, 학지사.
박숙희 · 염명숙 · 이경희(1997), 『교육 방법 및 교육 공학』, 학지사.
박영목 외(2005), 『국어교육론 2: 국어 문법-기능 교육론』, 한국문화사.
박영순 외(2008), 『한국어와 한국어교육』, 한국문화사.
박영순 편(2002), 『21세기 한국어교육학의 현황과 과제』, 한국문화사.
박영순(2001), 『외국어로서의 한국어 교육론』, 월인.
박영순(2003), 「한국어 교재의 개발 현황과 발전 방향」, 『한국어교육』 14-3, 국제한국어교육학회.
박의수 외(2010), 『교육학개론』, 서현사.
박의재 · 이정원(1999), 『제2언어 습득론』, 한신문화사.
박인학(2004), 『교사를 위한 교재연구 및 지도법의 이해』, 대왕사.
박준영(2001), 『교육의 이론적 이해』, 학지사.
방성원(2000), 『통합 교수를 위한 한국어 교재 개발 연구』, 국제한국어교육학회.
백봉자(2002), 「외국어로서의 한국어 교육문법」, 『한국어교육』 12-1, 국제한국어교육학회.

백봉자(2006), 『외국어로서의 한국어 문법사전(개정판)』, 하우출판사.

백영균 외(2010), 『교육방법 및 교육공학』, 학지사.

변영계(2000), 『교수 · 학습 이론의 이해』, 학지사.

변영계 · 김영환 · 손미(2000), 『교육방법 및 교육공학』, 학지사.

서상규 외(1999), 『한국어 교육 기초 어휘 의미빈도사전의 개발 사업 보고서』, 문화관광부 한국어 세계화 추진 위원회.

서종학(2001), 「외국인을 위한 한국어 교재의 평가 기준에 대한 試考」, 『울산어문논집』 15, 고정의교수화갑기념논문집.

서종학 · 이미향(2007), 『한국어 교재론』, 태학사.

설유정(2003), 「교수매체 활성화를 위한 멀티미디어 저작도구 조사 및 교단선진화 방안 연구」, 영남대학교 교육대학원 석사학위논문.

신용재(2008), 「초급 한국어 학습자를 위한 단기 과정 교수요목 설계」, 고려대학교 교육대학원 석사학위논문.

신헌재(2009), 『예비교사와 현장교사를 위한 초등 국어과 교수 · 학습 방법』, 박이정.

안경화(2005), 「교수 · 학습의 연구사와 변천사」, 『한국어교육론』 1, 한국문화사.

안경화(2005), 「한국어 교수학습 연구사와 변천사」, 『한국어교육론』 1, 국제한국어교육학회.

안경화(2007), 『한국어교육의 연구』, 한국문화사.

안경화(2009), 「효율적인 토론 수업의 설계: 내용과 방법을 중심으로」, 『언어와 문화』 15-1, 한국언어문화교육학회.

양현권 · 정영국(2008), 『교육영문법의 이해』, 한국문화사.

엄익상 · 박신영(2005), 『중국어 교육 어떻게 할까』, 한국문화사.

연세대학교 한국어학당(1995), 『한국어 발음』, 연세대학교 출판부.

이미혜(2005), 『한국어 문법항목 교육연구』, 박이정.

이석주 · 이주행(2007), 『한국어학 개론』, 보고사.

이선명(2009), 「중국인 한국어 학습자의 화용 능력 발달 연구: 요청 화행 실현 전략을 중심으로」, 이화여자대학교 석사학위논문.

이영식 외(2003), 『언어 평가의 이해』, 서울대학교출판부.

이은자(1985), 「現行 人文系 中高等學校 體育敎科書 및 敎師用 指導書의 舞踊單元 內容 分析」, 동덕여자대학교 석사학위논문.

이익섭(2005), 『한국어 문법』, 서울대학교출판부.

이인숙 외(2010), 『교육공학 · 교육방법』, 문음사.

이정모 외(1988), 『인지심리학의 제 문제』, 학지사.

이정민 외(1994), 『언어과학이란 무엇인가』, 문학과 지성사.

이정희(2004), 「한국어 부교재 개발에 관한 학습자 요구조사 및 구성 방안」, 『이중언어학』 25, 이중언어학회.

이지영(2004), 「독립교과서로서의 미디어 교육 효과 연구: 초등학교 5학년 재량활동을 중심으로」, 서강대학교 언론대학원 석사학위논문.

이철수 · 김준기(2000), 『언어와 언어학의 이해』, 한국문화사.

이해영(1999), 「통합성에 기초한 교재 개작의 원리와 실제」, 『한국어교육』 10-2, 국제한국어교육학회.

이해영(2001), 「교사용 지침서 개발의 원리와 실제」, 『외국인을 위한 한국어 교재』, 제2차 한국어세계화 국제학술대회.

이해영(2001), 「대학의 외국인 유학생을 위한 한국어 교육」, 『이중언어학』 18, 이중언어학회.

이해영(2001), 「한국어 교육문법의 구성 방안과 활용」, 『한국어교육연구』 4, 서울대학교 국어교육과.

이해영(2001), 「학습자 중심 수업을 위한 교재 분석」, 『한국어교육』 12-1, 국제한국어교육학회.

이현호(1994), 『한국 현대시의 담화화용론적 연구』, 한국문화사.

전은주(1999), 『말하기 · 듣기 교육론』, 박이정.

정길정 · 연준흠 편저(1996), 『외국어 읽기 지도의 이론과 실제』, 한국문화사.

정다운(2009), 「자기학습용 한국어 교재의 평가 기준 연구」, 배재대학교 석사학위논문.

정혜승(2002), 「국어과 교육과정 실행 요인의 작용 양상에 관한 연구: 제6, 7차 중학교 교육과정을 중심으로」, 고려대학교 박사학위논문.

조영달(2006), 『다문화가정의 자녀교육 실태조사』, 교육인적자원부.

조항록(2010), 「다문화 가정 자녀를 위한 한국어교육 프로그램 운영 지원방안」, 『이중언어학』 42, 이중언어학회.

조현용(2000), 『한국어 어휘 교육 연구』, 박이정.

진대연(1999), 「한국어 교재 분석의 기준」, 『국어교육』 9-1, 국어교육학연구.

최이슬(2010), 「중국인 한국어 학습자의 칭찬 응대 화행 발달 연구」, 이화여자대학교 국제대학원 석사학위논문.

최정순(1997), 「개발자(Developer)로서의 교사-교재 개발 및 교과 과정 개발에서의 교사의 역할-」, 『한국어교육』 8, 국제한국어교육학회.

최현섭(1996), 『국어교육학개론』, 삼지원.

최희경 · 임연미(2005), 「제7차 교육과정에 따른 초등 영어 교사용 지도서의 활용실태 및 개선 방안」, 『초등영어교육』 11-1, 한국초등영어교육학회.

한국방송통신대학교 평생교육원(2005), 『외국어로서의 한국어교육학』, 한국방송통신대학교출판부.

한국방송통신대학교 평생교육원(2010), 『외국어로서의 한국어교육학』, 한국방송통신대학교출판부.

한송화(2003), 「기능과 문법요소의 연결을 통한 한국어 교육-명령 기능을 중심으로-」, 『한국어교육』 14-3, 국제한국어교육학회.

한송화(2003), 「연세대학교 한국어학당 교재 분석」, 『외국어로서의 한국어 교육』 28, 연세대학교 한국어학당.

한재영 외(2003), 『한국어 발음 교육』, 한림출판사.

한재영 외(2005), 『한국어 교수법』, 태학사.

한재영 외(2008), 『한국어 문법 교육』, 태학사.

한재영 외(2010), 『한국어 어휘 교육』, 태학사.

허용(2005), 『외국어로서의 한국어 교육학 개론』, 박이정.

허재영(2007), 『제2언어로서의 한국어 교육의 이해와 탐색』, 보고사.

홍은실(2007), 「웹기반 한국어교육 프로그램에 나타난 학습자 중심성 연구」, 『이중언어학』 33, 이중언어학회

황인교(2003), 「국내 · 외 한국어 교재 분석」, 『외국어로서의 한국어 교육』 28, 연세대학교 한국어학당.

Albert S. Hornby(1968), *Developments in the Principles of English Language Teaching during the Last Fifty Years,* Neusprachliche Mitteilungen.

Alex F. Osborn(1953), *Applied imagination: principles and procedures of creative thinking,* Scribner.

Arnett, J.(1989), "Caregivers in day-care centers: Does training matter?", *Journal of Applied Developmental Psychology,* Vol. 10.4. pp.541~552.

Barron, K. E. & J. M. Harackiewicz(2001), "Achievement goals and optimal motivation: Testing multiple goal models", *Journal of Personality and Social Psychology,* Vol.80, pp.706~722.

Bartlett, E. J.(1981), "Selecting an early childhood language curriculum", In C. B. Cazden(ed.), *Language in Early Childhood Education,* Washington D. C.: NAEYC.

Bartlett, E. J.(1981), *Learning to write: Some cognitive and linguistic components,* Center for Applied Linguistics, Washington, D. C.

Beck, I. L., M. G. McKeown & L. Kucan(2002), *Bringing words to life: robust vocabulary instruction,* Guilford Press.

Breen, M. P.(1984), *Process syllabuses for the language classroom,* General English syllabus design.

Brown, H. D.(1993), *Principles of Language Learning,* Prentice Hall Regent.

Brown, H. D.(1994), *Teaching by Principles, Englewood Cliffs,* NJ: Prentice Hall Regents.

Brown, H. D.(1994), *Teaching by Principles: An interactive approach to language pedagogy,* Prentice Hall Regents.

Brown, J. D.(2001), *Using surveys in language programs,* Cambridge University Press.

Candlin, C. & D. Murphy(eds.)(1987), *Language learning tasks,* Prentice-Hall.

Candlin, E. F.(1980), *Present day English for foreign students: Book one*, University of London.

Carter, Ronald(eds.)(1988), *Vocabulary & Language Teaching,* Longman Press.

Celce-Murcia, M.(2001), *Teaching English as a second or foreign language,* Heinle & Heinle.

Celce-Murica Marianne & Hilles Sharon(1988), *Techniques and Resources in Teaching Grammar,* Oxford University Press.

Chomsky, N. & M. Halle(1968), *The sound pattern of English,* New York: Harper and Row.

Coady, J.(1979), *A psycholinguistic model of the ESL reader,* Reading in a second language.

Cook, G.(1989), *Language Teaching: Discourse,* Oxford: Oxford University Press.

Cronbach I. J. & R. E. Snow(1977), *Aptitude and Instructional Methods: A Handbook for Research on Interactions,* New York Irvington Publishers.

De Beaugrande R. & W. U. Dressler(1981), *Introduction to text linguistics,* Longman.

Ek, J. A. van(1975), *The threshold-level,* Education and Culture.

Elliot, A. J. & J. M. Harackiewicz(1996), "Approach and avoidance achievement goals and intrinsic motivation: A mediational analysis", *Journal of Personality and Social Psychology,* Vol.70, pp.461~475.

Ellis, Rod(2002), The Place of Grammar Instruction in the Second/Foreign Language Curriculum, In Hinkel, Eli & Fotos Sandra(eds.) *New Perspectives on Grammar Teaching in Second Language Classrooms.* NJ: Lawrence Erlbaum Associates.

Emig, J.(1977), "Writing as a mode of learning", *College Composition and Communication,* Vol.28, pp.122~128.

Finocchiaro M. & C. Bumfit(1983), *The Functional-Notional Approach: From Theory to Practice,* Oxford University Press.

Fries, Charles C.(1945), *Teaching & learning English as a foreign language,* University of Michigan Press.

Gebhard, J.(2000), *Teaching English as a foreign or second language,* The University of Michigan Press.

Geddis, A. N. & E. Wood(1997), "Transforming subject matter and managing dilemmas: A case study in teacher education", *Teaching and Teacher Education,* Vol.13 No.6, pp.611~626.

Goodman, K. S.(1970), "Reading: A psycholinguistic guessing game", In H. Singer & R. B. Ruddell (Eds.), *Theoretcial models and processes of reading,* Newark, DE: International Reading Association, pp.259~272.

Grant, N. J. H., K. E. Senanu & W. Davies(1987), *Secondary English Project for Ghana,* Longman Publishing Group.

Grossman, P.(1990), *The Making of a Teacher,* Teachers College Press, New York.

Halliday, M. A. K. & R. Hasan(1976), *Cohesion in English,* Longman.

Hedge T.(2000), *Teaching and learning in the language classroom,* Oxford University Press.

Hinkel, E.(2002), Grammar teaching in Writing Classes: Tense and Cohesion, in Hinkel, E. and Fotos, S.(eds.), *New Perspectives on Grammar Teaching in Second Language Classrooms,* NJ: Lawrence Erlbaum Associates.

Horn, R. & Ward, G.(2004), *The handbook of pragmatics,* Blackwell.

Hunston, S. Francis, G. & Manning, E.(1997), "Grammar and vocabulary: Showing the connections", *ELT Journal*, Vol. 3, pp.208~216.

Hyltenstam, K. & M. Pienemann(1985), *Modelling and Assessing second language acquisition,* Multilingual Matters.

Knowles, M. S.(1975), *Self-directed learning: a guide for learners and teachers,* New York: Association Press.

Krashen, S. D.(1981), *Second language acquisition and second language learning,* Pergamon Press.

Krashen, S. D.(1985), *Inquiries & insights: second language teaching: immersion & bilingual education, literacy,* Alemany Press.

Kumaravadivelu, B.(1994), "The postmethod condition: (E)merging strategies for second/ foreign language teaching." TESOL Quarterly 28.

Lakoff, R.(1975), *Language and woman's place,* Harper and Row, New York, p.54.

Larsen-Freeman, Diane(2002), The Grammar of Choice, In Hinkel, Eli & Fotos Sandra(eds.)(2002), *New Perspectives on Grammar Teaching in Second Language Classrooms.* NJ: Lawrence Erlbaum Associates.

Leech, J.(1983), *The principles of pragmatics,* Longman.

Levinson, S. C.(1983), *Pragmatics,* New York: Cambridge.

Lewis M.(1993), *The lexical approach,* Language Teaching Publication, London.

Li, Y. H. Z.(2001), *A Study of the Effect of Writing on the Speaking of EFL Oral Classes,* Foreign Language Education.

Littlewood(1981), *Communcative Language Teaching,* Cambridge.

Mackin R.(1955), *Alternative Syllabus in English for Classes VI, VII, & VIII,* East Pakistan Secondary Education Board, p.130.

Mackin R.(1955), *A Handbook for Teachers of English to Beginners,* East Pakistan Secondary Education Board, p.123.

Marks L. E.(1990), "Synaesthesia: Perception and metahoor", In F. Burwick & W. Pape(Eds.), *Aesthetic illusion: theoretical and historical approaches,* Walter Pape, pp.28~40.

McCarthy, M. & C. Carter(1994), Language as Discourse: Perspectives for Language Teaching, London and New York: Longman.

McCarthy, M.(1991), *Discourse analysis for language teachers,* CUP.

Mey, L. J.(2001), *Pragmatics-An Introduction,* Malden: Blackwell.

Mohan, B.(1986), *Language and content,* MA.: Addison-Wesley.

Nation, I. S. P.(1990), *Teaching & Learning Vocabulary,* Heinle & Heinle publishers.

Nunan, D.(1988), *The Learner-centered Curriculum,* Cambridge University Press.

Nunan, D.(1988), *The learner-centred curriculum: a study in second language teaching,* Cambridge University Press.

Nunan, D.(1989), *Designing Tasks for the Communicative Classroom,* Cambridge University Press.

Nunan, D.(1991), *Language Teaching Methodology,* Prentice Hall Ins.

Nunan, D.(1995), "What Is Learning-Centered Communication?", 『영어교육』 50-3, 영어교육학회.

Nunan, D.(1999), *Second language teaching and learning,* Heinle & Heinle.(『제2언어 교수학습』(임병빈 외 역), 한국문화사.)

O' Malley et al.(1990), *Learning Strategies in Second Language Acquisition,* Cambridge: Cambridge University Press.

Oldin, Terence(1994), *Perspectives on Pedagogical Grammar,* Cambridge University Press.

Omaggio Hadley, A.(2001), *Teaching Language in Context,* Heinle & Heinle.

Palmer, H. E.(1924), *A grammar of spoken English on a strictly phonetic basis,* W. Hef-fer & Sons, ltd.

Palmer, H. E.(1968), *The scientific study and teaching of languages,* Oxford U. P.

Pennington, Martha C.(2002), *Grammar and Communication: New Directions in Theory and Practice,* In Hinkel, Eli & Fotos Sandra(2002).

Richards J. & T. Rodgers(2001), *Approaches and methods in language teaching,* Cambridge University Press.

Richards, J. C. & W. A. Renandya(2002), *Methodology in Language Teaching,* Cambridge University Press.

Richards, J. C.(1983), "Listening Comprehension: Approach, design, procedure", TESOL Quarterly 17.

Richards, J. C.(2002), *Addressing the Grammar Gap in Task Work,* In Richards, J. C. & Renandya, W. A.(2002).

Rivers, W. M.(1981), *Teaching foreign-language skills,* The University of Chicago Press.

Rob Batstone(2003), *Grammar,* Oxford Press.

Robinson, F. P.(1941), *Diagnostic and remedial techniques for effective study,* Harper & brothers.

Rohman, D. G. & O. Wlecke(1964), *Prewriting: The Construction and Application of*

Models for Concept formation and Writing, Washington D. C.: U. S. Department of Health, Education, and Welfare.

Rose, K. R. & G. Kasper(2001), *Pragmatics in Language Teaching,* New York: Cambridge.

Shulman, L. S.(1986), "Those who understand: Knowledge growth in teaching", *Educational researcher,* vol.15, No. 2.

Snow, M.(2001), "Content-based and immersion models for second and foreign language teaching", In M. Celce-Murcia (ed.). *Teaching English as a second or foreign language(3rd ed.),* Heinle/Thomson, Boston, pp.303~318. 김영희(2010) 재인용.

Stern, H. H.(1992), *Issues and options in language teaching,* Oxford Univ. Press.

Swain, M. & R. K. Johnson(1997), *Immersion education: international perspectives,* Cambridge University Press.

Swain, M.(1985), "Communicative competence: Some roles of comprehensible input and comprehensible output in its development", In S. Gass and C. Madden (eds.), *Input and Second Language Acquisition.* Rowley, Mass.: Newbury House, pp.235~253.

Taylor, S.(1973), *Listening: What Research Says to the Teacher,* Washington, D. C.: National Education Association.

Thornbury, S.(2000), Longman(2nd. ed.), 이관규 외 옮김(2004), 『문법을 어떻게 가르칠 것인가』, 한국문화사.

Thornbury, Scott(1999, 2nd. 2000), *How to Teach Grammar,* Longman.

Thorndike E. L. & I. Lorge(1944), *The teacher's word book of 30,000 words,* Teachers College, Columbia University.

Ur, P.(1988), *Grammar Practice Activities,* Cambridge University Press.

Ur, P.(1992), *Teaching Listening Comprehension,* Cambridge University Press.

Ur, P.(1996), *A course in language teaching,* Cambridge University Press.

Wajnryb, R.(1990, 2001), *Grammar Dictation,* Oxford University Press.

Wajnryb, R.(1992), *Classroom observation tasks,* Cambridge University Press.

Warschauer, M.(1996), *Computer-assisted language learning: An introduction,* Multimedia language teaching, pp.3~20.

Wilkins, D. A.(1976), *National syllabuses: A taxonomy and its relevance to foreign language curriculum development,* Oxford University Press.

William Collins Sons & Co Ltd(1990, 1999), *Collins Cobuild English Grammar,* William Collins Sons & Co. Ltd.

Witkin, B. & J. Altshuld(1995), *Planning and conducting needs assessments: A practical guide,* Sage, Thousand Oaks, CA.

Witkin, B. R.(1984), *Assessing needs in educational and social programs,* Jossey-Bass Inc, San Francisco, CA.

찾아보기

ㄴ

ㄷ

ㄹ

ㅁ

ㅂ

ㅅ

ㅇ

ㅈ

ㅊ

ㅎ

신구 한국어교육선서 03

한국어교육

| 용어 해설 |

초판 발행 2011년 12월 12일

지은이 한재영 · 안경화 · 박지영 · 권순희
펴낸이 김정일
펴낸곳 신구문화사
디자인 은디자인

등록 1968년 6월 10일 제1-205호
주소 경기도 성남시 중원구 금광2동 2661번지
전화 031-741-3055~6
팩스 031-741-3054
이메일 shingupub@naver.com
홈페이지 www.shingubook.com

ISBN 978-89-7668-184-3 93700

*지은이와 협의에 따라 인지는 생략합니다.
*값은 뒤표지에 있습니다.